肖能 ○ 著

魏晋

名士志

学林出版社

自　序

2022.2

　　本书所谈的，是从汉末迄于东晋近三百年间的二十八位知名人物，他们分别为狂士、哲人、才子、谈客、显宦、贵戚、枭雄、高僧、隐者；而在宽泛的意义上讲，似乎又可以统称为名士。

　　名士的集中出现，是这个历史阶段的一个突出现象。每个历史阶段，都会产生能够代表其特定精神风貌的人物类型，战国秦汉之际，便是游士的天下，他们雄辩滔滔，纵横捭阖，慷慨悲歌，意气风发。而魏晋时期，则是属于名士的时代。

　　何谓名士？

　　从字面上讲，即有声望的人、知名之士。不过在魏晋时代，名士的内涵要丰富且复杂得多，它当然包括声望，又绝不止于声望。大致来说，能被称为名士的人，在他身上，应该体现出一种精神的属性——"风流"。常言道，真名士自风流，"风流"乃名士之所以为名士的本质特征。"风流"，用直白的话来讲，就是美，就是漂亮。所以名士，也就是漂亮的人。

　　从"漂亮"来审视人物，乃魏晋时代精神开辟的一个新方向。因为它超越了对人物习以为常的实用评价和道德评价。

也就是说，在魏晋，看人的眼光和以往乃至以后的时代，有一个根本的差异，就是不把人的有用性或者德性作为衡量人物价值的主要标准。这个时代发掘出了评价人物的审美视角，视活生生的人为无与伦比的艺术品；一个人美不美、漂不漂亮，比有没有用、有没有德，似乎要有意义得多。

当然，这里的"漂亮"，不是说颜值高就行，尽管名士群体中的美男子比比皆是。

在号称"名士的教科书"的《世说新语》一书中，有《容止》门，第一则故事讲的就是曹操自惭形秽，对自己的仪表不自信，认为不足以震慑匈奴的使者。但曹操同时也是当之无愧的名士，他的智慧、文才、性情，都是第一流的。杜甫经安史之乱，有诗赠名画家曹霸，即说："将军魏武之子孙，与今为庶为清门。英雄割据虽已矣，文采风流今尚存。"过了五百多年，杜甫仍然推许曹操的文采风流；又过了三百多年，苏轼在《赤壁赋》里遐想他心目中的曹操的形象，是"酾酒临江，横槊赋诗"，这岂非脱略形骸、诗酒风流的名士！所以曹操的故事被置于《容止》的开篇，颇具象征意义：容止的光鲜，应该是内在精神力量的外化；徒具靓丽的躯壳，而缺乏一颗有生气的灵魂，其实是没有吸引力的。

事实上，在魏晋名士中，身材短小、容貌丑陋、奇模怪样的，并不少见。如竹林七贤中的刘伶、王戎，西晋文士左思，东晋高僧支道林等，他们的外貌毫不起眼，然而均是公认的潇洒逸群的名士。

颜值，并不是魏晋人所理解的人格之美，活法才是。是的！漂亮其实是一种活法，是一种生存方式，是人因应变化无常的世界的根本态度。

阮籍每每驾车至途穷的境地则恸哭不已，他体会到了无路可走的悲哀。但，即使无路可走，名士们也坚持步履的从容、身姿的优雅和神色的恬然；哪怕最终颓然倒下，像嵇康，是"傀俄若玉山之将崩"，仍要给世界留下一个美丽的、可供追怀的姿态。

漂亮，还来自生命诗意的洋溢。

对生命作道德的限定，或者作实用的加工，都会破坏生命应有的美感。名士们则采取顺其自然的态度。他们有玄心，以超功利、越是非的立场徜徉于山水之中；他们有深情，毫无拘谨地把内心的感动倾泻无余；他们有智慧，用清谈等辩论活动来展示他们理性思索的广度和深度。他们还很率性，从心所欲，想到做到，而不考虑逾不逾矩。他们一般皆有良好的文艺修养，能文善乐，但他们的人生姿态其实就是他们自己最好的作品。

漂亮，也是源自人对自身价值和尊严的体认、维护。

"我与我周旋久，宁做我"，是东晋名士殷浩回答枭雄桓温的名言。这句话也可看成是名士们的普遍所求。他们坚持个体的独特性，从个体的立场出发，重新界定个体和世界的关系。

虽然他们不一定皆能如愿，既会遇到外力的压迫和裹挟，也会受制于自身的个性和欲望，但他们从不失去对自己的钟爱。

名士们选择了这种生活方式，有其历史的原因。

他们大多出身于显赫、高华的士族。在门阀大行其道的魏晋时代，士族享有种种特权，拥有精深的文化知识，是事实上的贵族。士族的力量是经过漫长的历史演化而自发形成，绝非被赐予；所以士族有着强烈的自我意识。他们固然承认现实中还有必须尊重的权威，但并不依附于这个权威。不依附，就有了自由。所谓自由，无非是摆脱依附后的自决。所以他们往往自视甚高，满怀骄傲，放纵不羁，跋扈飞扬，冲决罗网，称心直往，磊落洒脱。

他们看待、评价人，不可能唯能，也不可能唯贤，而只能是唯美。因为能和贤，都不足以把他们的独特、优越和高贵表现出来；而气质、神情、姿态的漂亮，则成了他们彰显己身的尺度，尤其是把他们自己和常人区别开来的一目了然的标识。

他们以漂亮来自我塑造，但这漂亮绝不肤浅、轻佻，反而深沉、厚实。因为，在这种生存方式中，蕴含着时代的内容。

这是一个动荡不安的时代。威胁人之生存的因素，如疾疫的流行、战争的频繁、权力的争夺等一起涌现，使他们普遍体会到生命的危浅、存在的短促和意义的消解。处在这样的环境中，人的心灵自然敏感而虑深，惶恐而累多。

如果还要坚持自我的价值，那么人所能把握的，就是令自己在任何情况下看起来都不能那么丑陋，不那么狼狈，不那么卑微，不那么肮脏，不那么难堪；就是要令整个人都能漂亮起来。这是人自己所能选择和坚守的。唯有漂亮，人身上才散发出无限的生气与活力，其存在方有光彩。

需要交代的是，本书之所以从汉末开始，而非从严格意义上的魏代开始，似乎与书名的时代限定不符，主要是考虑到一个时代之精神的形成自有它的内在脉络，绝非遽然而起。魏晋名士的许多习性、趣尚和作风其实早已发端于东汉末年的士人。把叙述的起点提前到汉末的陈寔、郭泰等人，就是为了更好地追踪这个完整的关于"风流"的谱系。

最后，再说明一下本书的写作缘由。首先帮助有兴趣的读者更好地了解造就这批名士的这段历史。魏晋名士的风流轶事为很多人所喜爱，能激起很多人的共鸣。这恐怕是因为今天的中国社会已进入了"后物欲时代"❶，为了让自我更加地充实，确认生命意义，人们必须开发精神世界，寻求发展自身的路径，而历史上的魏晋名士则为人们提供了一个个鲜活的、可供观照的样本。人总是从他人身上来发现和找到真实的自己。本书正是在这个意义上，试图整理这些典范性的名士的生平，特别是他们在特定历史条件下的选择和坚守，来揭示魏晋风流多方面的意蕴，或能使我们对此有更为清晰和深刻的认知。

---

❶ 后物欲时代的概念取自社会学家郑也夫的论述，参看其著作：郑也夫，《后物欲时代的来临》，上海人民出版社 2007 年版。

目　录

01 **不德之德**

陈　寔

士，在中国传统社会中是个颇为特显的阶层，约略相当于今天的知识人，即受过良好教育、有专业知识的人。然而，今天的知识人是现代学科体系建立起来后的产物，是知识传承和生产链条上的一个环节，就其职业属性而言，与工人、农人、商人等没有贵贱之别；传统的士不一样，它有两重性：一是扮演工具的角色，以知识、学术、文化服务于社会；二则有独特而强烈的价值关怀，以天下为己任。这二重性，使他们中的主流以昂然的姿态介入社会的运转。

就士的作为来讲，大致而言，有如下几项：一是做纯粹的学术研究和教育，把圣人们的微言大义作为真理予以阐释、传扬，同时也借此展开个人对人类共同问题的深邃思考；二是以经典为依据，留意世情，抨击时弊，激浊扬清；三是进入体制，利用政治权力来兴利除恶，移风易俗；四是不慕荣华，独善其身，为人表率。

如就士的实际倾向来讲，又可简化为两类：入虚和务实。所谓入虚，其重心在高蹈于知识和理论；所谓务实，其重心就在行动。入虚者，一般思想正统，立身谨严，原则性强；而务实者，大多通达、灵活，善权变，能成事。当然，这是非常笼统的论述，不无牵强之处。我们主要是以此引到我们要谈论的名士陈寔身上来，他就是个士人中的务实派。

　　陈寔是东汉颍川郡人，自他之后，颍川陈氏成为魏晋间最显赫的家族之一。王侯将相宁有种乎！从陈寔的经历中，我们可以很完整地看到一个来自社会基层、毫无任何凭借的务实者，如何在既定的历史条件下，通过自己的抉择，一步步地改变境遇，为家族的发祥奠定基础。

　　史称陈寔"出于单微"❶，即势单力微的寒族。不过他天赋卓

---

❶　（南朝宋）范晔：《后汉书·陈寔传》，中华书局 2016 年版。

越，"自为儿童，虽在戏弄，为等类所归"❶。用现在的语言来说：他自小就不凡，即使做游戏，也能令小伙伴们认同和归服；他有人格魅力，也有领导力。

成年后，陈寔在县政府谋得一个小吏的职位，干些打杂的活儿。这样杂务缠身而又难以上升的职业生涯，足以使一般人在无可奈何中承受命运的颠簸而把理想和志意都消磨光，最终厮混了事。陈寔没有沉沦，《后汉书》本传说他"有志好学，坐立诵读"❷，也就是手不释卷，非常用功；而据《后汉书·樊英传》：陈寔在少时曾从大儒樊英学，也就是说陈寔应该是有一定的文化基础。

陈寔这个时代的学习，主要是学习儒家经典。这些经典记载的是圣人的箴言，是治国化民的至理，维持着整个帝国的思想世界的秩序，当然也是普通人进身的阶梯。陈寔没有虚掷光阴，有空便读书。很容易想象陈寔的举动在一众政府小吏中显得另类，这理所当然地引起了县令邓邵的注意，他试着与陈寔交谈，大为惊奇。县令决定举荐陈寔到首都洛阳的太学进一步进修、深造。过后又被县令召回，重新任吏，此时不知什么原因，陈寔避居于阳城山。

福祸往往相依。被县令推荐去太学进修是非分之福，也是致祸之由。或许陈寔的卓异和走运，惹人妒忌和构陷，他尽管隐居

---

❶❷（南朝宋）范晔：《后汉书·陈寔传》，中华书局 2016 年版。

深山，还是遭遇到个人生涯的一大劫数。这事对根基深厚者来说，可能还不成为事，对出身单微的陈寔无异于飞来横祸。当时发生了一起谋杀案，同县一个姓杨的小吏怀疑凶手是陈寔，有关部门把陈寔逮捕入狱，严刑拷打，终无实据，不得不放出。

如果是常人，对自己被冤枉自然抱屈怀恨、不能释怀，而陈寔却能做到以德报怨。其后陈寔出任颍川郡督邮——这是个监察官，代表郡守督查辖区，权力很大。东晋陶渊明任彭泽县令，就因不愿逢迎督邮，触发他对官场的彻底厌倦，留下"不为五斗米折腰"的名言，挂冠而去。陈寔私下拜托许县县令，礼召诬告他的杨吏。此事传出去后，远近的人没有不叹服陈寔的气量。这是陈寔赢得舆论盛誉的开始。

东汉政府行政用人，采取的是察举征辟制；察举征辟，很大程度上考虑的是社会舆论的评价，所以舆论的毁誉，直接关系到前途的升沉。而舆论所审视人的，主要是道德品行。像以怨报怨，乃人之常情，就是圣人，也只要求人以直报怨。而陈寔，却以德报怨，且不求人知，远高于常情，诚难能可贵。自此，陈寔便受颍川舆论的推许，为一乡之士。

不久陈寔出任功曹，此为一郡之内仅次于郡守的要职，是郡守的左右手。权倾一时、备受皇帝信任的中常侍侯览曾向太守高伦打招呼用人。高伦没有拒绝，准备发布教令，命此人署理文学掾。陈寔了解此人不胜其任，怀揣着檄书请见太守，说："此人不宜任用，但侯常侍也不可得罪。我请求以功曹的名义在外署理，这样不至于玷污您的名德。"太守听从了。果不其然，舆论一下子全都涌过来，责怪陈寔所举非人，陈寔口风不露，一个字都不为自己辩护，默然代太守受过。此事就这样挨了过去。

后来高伦受中央政府征召为尚书，整个颍川的士大夫前来送行。当着众人的面，高伦把此事的来龙去脉讲清楚，为陈寔洗刷了不白之冤，并盛赞陈寔是"善则称君、过则称己" ❶——把功劳推给领导、把过失揽归自己。在旁的陈寔还坚决引咎自责，听说此事的人叹息不已。自此，天下人都服陈寔的德行，陈寔由一乡之士跃为天下之士。

在东汉，像功曹、督邮之类的僚属，乃行政主官自行举辟。所以僚属和举主之间，形成了相当于君臣的伦理关系。为君分谤、受过，乃至赴难、成仁，是臣的道德义务。陈寔不愿开罪权贵、选举不公，是他的精明与世故，可他并非借机讨好侯常侍，纯粹为自己等如君主的上司设想，这是他得到舆论的认同的原因之一；再者，不矜惜自己的羽毛，以保护上司为己任，把自己推到承受舆论重压的第一线，使上司的政治清誉不受影响，且没有任何不情愿之处，严守口风，不利用这事为自己邀名，这是他得到舆论认同的又一要因。

东汉社会上上下下看重人的德行，德行创造声望，声望带来权位，权位可在代际间有形、无形地传承，传承的权位便累积成

---

❶ （南朝宋）范晔：《后汉书·陈寔传》，中华书局 2016 年版。

根深蒂固的门阀。在政治制度的配合下，德行中蕴藏着一眼看不到底的巨大利益，所以社会上不自觉地兴起了道德竞赛的风气，比难度、争高度。道德一旦开启了竞赛模式，就成了面向公众的表演。既是表演，就需要雕琢演技。道德的高尚与否，充其量是演技的高明与否。这样，道德偏离了行善的方向，而有了作伪的趋势。陈寔的可贵，在于他不装，很实诚地践行朴素的伦理。这是他能成天下之士的一大因素。

声名鹊起后的陈寔，被中央政府注意到了。

不过，陈寔仕途似是不畅，徘徊于县一级。做得长一点的，是沛国下的太丘县的县长。对于陈寔的施政风格及其成效，史籍中有八个字来形容——"修德清静，百姓以安"❶。

修德，是以身作则，做出道德表率，为大众示范。这是儒家治道的一个基本内容，孔子说："为政以德，譬如北辰，居其所

❶ （南朝宋）范晔：《后汉书·陈寔传》，中华书局 2016 年版。

而众星拱之。"又说："君子之德，风也。小人之德，草也。草上之风必偃。"执政者如果身正，积极发挥模范带头作用，则能塑造清正的社会风气，带动后进景从。清静，是不扰民，不用层出不穷的花样去运动民众，使其不安生。修德清静，一是从正面着眼，说陈寔用个人的道德自律吸引和感化周边；二是从反面着眼，说陈寔施政不立异标新。所以结果是"百姓以安"，一县的百姓普遍感觉顺适、安定。

有两件事略见陈寔的行政。

一是邻县有人愿归附陈寔，大概经过比较，觉得陈寔治下的太丘更宜居。这其实是带有"先进性"的事迹，如果陈寔愿意的话，完全可以拿出来作个花团锦簇的文章。不过如此一来，势必令临县的同僚难堪。所以陈寔耐心劝解，令他们各回原住地。

二是有小吏顾虑打官司，向陈寔请求禁止百姓诉讼。陈寔不答应，说："诉讼是为了求得公平的裁决，如果禁止了，能到哪里去讲理呢！不要限制百姓。"或许该吏是不耐烦成天理那些扯皮拉筋、鸡毛蒜皮的琐屑之事，干脆一禁了之，足以省事。但强行压制民众的诉讼要求，导致人们有理没处讲，气将更加不顺，怨也就多起来。执政者只能耐心听讼，公平裁决。明代理学家耿定向有《耐烦说》，申明耐烦是为官的基本修养。清代名臣曾国藩也说过："居官以耐烦为第一要义。"陈寔是儒者，儒者宽厚的德行付诸施政，就是耐得起烦。耿定向和曾国藩，与陈寔可能异代同心吧。

总之，陈寔是个处处能为人着想且性情宽厚、坚忍的长者，是善于安抚地方的循吏。他对名位也不是特别在意，当顶头上司沛相"赋敛违法"❶，陈寔即自行辞职，以示不合作。

第一次党锢之祸起，受牵连者众多，陈寔也在内。一般人避祸唯恐不及，陈寔却慷慨投狱，自道如果不就狱的话，"众无所恃"❷。北宋苏轼有《祭欧阳文忠公文》，表彰欧阳修崇高的人格价值，其存在能令"君子有所恃而不恐"。党锢之祸，大批清流被捕，人心惶恐之际，事情容易往极端方向滋长、发展，陈寔要以他自己的入狱来令众人有所恃而不恐，大有牺牲自我以肩住黑暗闸门的英勇之气。后经朝廷的赦免出狱，在汉灵帝时被大将军窦武辟为僚属。在此期间，陈寔有个极其出格的大胆动作。

与陈寔同为颍川人的中常侍张让权倾天下，是清流名士们的死对头，黄巾事起，天下动荡，有个叫张钧的郎中上书灵帝，就

---

❶❷（南朝宋）范晔：《后汉书·陈寔传》，中华书局 2016 年版。

认为张让等十常侍败坏纲纪、应负全责,"宜斩十常侍,县头南郊,以谢百姓"❶。当时张让所代表的宦官集团与陈寔所属的名士集团势不两立。名士们自负清流、正人君子,视宦官及其子弟、党羽为奸邪、污浊之徒,唯恐与这些人扯上关系,玷污了清名。张让父亲去世,归葬颍川,全郡有头有脸的皆来捧场,但名士群体视而不见,令张让大失脸面。唯独陈寔一个人前去吊丧。所以第二次党锢之祸时,张让感念陈寔的人情,对党人没有赶尽杀绝,手下留情,宽免了不少。陈寔冒天下之大不韪,不怕辱没他的盛德令名,居然和大宦官张让公开有人情的交结,这个步伐迈得何其大也!如果不是想借机缓和与宦官集团对立的势头,我们实在想不出陈寔还有其他的考虑。

可能陈寔有过权衡:个人名节事小,保全同道事大。与宦官集团持续对抗下去,牺牲必大;所以须在适当的时候考虑实际利害,做出妥协的姿态,或可稍缓局势。而妥协,又为越来越亢奋、极端、偏激的同道中人所不齿,这些人崇尚气节,重视尊严,宁为玉碎、不为瓦全,自然不屑为之。如果他不出面,就没人肯出面了——事情总得有人做!陈寔抱定如同第一次党锢之祸时"吾不就狱,众无所恃"的信念,踏进了张让的家门。老子说:"大白若辱。"伟大的清白,并不介意和拒绝必要的微小的污点,陈寔有以当之。

---

❶ (南朝宋)范晔:《后汉书·宦者列传》,中华书局2016年版。

荀子说："儒者在朝则美政，在乡则美俗。"陈寔名满天下，令当朝的巨公们愧难自安，因为他们先于陈寔登大位。三公每出缺，朝廷屡屡征召，陈寔不为所动，甘居乡里。陈寔也不是无所为，而是充任了教化乡里、美俗一方的角色。遇到争讼的事，陈寔力求公正，不偏不倚，辨别曲直，使人无怨。以至于乡亲们感叹："宁可接受刑罚，也不愿被陈君批评。"陈寔以他光辉的人格感化周围，令其生发羞耻之心，自愿向善。或许有人说这未免夸大了陈寔的道德影响力。其实在相对封闭、静止的乡村社区中，人员流动性不大，彼此大都沾亲带故，抬头不见低头见，不为已甚本就是熟人们的不言自明的默契；即使纠纷免不了，但有陈寔之类德高望重的长老来示范、主持和调解，人情的和谐很快就能恢复。我们用蒋梦麟先生《西潮》中的一段回忆来做参照：

"村里的事全由族长来处理，不待外界的干涉。祠堂就是衙门。……仲裁者力求做得公平。自然，村中的舆论也是重要因素，还有，邻村的舆论也得考虑。族长们如果评断不公，就会玷污了祠堂的名誉。因此，争执多半在祠堂里得到公平的解决。大家用不到上衙门打官司。"

陈寔的资历、名望和德行都够格，所以他能以润物细无声的方式在潜移默化中引领和铸就一地的美俗。他是乡里道德秩序的化身。

汉灵帝中平四年陈寔卒，享年八十四岁。大将军何进派遣使者吊祭，海内赴丧者有三万多人，其中服衰麻的就有百人之多。陈寔身后的哀荣是他身前的巨大声望的自然延续。

何以陈寔之声望如此巨大？

《世说新语·德行》记载了陈寔少子陈谌（字季方）的解释。

客有问陈季方："足下家君太丘有何功德而荷天下重名？"季方曰："吾家君譬如桂树生泰山之阿，上有万仞之高，下有不测之深；上为甘露所沾，下为渊泉所润。当斯之时，桂树焉知泰山之高，渊泉之深？不知有功德与无也。"❶

作为儿子，陈谌自然不便像算账式的一一列举其父的功德，这样不智，也不美。而事实是，陈寔也的确没有足堪夸耀的功德——如果真的要摆出来算账的话！陈谌回避了正面的陈述，转以优美的文辞来设喻：陈寔犹如生于泰山之阿的桂树，就这样接受甘露深泉的沾润，自然挺立，风姿绝俗，实不知有无实际的功德。陈谌的话，暗合老子的"上德不德"：真正的伟大的功德，并没有形式上可以捕捉到、分值上可以算得出的功德，而是散发于

---

❶ 余嘉锡：《世说新语笺疏》德行第七条，中华书局 2011 年版。

无形、影响于深远。

陈寔有六子，其中陈纪、陈谌最出色，与陈寔并称"三君"。陈纪在汉献帝建安初官至大鸿胪。陈纪之子陈群，自少时就受祖父陈寔的器重，说"此儿必兴吾宗" ❶，陈群没有辜负祖父的期待，为曹丕代汉建魏的元勋之一。陈群之子陈泰累建军功，又同执政的司马氏交好。陈寔搭起了通往上层的阶梯，在其后接连两代都有人拾阶继上，一个显赫的政治家族就此屹立于世间。

我们再次回顾陈寔的生平，会发现其经历总的来说平平无奇，他没有炫目的功业，没留下惊警的言论和著作，不以学术见长，对经学无所发明，就连德行，细究起来，也及不上同时代中某些正人义士的大义凛然的激矫而黯淡不少；但他终享大名，得以善终，受时人一致的推许。所以然者，可能是他性情的宽厚、坚忍以及行事作风的通达、灵活，由此被时代选中从而推至潮头吧。

---

❶ （晋）陈寿：《三国志·陈群传》，中华书局 2013 年版。

02　　亚圣之器

郭　　泰

东晋时对道教理论形成颇有贡献的学者葛洪，在社会政治方面的思想观念却相当正统，如对于君臣伦理，他说过："君臣之大，次于天地。"❶这大概是针对魏晋时代君不君、臣不臣等"是可忍、孰不可忍"的现象有感而发。葛洪就东汉末以来一些另类、出格的人物和言论，严厉批判之，其中一个"靶子"乃东汉桓帝、灵帝之际的大名士郭泰。其著作《抱朴子》中有《正郭》篇，顾名思义，是借批驳郭泰来端正人们的思想认识。有人说郭泰是"亚圣之器"，葛洪不以为然，以为这个评价高了。葛洪尽管也承认郭泰出类拔萃，但不满于郭泰的沽名钓誉，全国串联，上下活动，摇动人心，妄议朝廷——这不像个正经的儒者之所为。

这个批评是否有道理，我们悬置不论；而先从郭泰的生平说起，一探其人的究竟，看看郭泰这个"箭垛"式的人物是如何修炼成的。

---

❶ （晋）葛洪：《抱朴子外篇》之《应嘲》，中华书局 2013 年版。

郭泰字林宗，太原人。家世贫贱，父亲早逝，生活困顿，他的母亲想要他到县政府里打杂，郭泰没有听从母亲的意见，不屑地说："大丈夫怎能做这等事。"既然志向这么大，不甘心沉沦于下层，那就必须走读书、养望之路。于是郭泰到成皋屈伯彦处求学，仅用三年的工夫便学业有成，博通典籍。

　　郭泰所处的时代游学风气盛行，士人行走四方，相互结交，切磋学艺，议论世情，蔚为潮流。另外说一句，"同志"这个词就是在这个时代流行开来的。士人，最看重的是"志"，孟子说过士之职事就是"尚志"，铁肩挑仁义，而不把谋生求食放在第一位。"同志"，用现在的概念来讲，就是三观一致的人。强调"同志"，是说三观乃士人间社会交往的基础。但是，结交的风气一旦兴起，难免泥沙俱下，君子式的"同志"之交固然有，而期望借结交来培植和拓展人脉资源，吹捧抬桩，夤缘上升，猎取名位，也不在

　　定义漂亮　魏晋名士志

少数。

所以，有些不齿这种歪风邪气、立身较为严谨的士人干脆深居简出，拒绝功利性的社交，缩小朋友圈；此举看似不近人情，实因内心确有坚守。还有人，不满乱象，奋然挥笔，抨击时弊，写《绝交论》之类的文章，大谈朋友圈的有害性。总之，交游与反交游的并行不悖，是士林的活跃与混乱的写照。

郭泰在这种风气中脱颖而出，扶摇直上，享有盛誉，为整个士林所仰慕。被仰慕到什么程度呢？有个小事例可佐证。

《后汉书·郭泰传》说："尝于陈梁间行遇雨，巾一角垫，时人乃故折巾一角，以为林宗巾。"他简直是衣着时尚的引领者。

有句诗说，"好风凭借力，送我上青云"。我们感兴趣的，是直送郭泰上青云的好风。

首先，郭泰这样的人的出现，合乎时代需要。

前面说过，当时士人们普遍性的交游打破了地域的界限，拓展成全国性的社交网络。要在这一网络中鹤立鸡群，显得卓荦不凡，自应合乎社交活动的内在逻辑以及时代的价值取向，郭泰恰好都具备。史称他"身长八尺，容貌魁伟""善谈论，美音制"❶，就是身材魁梧、容貌俊伟、口才出众、声音动听。我们只要闭目想一想：在大规模的群体活动中，一个风度翩翩、从容优雅的人，谈吐自不凡，声音又悦耳，势必给旁人极大的精神震撼，自然而然成为众所瞩目的焦点。一来二去，口耳相传，郭泰想不出大名也难。

送郭泰上青云的第二股好风是有达官显宦为他揄扬。

达官兼名士的李膺对郭泰极为推许。李膺可不简单，并非常人。《世说新语·德行》中有他的故事："李元礼风格秀整，高自标持，欲以天下名教是非为己任，后进之士有升其堂者，皆自以为登龙门。"其抱负不是一般的大，他要重新整理天下已然紊乱的政治、伦理秩序，将此视为己任。应该说，明确"以天下为己任"是从李膺这里来的，北宋范仲淹也只是步武李膺。

李膺也不是喊喊口号、说说而已，他是个强有力的行动派，敢作敢为，不畏权贵。担任司隶校尉时，李膺就拿既得利益集团开刀来整顿风气。大太监张让，深蒙皇帝宠信，权倾一时。张让得道，张氏的一众鸡犬也随之升天，分享其权势。其弟张朔，据史籍描述，他为人猖狂，贪残无道，甚至有杀孕妇这样人神共愤的事。李膺义愤填膺，带人冲到张让的府邸，把躲在柱子后面的张朔搜出来，取得供词后，当即杀掉，皇帝都只好予以默认。此事过后，平时作威作福、嚣张霸道惯了的宦官们，一个个夹起

---

❶ （南朝宋）范晔：《后汉书·郭泰传》，中华书局 2016 年版。

尾巴，低调起来；即使在法定假期，也不出宫门，答曰"怕李膺"。李膺坚决打击宦官的行动为他赢得了巨大的声誉。不过论性格，李膺不比后来的孔融那样"坐上客长满，樽中酒不空"——喜好热闹、招朋引伴、清浊不捐，他秉性矜严，轻易不与人结交。

事情就是这样：得不到的，反而更加稀罕和贵重。所以，但凡有幸能升李膺之堂者，足令其人倍觉荣耀，如登龙门；也令社会舆论为之侧目。经由一个叫苻融的太学生领袖的介绍，郭泰结识了李膺。

"膺大奇之，遂相友善，于是名震京师。后归乡里，衣冠诸儒送至河上，车数千两。林宗唯与李膺同舟共济，众宾望之，以为神仙焉。"❶

这下可了不得，有李膺的青眼，郭泰于是乎名满京华，进入了士人群体中的最里层。

郭泰与李膺同舟过黄河，送行的宾客远远望去，如睹神仙。两人的风采神姿，飘逸绝俗。这是个像神仙一样的男人。

❶ （南朝宋）范晔：《后汉书·郭泰传》，中华书局 2016 年版。

当然，助郭泰上青云的好风，说到底还是他自己。

郭泰富于知人之明，在识人、察人及成人上的智慧和雅量，鲜有能与其比肩者。史书上说："泰之所名，人品乃定，先言后验，众皆服之。"❶经他品题、鼓励、奖拔、成全的士人，为数不少。这些人以活生生的事实向世人印证了郭泰的识鉴才华，又以受惠者的身份令郭泰遗爱于全国，加之好事者的铺张和夸饰，于是共同成就了郭泰"知人"的神话。

郭泰好鼓励人，不惮与"坏"人交往。有个叫贾淑的同乡，出身极好，其家世代冠冕，可是性情凶残，大家都躲着他。郭泰母亲逝世，贾淑也来吊唁，郭泰很客气地接受，这引起了某个"正直"之士的不满，觉得郭泰如此贤人，居然受贾淑这样大恶人的礼，实在不应该，连郭家的门都不进就要离开。郭泰追上去解释："贾淑确实凶恶，但他洗心向善，所以我要嘉许他的上进。"贾淑听说后，大受感奋，从此改过自励，终于成了主流舆论期待中的"好"人。家乡中有遭难的，贾淑全力营救，所以备受舆论的称赞。郭泰的激励使一个公认的"坏"人完成了自我救赎。

---

❶ （南朝宋）范晔：《后汉书·郭泰传》，中华书局 2016 年版。

知人的智慧，最奇妙的是能够预言人一生的祸福成败。郭泰在此方面尤具慧眼。

汝南的谢甄和陈留的边让，都善于谈论，口才极佳。郭泰对门人评价这两人，说才华有余，"而并不入道"❶。后来果然不出郭泰的预料：谢甄因为不拘小节，自己把自己毁了；边让才气纵横，得罪曹操，有人构陷边让，曹操趁机就把边让杀害。郭泰所指的"道"具体为何，我们不得而知，大概是道义之类的玄虚的原则，这应是郭泰观人察质量的理论的基石。人们往往陶醉、自足于杰出的才华，遗忘了有比才华更高的道义，后者于无形中支撑起了前者，却被忽视，其才华的散发由于失去道的支撑而锋芒毕露、咄咄逼人，这往往是致祸之由，也是更上一层楼的瓶颈。

与郭泰同郡的王柔与王泽兄弟俩，在未成年时曾经同访郭泰，询问将来的发展方向。郭泰说："王柔会在仕途上发达，王泽会在经学上有成。两人要是对调互转，则不能有成。"后来王柔做了护匈奴中郎将，王泽则做了代郡太守。郭泰的预言不错。郭泰认识到，天赋决定了人的成材方向以及限度。顺着这个方向，安于这个限度，就是最适宜的（据说郭泰有相关著作，可惜失传）；违逆这个方向，强破这个限度，必将事与愿违。郭泰没有把这个意思详细发挥出来，但后来魏晋的人物评论理论，无论是刘邵的《人物志》，还是郭象的《庄子注》等，其实都是接着郭泰往深处、往

---

❶ （南朝宋）范晔：《后汉书·郭泰传》，中华书局 2016 年版。

细处、往玄处来讲。

郭泰的知人，还有一点兆示了日后魏晋品藻、识鉴人物的主流方向，就是留意和欣赏人内在的精神魅力，而无系于外在的名位成就。

有个叫孟敏的人，客居太原。他背着的吃饭的家伙——甑，不小心坠地，孟敏看也不看，掉头就走。郭泰询问缘故，孟敏答道："甑已经破了，没必要再看！"郭泰觉得此人放得下，气度不凡，劝他游学。

这个事本身不大，但蕴含的意义不小，且被郭泰发掘出来。重点不是甑破了，而是对待甑破的态度。现在是甑破了，他日或许是别的东西破了，甚至是财破、家破乃至国破等，人总会遇到不如意的事——事绝不顺应人；但人可以顺应事，一任事之来去而坦然自如，这个态度表明了人摆脱无常的自决。不以任何境遇为转移的自决，显示出人具有超脱于世事的精神能力。而这才是最可贵的，甚至连道德都要从属于它。

我们讲东汉末是士人的自我意识高度自觉、发达的时代。自我意识的形成与成熟，使士人相比于普罗大众，更先接触、察知、欣赏到人之所以为人的精神力量，并有意地修养和表现。这一现象魏晋时就更加明显了。我们看《世说新语·雅量》篇中的一则故事：

"祖士少好财，阮遥集好屐，并恒自经营。同是一累，而未判其得失。人有诣祖，见料视财物；客至，屏当未尽，余两

小簏，著背后，倾身障之，意未能平。或有诣阮，见自吹火蜡
屐；因叹曰：'未知一生当着几量屐！'神色闲畅。于是胜负
始分。"

祖士少和阮遥集，各有嗜好。一个爱钱，一个爱收集木屐。
嗜好作为一种生活情趣，本身并无优劣之别，但对待嗜好的"态
度"却可检验出人之精神境界的高下。如果嗜好过深，完全陷进
去了，人被所好支配，其人的精神世界就是褊狭和浅薄的。在上
面这个故事中，祖士少之所以比不过阮遥集，就在于他摆脱不了
嗜好的负累。相比之下，阮遥集并不以被人突然撞见而丧失他的
坦然和从容，他钟爱的木屐非但不构成拖累，反显示出精神的超
旷和高迈——这就是魏晋风流。

可以说，对"风流"的自觉体认和赏析，应始于郭泰。

诸葛亮《出师表》中有句话："亲贤臣，远小人，此先汉之
所以兴隆也。亲小人，远贤臣，此后汉之所以倾颓也。先帝在时，
每与臣论此事，未尝不叹息痛恨于桓、灵也。"东汉兴衰的原因是

不是可以简化到如刘备、诸葛亮所揭示的，我们姑且不论，至少这句话反映出后来者对桓帝和灵帝之时的认知——这正是"小人"和"贤臣"两股政治力量斗争正激烈和尖锐的年代。

在"贤臣"看来：宦官及其党羽是"小人"，他们的身体是残缺的，他们的心理是阴暗的，他们的人格是卑贱的，他们像浓黑的浮云遮蔽皇帝的圣明从而将天下笼罩于阴影中，他们口含天宪、手握王爵，他们的罪恶罄竹难书，他们应该对一系列政治乱象负责。当"贤臣"们义无反顾地投入白热化的政治斗争中，自以为占据道义的制高点，其作为是清君侧、除阉党，无形中威胁到了在宦官背后的若隐若现的皇权。说到底，宦官之所以不断坐大，无非是汲取了皇权的能量；"贤臣"自以为打的是"恶狗"，殊不知惊怒了"主人"。所以，"贤臣"与"小人"的斗争越激烈，就越是迫使皇权带着雷霆之威、直接现身。

有人不安，嗅到了危险的气息，看到了焚书坑儒即将重演，而预作趋避。这是乱世中保全自我的生存智慧。如陈留人申屠蟠，感叹时事："昔战国之世，处士横议，列国之王，至为拥彗先驱，卒有坑儒烧书之祸，今之谓矣。"[1]他洁身自好，甘沉底层，远避来自名利场中不知往哪个方向吹的祸风，得以善终，享年七十四。

郭泰对即将到来的危机不是没有预判，他自有应对之道。

在世道不太平的时候，妥善地保护自己，而不是一味意气用

---

[1] （南朝宋）范晔：《后汉书·申屠蟠传》，中华书局 2016 年版。

事，即使圣人也赞许。老子一向把"贵生"放在人生在世的首要位置，贵生者，"不入死地"，令自己身上根本就没有可死之处，把危险扼于无形。孔子同样有名言："宁武子，邦有道则智，邦无道则愚。其智可及也，其愚不可及也。"遭逢无道，善于装傻，可这是常人不可企及的。以郭泰的名望，贵人们自然趋之若鹜，争欲令出其门下。司徒黄琼要辟他为掾，太常赵典要举他为有道。如果郭泰愿意，他的仕途定是一帆风顺。郭泰一概拒绝，理由是："吾夜观乾象，昼察人事，天之所废，不可支也。" ❶ 郭泰看得很确切，东汉政权已经摇摇欲坠，非人力所能维持，大乱将至，何必把自己陷进去呢！

树欲静而风不止。像郭泰这样能量巨大又不归隐、还在社会中广泛活动的名士，不可能不被清流的对立面——宦官及其党羽们刻意盯住。欲加之罪，何患无辞！说话如果不慎重，被人抓住，上纲上线，这样的事历朝历代都难免。不知有多少人，就是管不住自己的一张嘴而遇难罹祸。郭泰则不然，他高度戒备、在意，"林宗虽善人伦，而不为危言核论，故宦官擅政而不能伤也。乃党事起，知名之士多被其害，唯林宗及汝南袁闳得免焉" ❷。郭泰从不公开发表过激的言论，如老子所说的"善言无瑕谪"——善于说话的人不留下话柄，所以擅权的宦官们无计可施。

党锢之祸起，平时因言行不谨而被宦官们记录在案的知名之

---

❶❷ （南朝宋）范晔：《后汉书·郭泰传》，中华书局 2016 年版。

士，这个时候一起算了总账，郭泰是极少数幸免者！郭泰的明智令人想起若干年后同样"口不臧否人物"的阮籍。

郭泰死后，大文豪蔡邕撰写碑铭，文辞典雅，评价很高，称其"贞固足以干事，隩括足以矫时""收文武之将坠，拯微言之未绝"等，蔡邕自言平生不少碑铭写得言过其实，唯独郭泰当之无愧。蔡邕说这话，可能是想表达他写作碑铭的用心是真诚的，没有谀墓的念头。

蔡邕与开篇提到的葛洪的评价似是对立，实际上只是对郭泰作为士人的社会责任这个前提下的具体行为认识有偏差，一个认为郭泰做得很好，一个则认为郭泰还不到位。但联系东汉以降的历史来反观其生平，郭泰的真正意义是，其风度、品鉴以及有意与社会政治保持一定距离为后人提供了一个样板。

03　颜回重生

黄　宪

颜回是孔子最中意的学生，也是最接近于孔子的人。孔子所欣赏颜回的几点，有好学不倦，有举一反三，有不迁怒、不贰过等，还有重要的一点，是其安贫乐道的生活态度。孔子说："一箪食，一瓢饮，在陋巷，人不堪其忧，回也不改其乐。"贫而无谄，是气节；贫而乐，则是气度。孔子认为，前者不如后者。颜回恰具后者。兼济天下，不是每个人都能做到；穷而乐，却是人人可能行的。颜回，是孔门中应做到且能做到的人。

东汉顺帝、桓帝之时，汝南慎阳有个叫黄宪的人，就被舆论誉为"颜回重生"。

有学者说黄宪是个"谜样的人物"❶。"谜"，意味着难以理解，难以从人之常情的角度来理解。

　　确实如此。

　　因为黄宪出身卑微——他是牛医之子。连为人治病的医生社会地位都不高，何况是为牛治病的兽医！这样的出身，多半承袭父业，或者躬耕田亩。没有祖辈的荫蔽，没有家族世代累积的文化、政治及社会资源，哪来上进的阶梯！老老实实地服役纳粮，辛勤一生，应该是黄宪这类人的宿命。

　　但黄宪打破了宿命，居然跻身士林，坐拥大名，深受敬仰。

　　先是颍川大名士荀淑发现了黄宪的不凡。当荀淑见到年仅十四岁的黄宪，竦然称异，作揖对谈，许久都不能离开，甚至对

❶　侯外庐：《中国思想通史》（第二卷），人民出版社1992年版，第407页。转引自马良怀：《黄宪魅力发微》，载于《中南民族大学学报》（人文社科版），2003年11月。

黄宪说："你是我的老师。"一个十四岁的少年不可能学问渊博如老儒，也没机会建功立业，他凭什么吸引阅人多矣的荀淑！

除了荀淑，一贯眼高于顶，甚至以孔子自比、号称独步天下的狂人戴良，也对黄宪倾倒不已；原因很妙："没见黄宪的时候，不认为不如他；再见其人，看着好像在前，忽地又在后，此人真是高深莫测啊。"

非但戴良，与黄宪有同郡之缘的周乘，据说是天资高颖、如山岳一样巍然屹立的人物，也激动于和黄宪的交往："如果几个月的工夫见不到黄宪，那么内心庸俗贪鄙的念头就会再次冒出来。"

岂止荀淑、戴良和周乘，连高居庙堂的衮衮巨公也有如此感受。当时士林领袖之一、位列"三君"的陈蕃，在出任三公后，临朝感叹："黄宪如果还活着的话，我是不敢先他配三公的印绶！"言外之意，黄宪比他更有资格先任三公。

黄宪没留下煌煌著作，没留下精妙绝伦的言论，没留下赫赫勋绩，也无遗爱在民间，终其身没任过一官半职，一介布衣而已，死的时候也才四十八岁。他的人生缺乏昭彰可见的精彩内容，或者说，自世俗的眼光来看，黄宪的人生是黯淡无光的。

这难道还不是谜么！

是谜，但也不是谜。

黄宪是汝南郡人。东汉时靠近首都洛阳的汝南、颍川两郡是文化教育最发达的地区。扬名于汝、颍，即相当于扬名于全国。

好比明清时江南文教发达，江南名士几等于全国名士一样。以上赞誉黄宪的诸人，荀淑是颍川人，戴良、周乘和陈蕃均是汝南人。这么多知名同乡"平生不解藏人善，到处逢人说项斯"，有他们的帮衬、揄扬和造势，黄宪想不出名也难。

但这只是外缘，绝非内因。

如果黄宪身上没有大异于常人的特质，如果这个特质不是符合时代精神的趋向并且完美地表现出来，那么黄宪是不会引如此多的汝、颍奇士纷纷为之折腰的！

问题来了，这个"特质"究竟为何物？以识人著称的郭泰把它给揭示出来。我们看《世说新语·德行》中的一则故事：

"郭林宗至汝南，造袁奉高，车不停轨，鸾不辍轭；诣黄叔度，乃弥日信宿。人问其故，林宗曰：'叔度汪汪如万顷之陂，澄之不清，扰之不浊，其器深广，难测量也。'"

郭泰到汝南，造访了当地名流袁阆（字奉高）。"车不停轨，鸾不辍轭"——车都未停下来，系在车轭上的铃铛还在响动。显然，这是夸张性的文学描述，用以形容郭泰造访袁阆纯粹是出于礼节，对其人并无深交的兴趣；但对黄宪大不一样：整天盘桓还不够，一连住上两晚。

郭泰对两人的观感和态度一目了然。这当然引起了旁人的好奇，郭泰做了解释：

"奉高之器，譬诸泛滥，虽清易挹也；叔度汪汪如万顷之陂，澄之不清，扰之不浊，其器深广，难测量也。"

郭泰的关注点是"器量"。在他看来：袁阆这个人的器量，好比山间的潺潺泉水，尽管清澈，却易于把捉；黄宪就不同了，像万顷的水面，澄不清，也扰不浑，他的器量深不可测。

这比喻非常漂亮、精彩，这个比较非常透彻、精辟。郭泰评价的重心放在"器量"上，这是个新的人物评价视角，是个人魅力的源头。郭泰没有用抽象的语言来界定器量，而是用优美、形象的比喻。袁阆量小，犹如山涧的泉水。是的，很清澈，即其人很"清"，清廉，清正，但清得一眼见底，清得一眼可以洞穿其内蕴，太肤浅了。

清，当然好了，可这种"好"不过是道德判断，是把丰富的生命完全投入简单的道德戒律中，变成某种道德戒律的化身，以至于把人的无限降低到有限的层次，所以没有值得深究和琢磨的韵味。一览无余，永远是对美的消解；悠然不尽，永远是对美的鉴赏。碰上袁阆这样清正、规矩的君子，只能敬而远之了。

黄宪是截然不同的另一类的人。他的器量实在太大、太深了，深广到如万顷之水池。这是无限的——它总是那个样子，永远泰然自若、淡定自如，怎么澄也澄不清，怎么扰也扰不浑。他身上或许有污浊，有道德上的瑕疵，但那不是外力所能澄清的；他的底色当然是清澈，但不因为外力的搅动而变浑。他无论是清是浊，都是他本来之所是；他首先是他自己，也终究是他自己。

这是即将走入历史舞台中心、要逐渐从精神上摆脱对世俗力量依附的新兴阶层之理想人格的写照。

西汉开国后，在相当长的一段时间内，政治权力被功臣集团所垄断。汉武帝时，把儒家思想定于一尊，树成国家意识形态；又经过董仲舒、公孙弘等献言定策，改革了政府的用人制度，把政治权力有条件地向社会开放。作为配套机制，政府设立了太学，招收博士弟子，给予优待，用来补充和延续官僚集团。自此，在文化上研习圣贤经书、在品行上服膺儒家伦理，接受大一统政权的察举，逐渐成为士人向上流通的主要路径。

在政府的鼓励和培植下，士人群体急遽扩大。西汉末年博士弟子还只有三千余人，到东汉桓帝时已经三万人。除政府的推动外，民间私家教授儒家经典的现象也极为普遍，有的经师门下聚集学生达数千人之多。❶

士人并非闭门只读圣贤书、专注于自我的修身，他们广泛交游，彼此呼应，相互联络，积极组织、参与政治活动，并按照他们所怀抱的价值观来衡量人事、评议是非，甚至要塑造他们理想中的社会风气，他们还自发推举出符合其价值观的领袖。以上诸多做法当然远非现代意义上的政党之所为，但或多或少具备了集

---

❶ 参见梁庚尧：《中国社会史》，东方出版中心 2016 年版，第 35—39 页。

体行动的性质。

总的说来，士人阶层羽翼将丰、根基渐固。在与绕不过的皇权的关系上，他们固然不会否认皇权的至尊地位，但也绝不以皇权的工具而自视、自限。所以，士人的独立性表现得越来越强烈。

汉顺帝时有个叫樊英的士人，名望极大。起初汉安帝曾经征召过樊英，被他拒绝。永建二年，顺帝又礼召樊英，樊英仍以病重坚辞。但顺帝这回是下定了决心，樊英不得已，到了京城，又称病不肯起。有关部门强行把樊英用车舆载入宫殿，面见顺帝，樊英也没有行君臣之礼来屈从的意思。

顺帝于是乎动了雷霆之怒，不再耐烦装出"礼贤"的姿态，很不客气地对樊英摆起了帝王该有的架子："我能令你生，也能令你死。能令你显贵，也能令你卑贱。能令你豪富，也能令你贫穷。你为什么这样骄慢我！"

樊英毫不畏惧，态度依旧亢得很，与皇帝针锋相对："我的命来于天，活到命数，是由于天，活不到命数，也是由于天，陛下怎能令我活、令我死；我见暴君如见仇人，站在他的朝廷上尚且不愿意，难道可显贵吗？我虽是一介平民，身居陋室，也自足其乐，难道可卑贱吗？陛下怎能令我显贵、令我卑贱！我对于不合礼法的待遇，即使优厚也不接受。如能实现志向，即使菲薄也不厌弃。陛下怎能令我豪富、令我贫穷？"

顺帝知道改变不了樊英的意志，又慑于他的声名，不再勉强，使他出殿到太医那里疗养。

人活在世上，最现实的问题恐怕就是生死、贵贱和贫富。顺帝身为皇帝，自然以为是皇帝的意志决定、操控着一切人的生死、贵贱和贫富；樊英却把生死归结于天命，把贵贱归结为个人的选择，把贫富归结为对礼法的坚守，完全无视皇权生杀予夺的力量，其气魄和胆色自汉武帝以来所少见。向外寄托于一个玄虚的天命，向内立足于自我对某种信念的坚执，表明在樊英的观念世界中已虚化了皇权的位置、淡化了皇权的威力，这就使得樊英在个体意志与皇权意志的对立中，有了可贵的坚守。这同样是自汉武帝以来所少见。

时人对樊英大失所望，因他如黔之驴，初看起来巍然庞大，但终无奇谋妙策来安邦定国；后人对樊英也多有非议，疑他沽名钓誉。这些都有一定的道理，但樊英的意义，不在于此，而在于他以其面圣时的"倨傲"，展示了新兴的士阶层不欲俯首帖耳、唯命是从的特有风貌。

《后汉书》中与黄宪同传的士人，多有类似的特点。

如豫章南昌人徐稚，深受陈蕃的器重。《世说新语》开篇记的是初任豫章太守、"有澄清天下之志"的陈蕃欲打破俗规礼问徐稚的故事。这个故事很有象征意义——"表现了主人公重建人间秩序的理想"，"这种宏伟的胸怀和士族阶级的崛起是联系在一起的，而后来士族权力和皇权成为并行权力的政治结构也由此初现端倪"❶。谢承《后汉书》说徐稚："清妙高跱，超世绝俗。前后为诸公所辟，虽不就，及其死，万里赴吊。"这比较有意思，不受征辟，表示无意仕途；万里赴吊，表示承其恩情。他平衡、兼顾了社会通行的人情伦理和个人意志。对于徐稚其人，东晋孝武帝太元六年殷融亦有祭文评价："逍遥环堵，万物不干其志；负褐行吟，轩冕不易其乐。"

另有陈留外黄人申屠蟠，大文豪蔡邕赞他"安贫乐潜，味道守护真，不为燥湿轻重，不为穷达易节"。也就是说，申屠蟠为人最大的特点，是有不为外物所干扰、转移的独立性，这与殷融对徐稚的评价简直如出一辙！

大约过去了一百年，当士族基本上获得了稳定的社会地位和政治特权，他们仍然愿意用这个尺度来衡量他们阶层的人物。譬如《世说新语·赏誉》："山公举阮咸为吏部郎，目曰：'清真寡欲，万物不能移也。'"无论阮咸是否担得起"万物不能移"的评价，至少在山涛的心目中，这是他们这个阶层中人应有的特质。

---

❶　见骆玉明：《世说新语精读》，复旦大学出版社 2007 年版，第 3 页。

黄宪"澄之不清，扰之不浊"的深广的器量，类于老子所说的"宠辱不惊"及庄子的"死生无变于己、而况利害之端乎"，带有道家"至人""神人"的色彩；即使脱离士人阶层崛起的历史背景，就其自身而言，也是有价值的——审美的价值，特别是当人将这种独立性表现得自然、随意的时候。

黄宪事实上也是这样的。《汝南先贤传》说黄宪："不矜名以诡时，不抗行以矫俗。"他不欺世盗名，不为建构自己的形象而刻意标新立异。总之，黄宪的作风是顺其自然，泛若不系之舟，可于可，不可于不可。

士人的出处乃人生中一个至关重要的选择关口。汉顺帝时的重臣李固力劝好友黄琼入仕，并且把话说得很透，以打消其顾虑：

"若当辅政济民，今其时也。自生民以来，必待尧舜之君，此为志士终无时矣。"❶

这话很能激励人，是士之使命感的绝好表述，把积极作为与政治环境的好坏、清浊脱钩，视为固然。直到北宋，苏轼作《贾谊论》，还承袭李固的精神，"然则是天下无尧舜，终不可有所为

---

❶ （南朝宋）范晔：《后汉书·黄琼传》，中华书局 2016 年版。

邪"。这话与其说是李固劝黄琼，倒不如说是他的自勉。作为有天下之志的士，他抱的是明知不可而为之的力行态度；李固矢志不渝，后来被掌握政权的跋扈将军梁冀诬杀。

还有的人观测风向，觉得形势不对，大难将至，坚定潜隐不出的决心。像前面提到过的徐稚、申屠蟠等人，尽管名声在外，也多次被举荐，有机会出仕，但宁愿蛰伏民间，坚决不蹚浑水。

还有的名士，则故意拒绝当局的征召，矫揉造作，以退为进，借此高抬身价、自我标榜，为自己赚取更大的利益。

至于黄宪，思想上没有过多的算计，观念上没有过多的包袱，不为自己设限。友人劝他入仕，他也不惺惺作态，不先推迟几下，很干脆地就应允了，准备走仕进的道路；等到京师洛阳后，发现局势很糟糕，不适合有所作为，也不勉强自己，随即还乡，终无所就。可以仕则仕，可以走就走，不固执，不矫情，不以求名为卑，不以绝俗为高，与时俱化，听凭自然，这是黄宪立身处世的真实态度。

黄宪进退随时，行止由心，绝不扭捏，毫无勉强，既为同时代的士人树立了在坚持个体独立的前提下对待包括出处在内的人生问题的鲜明范式，又使之出于自然无疑，黄宪身上所表现出的性情、气度令其周围人景慕不已。

黄宪被比为颜回，当然不是说他如颜回一样安贫乐道；重要的不是安于"贫"且"乐"于道，而是即便在困穷的境遇中，也不改其心境的安乐。人们从历史的亡灵中召唤出"颜回"的名字，一方面是对先贤的体认和尊重；另一方面，则是从"颜回"身上提炼出新的历史条件下士人的立身范式，换言之，赋予"颜回"以新的时代内容。

04　真的狂人
祢　衡

祢衡留给历史最为深刻的印记，是他的张狂无度。他为他的张狂付出了生命的代价，被黄祖杀害时年仅二十六岁。他也由此成为后人镜鉴的反面教材，《颜氏家训》就说过祢衡"诞傲致殒"。郦道元《水经注》中也提道："衡恃才倨傲，肆狂狷于无妄之世，保身不足，遇非其死，可谓咎悔之深矣。"

狂，从表面上看，就是放纵不羁、我行我素，想怎么说就怎么说，想怎么做就怎么做，不大理会他人的眼光和感受；但究其实质，大致还是有两种类型。

一个是有所为而狂。孔子肯定这种类型的狂。孔子说："不得中行而与之，必也狂狷乎！狂者进取，狷者有所不为也。"为践行大道，为实现志向，不顾世俗的是非、毁誉，按照他自己所认定的正确的方向去走，这是狂，不过是带有理想性的狂，是带有道义性的狂。唐代文学家韩愈对此种情形有过定义："士之特立独行，适于义而已，不顾人之是非，皆豪杰之士，信道笃而自知明者也。"

一个是无所为而狂，或者说为狂而狂；就是目空一切、眼中无人——除了他自己。祢衡可谓此类的典型代表。

曹操虚怀若谷、豁达大度，极善于吸引、招揽、使用人才，所以当时中国人才的集中、活跃程度，莫过于许昌。祢衡初到许昌，怀揣着名刺，始终投不出去，以至于名刺上的字迹都漫漶不清了。名刺本来只是个社交工具，广发泛投都很正常；祢衡却不轻易递出，说明在他心目中根本没人配得上接收他的名刺。

有人劝祢衡去结交陈群、司马朗等人。陈群是名倾天下的陈寔之孙，司马朗是司马懿的兄长，两人皆非俗人。可祢衡的回答是："怎么能屈从杀肉、卖酒的。"

又有人问祢衡对荀彧和赵稚长的看法。祢衡说："荀彧长得好看，可借他的脸面吊丧；赵稚长可令他监厨。"荀彧是曹操的最主要的助手，有"王佐之才"，又是文化最发达的汝、颍地区士人群体的领袖，地位和声望俱高，而且本人仪表不凡、风度翩翩；赵稚长则腹大、胃口好。祢衡就抓住两人的容貌做文章，有意把话说得这么尖刻，以示他的不屑。

祢衡离开许昌，转赴刘表控制的荆州，众人前来饯行。祢衡迟到不说，坐在地上嚎啕不止，其理由是："坐的人是坟，卧的人如尸，我坐在坟堆和尸体之间，能不悲伤吗！"把人尽说成行尸走肉，讨嫌是必然的。

祢衡谁都看不上眼，他在许昌的落落寡合可想而知。平日走得最近的，数来数去，只有孔融和杨修两人。即便如此，祢衡说："大儿孔文举，小儿杨德祖。余子碌碌，莫足数也。"❶他的意思是：老点的孔融，小点的杨修，这两人勉勉强强还凑合；至于剩下的人，就不值一提了。

所以祢衡简直就是狂到骨子里，狂到天人共厌。

本来哪个年代都免不了有狂生，不过东汉以来尤其多，"狂"在当时不是个孤立的现象。譬如一个叫赵壹的文士，"恃才倨傲，为乡党所摈"❷，东汉灵帝光和元年，他作为本郡计吏到中央汇报工作，旁人对司徒袁逢拜伏，头都不敢抬，唯独他有意长揖，以吸引注意。祢衡的忘年交孔融也是个狂气十足的人，他在灵帝时曾辟司徒杨赐府，受命拿名刺去拜贺即将出任大将军的何进，自觉被对方怠慢，当即抢过名刺回府，辞职走人。又如与孔融齐名的边让，"恃才气，不屈曹操，多轻侮之言"❸。受荀彧举荐、曾参曹操军事并著有《昌言》的仲长统，"不矜小节，默语无常，时人或谓之狂生"❹。

而且，有人骄狂的语气与祢衡如出一辙。当许昌的舆论评价广陵太守陈登"骄而自矜"，陈登不以为然，为自己辩护："我敬重陈

❶❷❸ （南朝宋）范晔：《后汉书·文苑传》，中华书局 2016 年版。

❹ （南朝宋）范晔：《后汉书·仲长统传》，中华书局 2016 年版。

纪兄弟家庭和睦，有德有行；敬重华歆清白高洁，有礼有法；敬重赵昱疾恶如仇，有识有义；敬重孔融博闻强记，卓然不群；敬重刘备雄姿英发，有王霸之略。对人如此敬重，哪有什么骄狂！"紧接着，陈登把话锋一转："余子琐琐，亦焉足录哉。"❶除此之外的人平庸不足道，也用不着特别的敬重吧。陈登的意思是：对值得敬重的人自然发自内心地敬重，对敬重不起来的人也用不着刻意敬重；此乃率意和坦荡，并非傲慢和骄狂！这或许也是祢衡的真实想法：我并不是有意瞧不起人，我只是忍不住说我真实的想法而已。

狂人的集中出现，是士人自我意识高涨的反映；因为，非高傲的姿态不足以表现个人的逸群、出众，不足以把自己作为个体的独立性、特异性表现出来。而且，在门第日渐成型的现实环境下，"狂"也未尝不是无奥援的寒门子弟邀名求誉的捷径，尽管这条路的风险性很大。

一般说来，平民出身者向上流动的通道相对狭窄。要么因特殊的际遇，以才华、品行受贵人的垂青和提携。

要么是以小心翼翼地逢迎来争取微茫的机会，如曹操、曹丕时的循吏张既，"少小工书疏，为郡门下小吏，而家富。自惟门寒，念不以自达，乃常畜好刀笔及版奏，伺诸大吏有乏者辄给与，以是见识焉"❷，张既虽富于财，但因门寒，富而不贵，只能用性傲者所不齿的手段来结识有力者，尽量为自己拓宽升迁的通道。

---

❶（晋）陈寿：《三国志·陈矫传》，中华书局 2013 年版。

❷（晋）陈寿：《三国志·张既传》裴松之注引《魏略》，中华书局 2013 年版。

再就是夸张式地放大、膨胀自己，大言炎炎，行事激矫，不怕惊世骇俗，努力把自己变成焦点，以此吸引外界的关注。像上面提过的赵壹，就是这样子。大概祢衡也是想按这个路子走，只是他走过了头，有意无意把狂当成了目的。

东晋葛洪《抱朴子》有专门篇章论祢衡，其中说道："虽言行轻人，宁愿容显，是以高游凤林，不能幽翳嵩莱，然修己驳刺，迷而不觉，故开口见憎，举足蹈祸。"这个看法还是很准确的。在祢衡目空一切的背后，隐藏着渴望显达的用心。他不愿幽栖，而要到许都这样龙凤荟萃的地方。只是他思想驳杂、矛盾，又没有觉察到自己内心的迷乱，所以开口就惹人憎恶，抬脚就步入灾祸。

狂，当然需要资本。或者依仗出身，或者凭借天才。

因为只有这两项才是先定的，是与生俱来的禀赋，是造化恩宠的凭据。人也有自恃于权力和财富的，不过权力和财富多半依附于出身，是出身的副产品。很少自恃于运气，因为运气的飘忽不定令人惶恐和谦卑，而不是骄傲。相比于出身，天才甚至有更多的自炫的理由。因为出身来自祖上，而天才只关乎自己，曹丕《典论·论文》里说文艺的天才"不可力强而致"，"虽在父兄，不能以移子弟"，天才是个体独一无二的明证。

祢衡的出身不怎么优越，比他稍微还放在眼里的、能与四世五公的汝南袁氏比肩的弘农杨修，要差得太远，祖上父兄中也没见有什么贵人、名士。在已经开始推崇门第、炫耀血统的社会，祢衡显然不具备任何值得自傲的优势。

那么，祢衡狂傲的凭借在何处呢？

就是天才。

非常赏识祢衡的孔融曾经上表汉献帝，举荐祢衡，提道："目所一见，辄诵于口，耳所暂闻，不忘于心。性与道合，思若有神。弘羊潜计，安世默识，以衡准之，诚不足怪。"❶抛去其中夸张的成分，大略而言，祢衡此人记忆力超强、过目不忘，具有如西汉桑弘羊、张安世般的心算能力。

记忆和心算能力，固然也是天才，但缺乏创造性，因而价值不高。可能在天才的诸多门类里，惟有文艺的天才最值得珍视。为什么？因为它的发挥对外在环境、条件的依赖性最小，故而最容易表现主体的卓越。

有人有政治天才，如果没有合适的机缘，极易被埋没。汉高祖刘邦无疑是天生当领袖的料，但如果没有秦始皇的政策失误，

---

❶ （南朝宋）陈晔：《后汉书·文苑传》，中华书局 2016 年版。

造成鹿失中原、群雄竞起的动荡局势，刘邦可能终其一生只是个小小的亭长，厮混于沛县，只能在艳羡中想象"大丈夫亦当如此"。有人有经商的天才，但如果生在一个禁止市场交易、视买卖为原罪的时代里，他的天才根本没有施展和发挥的空间。

文学天才就不一样了。它只需要语言，而语言又是人人皆有、无待外求的能力。因为人人皆有，所以在语言的运用上独具禀赋、纵横驰骋，足以傲视同侪；因为无待外求，所以只要转归内心、把情意自然地表现出来，就可能有佳作。

祢衡是被列入《后汉书·文苑传》的人物，他的文才是出名的。

曹操因祢衡名望太大，怕杀掉祢衡对自己辛苦建立起来的爱才、重才的形象不利，担上容不下人的恶谥，把祢衡这个烫手的山芋送到刘表那里去，想借刘表的手收拾祢衡，同时也是给祢衡自新的机会。初到荆州的祢衡立刻惊艳到了刘表及荆州士人，原因无他，其文才实在是太出色了。

"刘表及荆州士大夫先服其才名，甚宾礼之，文章言议，非衡不定。表尝与诸文人共草章奏，并极其才思。时衡出，还见之，开省未周，因毁以抵地。表怅然为骇。衡乃从求笔札，须臾立成，辞义可观。表大悦，益重之。" ❶

这是不知道被多少人所歆羡的倚马可待且文采斐然的快好兼具的天才。如果说这还是实用文章，不足为奇，那么在文艺文章

❶ （南朝宋）陈晔：《后汉书·文苑传》，中华书局 2016 年版。

上，祢衡的表现也是杰出的。

在刘表处待久了，祢衡的狂傲习性又发作，老毛病暴露无遗，对刘表倨傲无礼。刘表学曹操的样，把祢衡送到江夏黄祖处。起初，祢衡同样得到黄祖父子的重视和厚待。

"射时大会宾客，人有献鹦鹉者，射举卮于衡曰：'愿先生赋之，以娱嘉宾。'衡揽笔而作，文无加点，辞采甚丽。" ❶

这里提到的就是著名的《鹦鹉赋》。在该赋中，祢衡把小小的鹦鹉描写得矫矫不凡，"采采丽容，咬咬好音。虽同族于羽毛，固殊智而异心。配鸾皇而等美，焉比德于众禽"，分明是祢衡的自我写照。多少年后，大诗人李白游经此地，想望祢衡，仍有感于当日祢衡的挥笔立就、辞惊四筵的风采——"吴江赋鹦鹉，落笔超群英。锵锵振金玉，句句欲飞鸣"。

像祢衡这样真正的狂人，为了标榜、突显自己，势必要贬低

---

❶ （南朝宋）陈晔：《后汉书·文苑传》，中华书局 2016 年版。

他人，且被贬低的对象一定是时所公认的大人物。惟对大人物不屑一顾，才能抬高自己，才能表现出他的卓荦不凡。所以像荀彧、陈群、司马朗这样的人，虽说名高位重，还入不了祢衡的法眼。轻视他们，似乎不过瘾，如果连许都的天字第一号人物曹操也有机会轻侮之，其心理上的满足是难以言喻的。

于是有了著名的"击鼓辱曹"的故事：

闻衡善击鼓，乃召为鼓史，因大会宾客，阅试音节。诸史过者，皆令脱其故衣，更着岑牟、单绞之服。次至衡，衡方为《渔阳》参挝，蹀躞而前，容态有异，声节悲壮，听者莫不慷慨。衡进至操前而止，吏呵之曰："鼓史何不改装，而轻敢进乎？"衡曰："诺。"于是先解衵衣，次释余服，裸身而立，徐取岑牟、单绞而着之，毕，复参挝而去，颜色不怍。操笑曰："本欲辱衡，衡反辱孤。"

曹操听说祢衡善于击鼓，特意安排了一场盛大的宴会，召祢衡当鼓史。祢衡果然技惊四座，鼓打得非常漂亮，激起了听众的慷慨之情。祢衡走到曹操近前，被旁边的小吏指责没穿鼓史的制服，祢衡先是当众脱衣，一丝不挂，再徐徐换上制服，整个过程中他一点也不难为情。曹操只好自己找台阶下：本想羞辱祢衡，反被羞辱。

祢衡此举令极力为他揄扬的孔融难堪，孔融过后责备了祢衡，并讲明曹操的好意。祢衡答应参拜曹操，孔融于是跑去见曹操，把事情说了。曹操也很高兴，吩咐祢衡来后立即通报。孔融和曹操都以正常人的思维来揣度祢衡，以为祢衡此次必是慎重行事，不会再耍个什么意料不到的花样出来。谁知祢衡完全不是这回事儿，姗姗来迟；来迟不说，还身着单衣、头袭葛巾、手执木棒——见人也没个见人的样子；没好样还不说，且以棒捶地，在门前喋骂不休，骂得像唱一样，声音抑扬顿挫。如此放肆、狂悖，把曹操彻底激怒了。他对孔融说："祢衡这小子，我要杀他，就像杀只麻雀老鼠！"不消说，在旁的孔融肯定是羞愧得无地自容。

在事件的整个过程中，祢衡根本没有把曹操放在眼里，没有对曹操表现出起码的尊重。或许他是因为曹操没有给他自认为应有的破格礼遇，且曹操要他击鼓以娱嘉宾——把他混同于卑微的鼓史，从而顺势以有悖常理的举动来回应曹操对他的轻视。即使感到不安的孔融居中缓颊，也不能令祢衡修复已然受损的自尊心。他一发而不可收拾，狂性大作，非痛快淋漓地把曹操骂够不足以解气。而且，肆意地谩骂人人都须敛息仰视的曹操，为人所不敢为，更有一种无法形容的快慰。

曹操当然很生气，但他的心胸没有狭隘到容不下一个狂人的几句谩骂，而如果报复祢衡，恰好向世人表明祢衡的狂悖是有理的，所以曹操按捺住了杀心。不过，任由祢衡任性胡来，也容易滋生事端，曹操把祢衡礼送至刘表处，同样受不了祢衡的刘表又客气地将其转送黄祖处。祢衡就像《水浒传》里未发迹时的高俅，辗转于京城权贵之家，谁都不愿收留。这也是三国历史中的荒谬一幕：各大割据势力唯恐不得人才，延揽无不用心，只有祢衡，像皮球一样被踢来踢去。祢衡自视甚高，却落得个人见人嫌的命运，令人唏嘘。

明代文学家徐渭，曾作杂剧《狂鼓史渔阳三弄》，演绎、发挥祢衡击鼓的故事，令祢衡一边击鼓，一边数落曹操的过恶。可以想见，急促迅捷的鼓点伴随着祢衡尖刻而凌厉的骂词，是多么的释怀！徐渭完全是借祢衡的酒杯来浇自己的块垒，来表达他怀才不遇、世路蹉跎的怨怅。现代著名革命活动家、诗人柳亚子，毫不掩饰对祢衡的好感，他刻过一方题为"前身祢正平，后身王尔德"的印章，还有诗"大儿孔文举，小儿杨德祖。自非祢正平，狂语谁敢吐"。❶ 他把自己归为祢衡一类的人，他的狂傲也是惊人的。

祢衡完全不加收敛的酣放勃发的个性，后世总有引为同调者。

---

❶ 转引自王彬彬：《大道与歧途》，华夏出版社 2015 年版，第 184 页。

05　鲁国男子
孔　融

孔融的形象和让梨的故事已经紧紧绑在一起。经由时间的积淀，这故事令后人大受教育，知道孔融懂事，见贤思齐，应以其为敬长爱幼的道德楷模。这故事，也完满地勾勒了孔融的道德脸型，同时又遮蔽了孔融的真实面目。若说真实的孔融，用他自己的定位，就是"鲁国男子"，他是以有血性、有意气的好男儿自居的。那么，"鲁国男子"表现在哪里呢？在我们看来，大要有三点：有侠气、好热闹、爱议论。性格影响命运，这三点也都与他最后的身亡有关。

孔融是孔子的第二十世孙，正宗的圣人后裔，而他的行事作风却有"侠气"。

战国秦汉之际，游侠纵横于世间。司马迁还专门作传，记载那些"言必信，其行必果，已诺必诚，不爱其躯，赴士之厄困"❶的侠。侠，在大一统政权的眼里，是一股不安分的、独立的社会力量，具有巨大的破坏性；所以刘汉政权建立，在脚跟站稳后，开始动用国家力量，不遗余力地打击游侠，游侠逐渐退出了历史舞台。但侠作为一种慷慨、快意的生活方式，对血气方刚者天然具有吸引力。原汁原味的侠士固已稀见，激于意气的侠风却一直遗留着。东汉去古未远，社会上任侠的人不在少数。曹操、袁绍年轻时就好此道，率意任侠。

此外，还有袁术，"以侠气闻"；张邈，"少以侠闻，振穷救急，倾家无爱，士多归之"；史涣，"少任侠，有雄气"；李通，"以侠闻于江、汝之间"；典韦，"有志节任侠"；杨阿若，"少游侠，常以报仇解怨为事"；鲍出，"少游侠"等。足见当时侠风还很盛。

孔融性格中其实也带有侠的成分。东汉桓帝时，得罪大宦官侯览的名士张俭，被朝廷严令通缉。张俭望门投止，一路上不少人为掩护他而家破人亡。张俭因与孔融大哥孔褒有旧，前来投奔，恰巧没遇上，又有点嫌弃十六岁的孔融少不更事，不肯说明情况。孔融慨然做主，义无反顾地把张俭留在家中。事情泄露后，张俭走脱，孔融和孔褒却受株连，被捕入狱。孔褒说张俭是认准自己而来，孔融说是在孔褒不知情的情况下自行决定收留张俭，兄弟

---

❶ （汉）司马迁：《史记·游侠列传》，中华书局2014年版。

们抢着把责任揽在自己身上，都要保全对方。这种为大义而不顾己身的激昂慷慨的侠义之举，令孔融顿时名闻全国。

东汉末门第最崇高、鼎盛的，属汝南袁氏和弘农杨氏。太尉杨彪和袁术结为婚姻，曹操本对杨彪心有嫌隙，借故要杀杨彪。孔融听说后，来不及换朝服，匆忙赶去面见，力阻曹操。曹操推脱是"国家之意"，这种哄小孩子式的托辞激怒了孔融，把他性格中的侠气激发出来，他很不客气地说："假如周成王要杀召公，周公难道可以说不知情吗？当今天下士大夫之所以敬仰您，是因为您聪明仁智，辅佐汉朝，选用贤能，罢黜小人，使天下重回升平盛世。现在您滥杀无辜，将使天下人大失所望。我孔融身为鲁国男子，明天就拂衣而去，不再来朝。"

孔融和杨彪并无特别亲密的关系，他之所以挺身而出、为杨彪出头，也不是有意与曹操闹别扭、对着干，完全是看不惯曹操殃及无辜的行为，秉持公心，仗义执言。尤其是最后的意思：如果曹操坚持杀杨彪，自当远去，绝不甘心顺服。这话像极了战国时专为人排难解纷的鲁仲连。

秦国围攻赵都邯郸，有个叫辛垣衍的人为秦充当说客，劝赵臣服，尊秦为帝，鲁仲连义正词严地驳斥辛垣衍，表明态度："彼则肆然而为帝，过而遂正于天下，则连有赴东海而死耳，吾不忍为之民也。"❶ 如果秦称帝，他鲁仲连宁可蹈海而死也不愿为暴秦的臣民。孔融的大义凛然，令曹操无话可说，不得不放过杨彪。

❶ 何建章注：《战国策·赵策》，中华书局 2019 年版。

面对强权，面对不义，面对看不过眼的事，孔融绝不沉默，不明哲保身，他敢于担当，敢于发声，这不愧他的鲁国男子的自许。

孔融还好热闹。

他有名言"座中客长满，樽中酒不空，吾无忧矣"，就是这一心态的真实写照。

建安七子之一的徐干，在《中论·谴交》中描述了东汉末士人交游的风气："桓灵之世，其甚者也。自公卿大夫、州牧郡守，王事不恤，宾客为务，冠盖填门，儒服塞道，饥不暇餐，倦不获已，殷殷沄沄，俾夜作昼。"

从中央公卿到州郡官长，都把公事晾在一边，整天热衷于交朋结友、迎送应酬，时间不够用。也许是为强调已步入歧途、已异化了的交游的危害性，徐干的描述不免加上了夸大其词的渲染，不过可以肯定的是，当时士人们加建朋友圈的热情异常高涨。

士人们结友交朋，也不全然都是带有鲜明的政治目的，相当程度上也是为满足人的社交的需要，而社交是要付出代价的。嵇康《与山巨源绝交书》中谈到他不喜欢做官，理由有七个必不堪、两个甚不可，其中"不喜俗人，而当与之共事，或宾客盈坐，鸣声聒耳，嚣尘臭处，千变百伎，在人目前，六不堪也"。社交场合，宾朋满座，各色人等，济济一堂，皆要应酬，脾气须收，性子要敛，该忍则忍，这种热闹的场面令嵇康难受。加入并制造、维持同时享受热闹，是社交必须付出的成本。嵇康不能也不想勉强他自己去迎合、迁就这种热闹。

但孔融喜欢。从孔融的名言可看出：宾客云集，樽酒常满，排场浩大，气氛热烈，他居中主持，妙语如珠，是何等的畅快！孔融就喜欢这种感觉。

有些名士有极强的身份意识，交往范围有严格的限定，不会滥交非类。孔融没这么多讲究。孔融与大文豪蔡邕素来情好，蔡邕逝世后，有个士兵容貌像极了蔡邕，孔融酒酣耳热，常拉他入席同坐，引《诗经》的成句感叹："虽无老成人，尚有典刑。"看来，无论是什么人，孔融都能轻易地找到令彼此走到一起的理由。

孔融名满天下，受他赏知可是一种莫大的荣耀。任北海相时，遭黄巾军围困，孔融遣太史慈求救于平原相刘备。刘备很惊喜："孔北海知世间有刘备邪！"❶孔融名望既大，又好提携后进，年轻人自然而然聚拢过来，"海内英俊皆信服之"❷。譬如初入许昌的祢

❶ （晋）陈寿：《三国志·太史慈传》，中华书局2013年版。
❷ （南朝宋）范晔：《后汉书·孔融传》，中华书局2016年版。

衡，年纪轻轻，是个白衣，孔融却不耻下交，还上书向皇帝举荐。

随着曹操势力的壮大，许昌对人才的吸纳更强。四面八方的英才汇聚于此，性好热闹、侠肝义胆的孔融，左接右引，在许昌周围就逐渐形成了一个以他为中心的私人圈子。在不大平静的许昌中，像这样高调、招摇，这样把自己变成人仰望和追捧的中心，并不是个好迹象；孔融似乎没有察觉，或者说他根本就不介意。

许昌令他有如鱼得水之感，这空间之大更适合他发挥天性的活力，绝非北海一隅之地所能媲美的。他肆意地侃侃而谈、议论风生。

孔融更爱高谈阔论。

孔融十余岁时，想见号称天下楷模的河南尹李膺。本来李膺为人简重，不轻易与外人交往，但孔融仅凭一句话就令李膺接见，并赢得李膺的赏识；太中大夫陈炜以"小时了了，大未必佳"的理由不以孔融为奇，孔融随即以彼之理还施彼身，说陈炜幼时聪慧。其机智和巧辩令李膺及满座动容。一个十多岁的少年，就能在名流云集的社交场合崭露头角，出尽风头，孔融在"议论"上确有天赋。

司马彪《九州春秋》记孔融任北海相时，被袁谭攻击，"自春至夏，城小寇众，流矢雨集"，即使身处如此危急的局面中，孔融"凭几安坐，读书议论自若"。不以安危动摇个人的心志，有意保持淡然自如的姿态，这是后来标准的魏晋风度了。章太炎《五朝学》也说孔融此举乃"王导、谢安所从受法"。孔融的名士风度，美则美矣，可惜暴露出其人的疏阔，也反映出他爱发议论的天性。

《续汉书》记孔融于建安元年入朝为卿，"每朝会访对，辄为议主，诸卿大夫寄名而已"。汉献帝掌握在曹操手上，献帝的小朝廷只是个没有实权、不理实事的空架子，即便如此，也挡不住孔融的议论热情。朝会时，每每是孔融领头发言，其余同僚只挂个名。

孔融对曹操也不是十分尊敬。他写信给曹操，请他施以援手，救助困在孙吴的好友盛宪。信的开头，孔融感慨："岁月不居，时节如流。五十之年，忽焉已至。公今始满，融又过二。"口气有如至交好友间的妮妮私语，但孔融和曹操的关系好像没熟络到这个地步，无怪乎史书说孔融"又天性气爽，颇推平生之意，狎侮太祖"。

管不住嘴的孔融总会情不自禁地适时"妄议"曹操的行动和政策。

建安九年，曹操攻占袁绍的根据地邺城，袁氏的女人多有被曹营当成战利品的，曹丕私抢了袁熙之妻甄氏。这种行径太不像样，非堂堂正正的王师之所为，孔融按捺不住性子，给曹操写信，提到："当初周武王伐纣，把妲己赏赐给了周公。"以曹操的博学，也看不明白，向孔融追问该典故的出处。孔融故意绕了个弯子，等的就是曹操的追问，于是回答："以今天的情形揣测古人，想来应该如此。"这样戏弄曹操，曹操肯定不舒服。

建安十二年，曹操讨伐乌桓，孔融又写信发表意见："大将军远征，萧条海外，当初肃慎不进贡楛箭，丁零偷盗苏武的牛羊，正可一道讨伐！"当时社会战乱不休，粮食匮乏，所以曹操下令管控酿酒。孔融又写信嘲弄："天有酒旗之星，地列酒泉之郡，人有旨酒之德，故尧不饮千钟，无以成其圣。且桀纣以色亡国，今令不禁婚姻也。"

像这样卖弄小聪明、乱扯一气的歪理，孔融可能得意不凡，而曹操呢，表面上不好说什么，内心中应当是相当不悦的。孔融的议论方式令曹操反感，但所议论的内容很正，即便再不高兴，也只能暂时忍着，等待着孔融更进一步的自我暴露。

好发议论的极致，恐怕就是突破言论的禁区，对那些被视为天经地义的道理且由权力紧紧保护的意识形态不以为然、大放厥词。跨越思想观念的雷池，在语言中放肆地质疑和攻击，想人所未曾想，言人所不能言，这种感觉确实酣畅，孔融怎么都忍不住。

有个叫路粹的人，嗅觉灵敏，闻到了曹操若隐若现的杀意，摘编孔融的言论，挑出了认为罪无可宥的证据。多亏路粹，留下了难得的史料，令后人知道孔融议论的大胆和出格。

孔融的一条关键罪状是非孝——"父之于子，当有何亲？论其本意，实为情欲发耳。子之于母，亦复奚为？譬如寄物缶中，出则离矣。"

东汉重孝，孝道有个理论依据，即父母对子女有亲、有恩。父母既对人子有亲，人子自应在成年后尽孝心以回报。孝，基于情感互换的逻辑。孔融以为：父对子无亲，因为子不过是父情欲发动后的副产品；子对母也无情感，因为两者的关系好比物品放在瓦缶中，拿出来后，物和缶就不再有关系了。

孔融否认父之于子有亲，并非攻击孝道，并不代表他就主张人不该尽孝，而是要拆毁情感互换的逻辑。事实上，孔融本人就是个笃诚的孝子。如果沿着孔融的观点推论下去，那么，真正的孝只能出于人的自然的情感，而非回报父母的亲恩。譬如，丁廙曾对曹操说曹植"天性仁孝，发于自然"[1]，鱼豢说一个叫鲍出的侠"不染礼教，心痛意发，起于自然"[2]，都是强调孝行的自然性。

孔融的观点细究起来，本身并无问题，而且也只是和祢衡的私下论议，很难说不带有打趣的成分——把话说激烈、说极端才有趣，但欲加之罪何患无辞！更何况孔融的表达取向又是如此令人惊悚，从表面上看它在挑战正统意识形态的权威性，因此被路粹以及曹操拿来大做文章，足矣。

---

[1] （晋）陈寿：《三国志·陈思王植传》裴松之注引《文士传》，中华书局 2013 年版。

[2] （晋）陈寿：《三国志·阎温传》裴松之注引《魏略·勇武传》，中华书局 2013 年版。

若说曹操，也不是容不下孔融的放肆言论，他本人也不见得
真把仁义忠孝当回事儿；不是话本身有什么问题，而是说话的人
有没有问题。在曹操的眼里，孔融是个问题很大的人，所以孔融
非孝的言论正好给了曹操动手的口实。

孔融的问题在哪里呢？

鲁迅先生有个很深刻的分析，他说曹操是办事的人，孔融是
个旁观者。旁观者不承担责任，说话未免自由些，无形中妨碍了
曹操的办事，所以曹操杀孔融，是为了搬掉政策推行过程中的障
碍。这分析当然是有道理的。

照我们看，曹操其实很坦白，早就申明了他的态度。曹操忌
恨孔融，郗虑迎合曹操的心意，出手打击孔融。曹操希望孔融和
郗虑不要闹不团结，特意写信给孔融，最后说道："孤为人臣，进
不能风化海内，退不能建德和人，然抚养战士，杀身为国，破浮
华交会之徒，计有余矣。"

曹操隐然把孔融归为"浮华交会之徒"，这其实对孔融的严正
警告。何谓"浮华交会"？在曹操看来，就是干不了实事，也不爱
干实事，名气很大，腹内空空，拉帮结派，党同伐异，说三道四，
议论是非，诋毁大政，带坏风气。

孔融究竟是不是"浮华交会之徒"？不能说孔融完全不沾边，他身上多少还是带点此类习气。

孔融任北海相时，曾经看重某人，常当众嗟叹，后来改变态度，认为此人辜恩，想要杀他。众人都为他求情，此人也叩头流血，但孔融还是没有谅解的意思。孔融的下属、名士邴原说，"起先你喜爱他，就把他当成儿子；现在憎恶他，就要杀他"，指出孔融做法的颠倒、悖谬。孔融大笑："我不过是开玩笑而已！"邴原说："哪有想杀人而可以当儿戏的呢！"爱之欲其生，恶之欲其死，一个成熟、稳重的政治领袖，身上很少有这么情绪化的举动，而在任性的孔融看来，并无什么不妥之处。

司马彪《九州春秋》叙述孔融为政北海的情形："然其所任用，好奇取异，皆轻剽之才。……论事考实，难可悉行。且能张磔网罗，其自理甚疏。……黄巾将至，融大饮醇酒，躬自上马，……连年倾覆，事无所济，遂不能保障四境，弃郡而去。"葛洪《抱朴子·清鉴篇》说："孔融边让，文章邈俗，而并不达治务，所在败绩。"也就说，孔融这样的人，写写文章挺在行的，但不懂政治。史学家范晔也秉持同样的观点："融负其高气，志在靖难，而才疏意广，迄无成功。"[1]总之，从现有的史料来看，孔融是个好意气用事且行动能力不强的人。孔融过往的经历，曹操当然清楚，对其"浮华"的印象是有来由的。

---

❶ （南朝宋）范晔：《后汉书·孔融传》，中华书局 2016 年版。

曹操厌恶"浮华"之士，别人不说，就是对他素来偏爱的曹植，也不姑息。曹植的聪慧确为曹操所喜，甚至有过立储的考虑，但最终选择了曹丕，一个原因就是曹植身上的"浮华"气息散漫而无节制，令曹操非常不放心。建安二十四年，"曹仁为关羽所围。太祖以植为南中郎将，行征虏将军，欲遣救仁，呼有所敕戒。植醉不能受命，于是悔而罢之"❶。曹植以醉酒耽误军国大事，自此彻底失宠于曹操。同年，曹氏还镇压了一起由魏讽引发的"造反"。这个魏讽，据说有惑众之才，结交党徒，倾动邺城。大臣刘廙告诫其弟不要与魏讽结交："吾观魏讽，不修德行，而专以鸠合为务，华而不实，此直搅世治名者也。"❷如果描述属实，其人的所作所为，按曹操的标准，正是"浮华"之徒。

孔融经常说怪话来嘲讽曹操也就罢了，在曹操眼皮子底下，居然还不"老实安分"——"好士，喜诱益后进。及退闲职，宾客日盈其门"❸。当初年轻时的袁绍隐居洛阳，表面上装出不问时事的样子，私底下却有很多小动作，结交各路豪杰，中常侍赵忠生了疑心，对诸黄门说："袁本初坐作声价，不应呼召而养死士，不知此儿欲何所为乎！"❹想必曹操也会寻思：孔融非但不宣讲他的精神、配合他的政策，经常唱反调、发异见，还利用个人名望拉拢

❶ （晋）陈寿：《三国志·陈思王植传》，中华书局 2013 年版。
❷ （晋）陈寿：《三国志·刘廙传》裴松之注引《廙别传》，中华书局 2013 年版。
❸ （南朝宋）陈晔：《后汉书·孔融传》，中华书局 2016 年版。
❹ （晋）陈寿：《三国志·袁绍传》裴松之注引《英雄记》，中华书局 2013 年版。

后进，搞小圈子，真不知此人欲何所为！

讲求实效的执政者其实都反感夸夸其谈的"浮华"之徒。

不但是孔融，在他身后，又有一帮人因类似的作风而被定性为"浮华"，遭到打击。《魏晋世语》云："是时，当世俊士散骑常侍夏侯玄、尚书诸葛诞、邓飏之徒，共相题表，以玄、畴四人为四聪，诞、备八人为八达，中书监刘放子熙、孙资子密、吏部尚书卫臻子烈三人，咸不及比，以父居势位，容之为三豫，凡十五人。帝以构长浮华，皆免官废锢。"

魏明帝太和年间，夏侯玄、诸葛诞、邓飏等众多曹魏政权的官二代们，仿效东汉末士林中相互推重的名号，标榜为"四聪""八达"，引起了元老重臣的警觉和敌视，董昭痛心疾首地上书明帝："窃见当今年少，不复以学问为本，专更以交游为业；国士不以孝悌清修为首，乃以趋势游利为先。合党连群，互相褒叹，以毁訾为罚戮，用党誉为爵赏，附己者则叹之盈言，不附者则为作瑕衅。" ❶明帝曹叡也以为如果不制止这股歪风邪气，势必助长"浮华"，因之将相关人等废黜、禁锢。

西晋末，琅琊诸葛恢任会稽太守，坐镇江东的琅琊王司马睿为他置酒践行，并询为政之先，诸葛恢对以"进忠实，退浮华" ❷。

东晋桓温掌控朝政，曾给朝廷提出了七条建议，其中第一条

❶ （晋）陈寿：《三国志·董昭传》，中华书局 2013 年版。

❷ （唐）房玄龄：《晋书·诸葛恢传》，中华书局 2015 年版。

就是"朋党雷同，私议沸腾，宜抑杜浮竞，莫使能植"❶。"浮竞"就是"浮华"，桓温很反感、忌讳朝臣聚在一起对朝廷、其实也就是他个人的施政说三道四。

正因为"浮华"容易招祸、耽误前途，所以深谙其中利害关系的谨慎者，皆力避"浮华"，并把它作为教育子弟的箴言。

东汉开国功臣马援在前线作战，写信告诫两个侄儿勿学当时的大侠杜季良，担心他们学不到杜季良的长处，画虎不成反类狗，堕落为轻薄、浮华的人。魏文帝时名臣太原王昶，用玄、默、冲、虚为王氏子弟们命名，并加以告诫："人若不笃于至行，而背本趋末，以陷浮华焉，以成朋党焉；浮华则有虚伪之累，朋党则有彼此之患。"❷他担心子弟们丢失了立身的根本而陷入浮华。

可惜孔融在这方面的警惕性不够，没当回事，我行我素惯了，一再招惹曹操，令曹操对其"浮华"形成了根深蒂固的看法，担心其发展为不可控的朋党势力，这是一大隐患，所以忍无可忍，终于编织罪名把他杀掉。

孔融生于圣人之家，他的生平却没有其圣祖温良恭俭让之风。曹丕点评孔融"体气高妙，有过人者"，这个"体气高妙"，大概就与孔融的这种行侠、心热、肆议的性格有关。

---

❶ （唐）房玄龄：《晋书·桓温传》，中华书局 2015 年版。

❷ （晋）陈寿：《三国志·王昶传》，中华书局 2013 年版。

06　　**王佐之才**

荀　彧

荀 或乃东汉末崛起的颍川荀氏的代表人物。其祖父就是顺帝和桓帝之时显名当世的荀淑，号称"神君"，王畅、李膺等士林领袖皆尊荀淑为师。荀淑有子八人，人称"荀氏八龙"，其中名最著的是荀爽，九十五天内由布衣升至司空；荀或之父荀绲，任过济南相。

荀或少时，受知于名士何颙，被誉为"王佐之才"；他后来协助曹操的一系列杰出表现，印证了何颙的眼光。荀或应该说是曹操铲平群雄、建立基业的首席助手，对曹操的重要性不言而喻；他相当于张良和萧何两人作用的叠加，既如张良那样贡献方略，又如萧何那样稳定后方。

董卓之乱时，任守宫令的荀彧眼看形势不对，离开了京师这个是非地，弃官回颍川家乡。对父老说："颍川是要地，战事一起，首当其冲，应该急速迁走。"乡人们大多犹豫不决，舍不得背井离乡，恰好颍川同郡、时任冀州牧的韩馥遣人来迎，荀彧独率荀氏宗族前往。谁知局势变化太快，等荀彧抵达，冀州已经换主，袁绍取代了韩馥。不过袁绍很尊重荀彧，待以上宾之礼。此时荀彧还没机会施展他的"王佐之才"，看来袁绍真正敬重的是荀彧背后的荀氏家族崇高的社会声望及其庞大的人际网络。但荀彧判断袁绍终不能成大事，毅然离开了袁绍。

　　为什么荀彧不愿追随袁绍？荀彧对袁绍的为人有深刻的认识，若干年后他曾在曹操面前大发议论：

　　"绍貌外宽而内忌，任人而疑其心，公明达不拘，唯才所宜，此度胜也。绍迟重少决，失在后机，公能断大事，应变无方，此谋胜也。绍御军宽缓，法令不立，士卒虽众，其实难用，公法令既明，赏罚必行，士卒虽寡，皆争致死，此武胜也。绍凭世资，从容饰智，以收名誉，故士之寡能好问者多归之，公以至仁待人，推诚心不为虚美，行己恭俭，而与有功者无所吝惜，故天下忠正效实之士咸愿为用，此德胜也。"❶

从度量、谋略、法令、德行四个方面综合比较了袁绍和曹操的高下，袁绍均不及曹操，这话肯定是曹操爱听的。但荀彧在冀州时，与曹操还没有建立起直接的私人联系，不大可能预先做出如此精准、全面的对比，从而奔曹。荀彧之所以放弃袁绍，与其说是判断袁绍成事不足，倒不如说在袁绍处不可能得到他所想要的推心置腹般的信用。

士人的出处是个严肃、重大的问题。对于像荀彧这样持重、方正的人，不会轻易委身事人。一旦和袁绍建立起君臣关系，就意味着他有了必须承担的道德义务，这种道德义务甚至可以脱离袁绍其人而独立存在，也就是说：无论袁绍最终怎样以及对荀彧怎样，荀彧都必须持守他的臣节。荀彧的为人不允许他朝秦暮楚、反复无常，不允许他频繁改换门庭，所以他必须选择妥当。

正如东汉初马援对光武帝刘秀所说的："当今之世，非独君择臣也，臣亦择君矣。"❷ 所谓"择君"，不仅仅是看是否能使个人、宗族均有所得，更在于个人能拥有多大的发挥空间。荀彧是"王

---

❶（晋）陈寿：《三国志·荀彧传》，中华书局 2013 年版。
❷（南朝宋）范晔：《后汉书·马援传》，中华书局 2016 年版。

佐之才"，对自己的期待应该是很高的，而在袁绍处所能得到的仅是"上宾之礼"，从表面上似乎颇受优待，不过情况也很明显，袁绍没有也不准备把他当成张良、萧何。

汝南袁氏乃天下最显赫、高贵的门第，四世五公，门生故吏遍布天下——冀州牧韩馥也是考虑到本人乃袁氏之故吏，所以才把冀州让与袁绍。袁绍威望素著，据地最广，兵强马壮，实力超群，是众望所归的英雄，其内部权力架构已经稳固、人才班底已经成型，很难会为荀彧轻易地打破平衡。所以，荀彧其实在袁绍处很难得到能满足他期待的发展条件和特殊待遇。

献帝初平二年秋，袁绍取冀州后，正值曹操引军入东郡，击败了黑山军，袁绍表曹操为东郡太守。在这个关口，徘徊未定的荀彧"闻操有雄略，而度绍终不能定大业""乃去绍从操"❶。

以荀彧深谋远虑的性格，像选择效忠对象这样重大的决策，是不大可能贸然为之的；他听说曹操有"雄略"就毅然舍弃加礼于他的袁绍而径往投奔，那么，这个"闻"就不可能是临时得闻，而一定是很早以前就有所知的；而且，关于曹操其人信息的来源也不是随随便便"风闻"得来的，而应该来自他平素所极尊重和信任的人。

这个人有可能是何颙。

何颙少时与郭泰、贾彪等游学洛阳，在太学里表现优异，与

---

❶ （南朝宋）范晔：《后汉书·荀彧传》，中华书局 2016 年版。

名臣陈藩、李膺等交好。何颙社会活动能力很强，党锢事件爆发后，他牵连于其中，改名换姓，潜逃到汝南，结交当地有实力的豪杰；"既奇太祖而知荀彧"❶，何颙断定曹操乃非常之人——"汉家将亡，安天下者必此人也"❷，又深知荀彧的才器。所以，荀彧对曹操的认知或许与何颙有关。何颙后来被董卓逼任长史，托疾不就，私下和司徒王允、司空荀爽及荀攸等人共谋董卓，事泄入狱，忧惧自杀。荀彧对何颙很感念，出任尚书令后，派人迎叔父荀爽丧，同时安置好何颙的遗体，葬在荀爽的坟旁。荀彧不将何颙归葬其家乡南阳，却葬在荀爽旁，这里似有隐情。

见到荀彧后的曹操果然大悦，他一下子就看准了荀彧的价值——"吾之子房也"❸。显然，这也就是荀彧所想的。

对于荀彧的作用，曹操最有发言权。

❶ （晋）陈寿：《三国志·荀攸传》裴松之注引张璠《汉纪》，中华书局 2013 年版。
❷ （南朝宋）范晔：《后汉书·党锢列传》，中华书局 2016 年版。
❸ （晋）陈寿：《三国志·荀彧传》，中华书局 2013 年版。

建安九年，曹操写信给荀彧：

"与君共事以来，立朝廷，君为之相为匡弼，君之相为举人，君之相为建计，君之相为密谋，亦以多矣。" ❶

曹操说得很清楚，尽管没有攻城野战、斩将搴旗之功，但这并不意味着功勋的所有和唯一形式，在匡弼、举人、建计和密谋等四项中，荀彧的作用极大，不逊色于沙场攻战。

就"匡弼"来说，荀彧是以清晰而远大的战略眼光和政治智慧助曹操在纷乱的局势中紧紧把握住正确的发展方向。

建安元年，汉献帝自汉东还洛阳。洛阳经过战乱，残破不堪。曹操准备迎献帝都许。有人短视，劝曹操放弃，嫌把皇帝放在身边麻烦。袁绍本有机会先于曹操迎献帝，最终还是打消了主意。荀彧为曹操分析了迎献帝的政治意义，从而坚定了曹操的决心。献帝在哪里，正统就在哪里，合法性就在哪里。献帝这杆大旗一旦举起来，可以顺应民心，这是"大顺"；可以号令群雄，这是"大略"；可以招揽英杰，这是"大德"。也就是说，只有掌握、举起献帝这面大旗，才叫真正顺应民心，否则只是"小顺"，即顺一时、一地之民；才能真正号令群雄，否则只是"小略"，即没有正义的内容而仅以争夺地盘为要务的勇略；才叫真正的延揽英杰，否则只是"小德"，即仅凭一己的私恩、细惠来拉拢和收买人才。

建安九年，曹操攻下邺城，领冀州牧。有人劝说曹操恢复古

---

❶ （晋）陈寿：《三国志·荀彧传》裴松之注引《彧别传》，中华书局 2013 年版。

代九州的制度，因为冀州辖地最广，趁机可以宰制天下。这个建议的诱惑颇大，曹操动了心。当初刘项相争时，郦食其劝刘邦复立六国王族后代，以分散压力，刘邦欣然欲行，幸被张良及时阻止。劝曹操恢复九州的建议与郦食其的建议有异曲同工之愚，都是政治昏招，令自己放弃主动性和对局面的掌控力。荀彧说：如果恢复古制，尤其是循冀州之名以责实，各路诸侯势必人人自危，"天下未易图也"❶；当务之急，还是应先定河北，修复洛阳旧都，然后以中央的名义施压荆州，责其不臣，把这个政治信号传递给天下，令诸侯们自安。待天下大定，再议古制，这才是社稷长久的大利。曹操因此紧急叫停。

很明显，荀彧不同于一般谋臣之处，在于他有政治眼光，总是从政治的高度来看待局势，用政治这把钥匙去打开现实的门户，而不是止于就利取利，赢一仗是一仗，捞一把是一把。

荀彧不仅仅是适时贡献方略，他还经常与曹操从容论"治道"：

"今公外定武功，内兴文学，使干戈戢睦，大道流行，国难方弭，六礼俱治，此周公辅周之所以速平也。既立德立功，而又兼立言，诚仲尼述作之意；显制度于当时，扬名于后世，岂不盛哉！若须武事毕而后制作，以稽治化，于事未敏。宜集天下大才通儒，考论六经，刊定传记，存古今之学，除其烦重，以一圣真，

---

❶ （晋）陈寿：《三国志·荀彧传》，中华书局 2013 年版。

并隆礼学，渐敦教化，则王道两济。" ❶

所谓"治道"，是治国理政的根本之道。在上面的建言中，荀
彧希望曹操把文治和武功结合起来，把勘定动乱和制度建设结合
起来。荀彧能够着眼于根本，而不是一味迁就局面。

从"匡弼"来看，何颙说荀彧是"王佐之才"，洵非虚言；而
袁绍也没有足够的识度来接纳荀彧的政治理想，也比较正常。荀
彧确实把袁绍看得很透。

就"举人"来说，荀彧出力尤其多。史书上说：

"前后所举者，命世大才，邦邑则荀攸、钟繇、陈群，海内
则司马宣王，及引致当世知名郗虑、华歆、王朗、荀悦、杜袭、
辛毗、赵俨之俦，终为卿相，以十数人。取士不以一揆，戏志
才、郭嘉等有负俗之讥，杜畿简傲少文，皆以其智策举之，终各
显名。" ❷

这份名单，不但可见荀彧的公道，没有地域偏见，荐人五湖
四海，不限颍川乡党，他完全做到了内举不避亲、外举不避贤。
此外，还可见荀彧的宽豁，像戏志才和郭嘉，舆论风评并不是太
好，不过两人有真才实略，非常时刻，不拘一格降人才，荀彧同
样大力举荐，对他们不存偏见。以此之故，荀彧广得人心，受过
他举荐、提携的司马懿经常说："书传远事，吾自耳目所从闻见，
逮百数十年间，贤才未有及荀令君者也。" ❸

---

❶❷❸ （晋）陈寿：《三国志·荀彧传》裴松之注引《彧别传》，中华书局 2013 年版。

至于"建计"和"密谋",由于荀彧的谦逊和谨慎,绝大部分都没有留下来,种种细节,后人也不得其详。"彧自为尚书令,常以书陈事,临薨,皆焚烧之,故奇策密谋不得尽闻也"^❶。所留下的,如在官渡之战相持之际,曹操粮尽,准备放弃,是荀彧力劝曹操坚持并献计,才使得曹操击败袁绍。

荀彧是曹操最重要的助手,为曹操的大业殚精竭虑,功勋卓著,可惜结局不大好,逝于寿春,年仅五十。荀彧之死,是曹操日渐明显的代汉企图、动作的结果。

建安十七年,董昭等人投曹操之所好,动议曹操应进爵国公、加九锡,以彰显其不世之功。曹操征询荀彧的意见,其实是想荀彧表态支持。这回曹操未能如愿,荀彧有不同意见,以为曹操的初衷是起义兵来匡扶汉室,应该秉着忠贞的诚心,守着退让的实意;君子爱人也要讲原则,不能一味逢迎,即使敬爱曹操,也不

❶ (晋)陈寿:《三国志·荀彧传》裴松之注引《彧别传》,中华书局 2013 年版。

应该劝曹操进位加九锡。总之，荀彧不希望看到曹操在个人名位上更进一步。荀彧的这个态度，令曹操失望，心不能平，觉得荀彧的立场偏了，与他并不是一条心。

就荀彧来说，他所能接受的曹操的定位上限，是以尊汉的名义来建霸业，乐见并愿成全曹操在汉家的政治框架内拥有特殊的个人地位。

荀彧首先是把自己视为汉家的大臣，而不是曹操的僚属。建安八年，曹操击败袁谭、袁尚后，论功行赏，表封荀彧为万岁亭侯，开始荀彧拒绝。曹操给荀彧写信，论叙两人"共事"以来荀彧的功绩，把两人的关系置于"共事"的范畴；言外之意，默认荀彧不是在为曹氏打天下，而是与曹操"共事"、合作，兴复汉室。曹操明白荀彧的心思，荀彧也就接受了。

而且，荀彧与汉献帝也颇接近。"献帝颇好文学，悦彧及少府孔融侍讲禁中，旦夕谈论"❶；荀彧死后，"帝哀惜之，祖日为之废燕乐"❷。荀彧对汉室的忠诚以及他在曹操身边的地位，无疑可以很好地充任献帝与曹操之间的缓冲，荀彧之死，则使献帝从此将直接面对曹操及其心腹更加猛烈的政治冲击了，献帝明白他的处境和命运，自然"哀惜"。

当曹操把荀彧定性为政治障碍后，行动就非常干脆利落了。

曹操杀人，有三种方式。其一是故作优容、借刀杀人，最典

---

❶ （南朝宋）范晔：《后汉书·荀悦传》，中华书局 2016 年版。

❷ （南朝宋）范晔：《后汉书·荀彧传》，中华书局 2016 年版。

型的例子是对付祢衡。祢衡桀骜不驯，曹操很不喜欢，但这个人仅仅是个布衣白丁，如果杀掉，未免给世人留下气量狭小的负面形象，降低了他大汉丞相的身份，所以送到刘表那里去，把处置权交给了刘表，要刘表举刀动这个手。其二是罗织罪名、不惜枉杀。如对付素来忌恨的孔融、许攸和娄圭等人，就是如此。其三是给予体面、逼令自裁，如对付崔琰。

曹操决意搬除荀彧，采取的是第三种方式。

建安十七年，曹操南征孙权，表请荀彧至谯劳军——这是个不寻常的信号。从前曹操外出打仗，总是留荀彧坐镇后方、主持大局，这是对荀彧品格和能力的无保留的信任。此次出征，曹操却罕见地把荀彧调出来，而又非军务所急需和必需，意味着他对荀彧的看法已经发生了根本性的改变。

紧接着，不放荀彧回朝，就此把荀彧留在军中，这是在给予明确的暗示。曹操军至濡须，荀彧则以疾留在寿春——荀彧大约强烈感受到了曹操有意释放出的巨大压力，这个疾很有可能是心疾。到这个地步，荀彧已经不大可能活着离开寿春了。

关于荀彧的死因，史书上的说法不一。《三国志·荀彧传》说是"以忧薨"。《后汉书·荀彧传》则说"操馈之食，发视，乃空器也，于是饮药而卒"。《资治通鉴》不取曹操馈赠空器这个带有戏剧性的细节，直接说："饮药而卒。"

荀彧真实的死因，已不可得而知，应可以确定的是，曹操的态度乃是最直接的因素。荀彧死后的第二年，曹操就自己进爵魏公、加九锡。

荀彧在曹操身边二十年，作为曹操最亲密、最重要的助手，以其明智，岂不知曹操的心思和志气，岂不知曹操决不甘心以"汉故征西将军曹侯"自限，又岂不知他的努力和作为其实是在一步步地壮大曹操的力量、助长曹操的野心。荀彧心向汉室，有忠贞的政治操守，又是"王佐之才"，在乱世中只能依附于真正的有王者之风的人（曹操）；他全心全意辅佐的王者曹操坐大后，势必觊觎大位——没有谁会把自己辛辛苦苦打造好的卧榻拱手让给他人酣睡的！

如果荀彧执意不"识"时务、不改变初衷、不与时俱化，不学他曾经举荐的陈群、钟繇等人那样通权达变、此一时彼一时，那么他的命运其实早已由他自己的"王佐之才"所决定了。他的"王佐之才"得以确证之日，也就是他的殒命之时。他辅佐曹操往魏公以至于魏王的方向走，同时又把自己变成曹操前进道路上的绊脚石，他终于令曹操搬掉、清除了他自己。

07 确然不拔

管 宁

东汉末天下大乱，汉室失去了号令四方的权威和能力，在秩序重建的空档期中，作为帝国中坚力量的士人，也做出了各异的抉择。有的苟全性命、不求闻达于诸侯，有的逍遥方外、养志适意，有的乘势而起、欲有所图，有的附于骥尾、昌大门第，有的则固守儒者的本色，避乱取安，选择合适的容身之所，坚持做力所能及的教化的工作。管宁就属于最后一类。

管宁，字幼安，北海朱虚人，据说是春秋时齐国贤相管仲之后。十六岁时，父亲去世，亲戚们怜悯管宁孤贫，共同赠送了许多财物来助办丧事，管宁一概辞谢，根据自己的经济状况为父亲送了终。本来，亲戚赠赠是很普遍的习俗，也为礼所许，接受并不亏德，管宁拒绝，是他坚持自立；他根据自家的财力来操办丧事，是他不慕虚名。管宁确实清高，可这清高非有意为之，以沽名钓誉，而是他自立的秉性使然。

管宁与同县的邴原及平原的华歆友善，三人合称一龙，曾经一道游学异乡，结识、敬仰颍川的陈寔，由此与当时有很大社会影响力的汝、颍士人群体建立了交集。

和希望奔走仕途的华歆比起来，管宁对名利的兴趣不大，为人淡泊、恬静。后来华歆青云直上，做到曹魏政权的三公，位极人臣，上书请求把司徒之位让给管宁，华歆或许觉得他愧居司徒于挚友管宁之前，或许是故意以这种逾格的方式提请朝廷真正重视管宁其人。不过，他的一番苦心算是白费。管宁听说此事后笑道："华歆本来就想做个老吏，所以把官位视为荣耀。"大有庄子自居鹓雏、不屑腐鼠之风。尽管相交了一辈子，华歆还是不大了解他这个老朋友；富贵眼底皆浮云，是管宁一生未变的怀抱。

《世说新语·德行》中有个小故事也很能反映出管宁与华歆在志趣上的根本差异。

两人曾在园中锄菜，看到地上有金子，管宁挥锄如故，视金子如瓦块。华歆把金子捡了起来，再扔掉。还有一次，两人同坐一张席子上读书，有贵人乘豪车从门前经过，管宁视而不见，听而不闻，读书依旧，华歆又扔下书跑过去看。管宁于是割席，说：

"你不是我的朋友。"故事的叙述倾向很明显：管宁性情恬淡，虚静自守，没什么东西能干扰他的心志；华歆则心热眼馋，对权位利禄始终割舍不下。所以两个人最终分道扬镳，走了不同的路，且各得其所。

黄巾起事后，北海地区受战乱的影响很大，管宁拟移居以避乱。他听说公孙度割据下的辽东比较安定，于是和邴原、王烈、国渊等人到了辽东。

公孙度乃辽东襄平人，少时曾在玄菟郡任职小吏，机缘巧合，受到玄菟太守公孙域的赏识和提携，一路做过尚书郎及冀州刺史。后经同郡的徐荣向董卓举荐，公叔度被任命为辽东太守，成为割据一方的诸侯。公孙度起家于玄菟小吏，所以辽东地方上的豪族不大服气；公孙度是"英雄"，很强硬，用雷霆手段，以杀立威，一下子灭门百余家，彻底震撼了辽东上下，建立起个人的权威。此后，公孙度又东伐高句丽，西击乌丸，声威渐高。名存实亡的汉帝国无暇顾及远在边陲的公孙度，任其坐大，势力和名望渐增的公孙度自然而然地有了王霸之念。

管宁等名士的适时而至，无形中既给公孙度的割据政权以装点门面、壮大声势的机会，而且也是一笔可资利用的人力资源，这在人才相对匮乏、欠缺的辽东是极难得的。所以公孙度表现得很积极、热情，虚馆以待。

如何与公孙度这样野心勃勃而手段又暴虐的军阀打交道呢？管宁非常明智，有他的自处之道。

在这里可用邴原来做个对比。

如果说华歆反衬了管宁的恬于荣华，邴原则映现了管宁的明哲保身。邴原个性刚直，立身正派，有节操，原则性强。当邴原从辽东回内地后，曹操辟其为僚属。邴原有个女儿早亡，曹操的爱子曹冲亦夭折，曹操想把两个孩子合葬。邴原坚决不从，以为合葬不合礼法。邴原逐渐取得曹操的敬重和信任，后转任曹丕的长史。在一次宴会上，曹丕提了个极尖锐、敏感的问题：君主和父亲同时病重，假如药丸只够救一个，应该救君主还是救父亲？邴原毫不犹豫地回答该救父亲。在君与父孰先孰后、政治关系与伦理关系孰轻孰重的重大问题上，邴原固守儒者的基本立场。曹丕是他的上级，是曹操事业的继承者，更可能是代汉的未来皇帝，但邴原在他自认为大是大非的问题上毫不松口以逢迎曹丕。如果不是真具气节和操守，绝不敢如此。

以邴原一贯刚直的性格，自然眼里容不得沙子，对有违原则的现象看不过去，定要有所评议的；而在乱世，尤其是在公孙度这类"英雄"的治下，这种不合时宜的做法难免惹上不必要的麻烦。所以管宁善意地警告邴原："潜龙以不见成德，言非其时，皆招祸之道也。"❶管宁很清楚他们这类寄人国土的流亡者的现实处境，而把自己定位成"潜龙"，按照《周易》的指示，坚持"潜"而"不见"；因之，在不恰当的时候发表不恰当的意见，把自己置于矛盾集中的焦点，足以惹祸上身，此非明哲保身之道。管宁由是设计、密遣邴原离开辽东，公孙度制止了追捕邴原，很大度地表示："所谓云中白鹤，非燕雀之所能罗也。"❷既成全了邴原，也为他自己找了个很好的台阶下。原则问题须灵活处理，管宁要比邴原更善于识时务并通权达变。

《论语·子罕》中说："可与共学，未可与适道；可与适道，未可与立；可与立，未可与权。"这是孔子人之共处的三种循次而升的境界。以管宁、华歆及邴原三人来说：管宁和华歆，可以一同向学，但未必可以一同求道，华歆并不志于道；管宁和邴原，可以一同依礼而立，但未必可以一同通权达变，邴原有失于权变。必须要说的是，通权达变不是墙头草、专依风向而动，而是坚守其立身处事的大节，而在实行方式有所出入、视情况而定。

至于管宁是如何为之的呢？

第一，恪守本位，不妄议论与己无关的事。"宁往见度，语唯经典，不及世事。"❸管宁见公孙度，只谈论儒家经典，谈论学术、文化，从不涉及现实问题。无异于是向公孙度明示，他就是个本分、纯粹的儒者，对现实事务不感兴趣。

---

❶ （晋）陈寿：《三国志·管宁传》，中华书局 2013 年版。

❷ 余嘉锡：《世说新语笺疏》赏誉第四条，中华书局 2011 年版。

❸ （晋）陈寿：《三国志·管宁传》裴松之注引《傅子》，中华书局 2013 年版。

第二，做出扎根辽东的姿态。管宁安居于山谷中。当时从中原来避乱的人多居住在城南，但管宁住在城北，以示没有准备随时回迁的志向。同时，管宁只与学者们来往，此外再无私交。管宁的所作所为，自然全都看在公孙度的眼里，于是乎公孙度对管宁的贤德放了心。

第三，立身方正。西晋学者皇甫谧《高士传》说管宁："凡徵命十至，舆服四赐，常坐一木榻上，积五十五年未尝箕踞。榻上当膝皆穿，常着布裙貉裘，唯祠先人，乃著旧布单衣加首絮巾。辽东郡国，图形于府殿，号为贤者。"五十五年的时间坐姿从不苟且、随意，持礼如此。孔子说："君子不重则不威。"反过来，君子如果庄重，便有威仪。有威仪，自然使常人敬重，也能使野心家敬惮。公孙度死后，其子公孙康嗣位，有称王辽东的心思，于是故作谦逊，想要封管宁官以助长个人的声望，但最终还是不敢开口。

最根本的，是管宁专注于教化；而这个工作，是任何一个渴求持久、稳定的政权都需要的。

管宁名望高，避难者纷纷来管宁周围安居，不久就成了个以管宁为中心且小有规模的乡邑。这自然有必要来"化民成俗"，管宁便开讲《诗经》和《尚书》等儒家经典，并陈设种种礼器，修饰威仪，为人们阐明礼让的意义，同时以身作则。

西晋学者皇甫谧的《高士传》记载了管宁"明礼让"的故事：管宁所居屯落，为井水发生争执，管宁便买很多汲水的器具，放在井边，也不叫人知道；邻居有牛侵犯了管宁的田地，管宁把牛牵到荫凉处，喂养牛要超过牛主人。牛主得到牛后，羞愧不已。这样的事很多，左右自此再也没有出现狠斗、争讼的声音，人们很自然地酌情相互退让。很明显，管宁是以"感化"的方式来解决民众的利益冲突，激发起民众的羞耻之心，从而自觉地有所为、有所不为。

这当然是儒家教化的理想之境。在管宁所处的这个几乎没有什么流动性、近于静止、相对封闭的小型社区中，采用感化来建构、营造一种谦让和互助的道德氛围，令彼此熟悉、知根知底的成员不好意思强为己甚，还是可行的。

管宁的同志王烈也是同样的做法。

王烈的声望当时还在管宁之上，他也出于颍川陈寔门下，与荀爽、贾彪、李膺等人交好。王烈不乐仕进，"以典籍娱心，育人为务"❶，把读书当兴趣，把教育当事业。所以他建学校、敦教化，

---

❶ （晋）陈寿：《三国志·王烈传》裴松之注引《先贤行状》，中华书局2013年版。

尤善于诱人上进，根据其人的性气，因材施化，使人在不知不觉中进益。他的门人容止可观，走在市井中，行步也与常人不同，一望即知。后来与管宁避乱辽东，"躬秉农器，编于四民，布衣蔬食，不改其乐。东域之人，奉之如君"❶。王烈没把自己看得有多重要，安然做平民百姓，亲操农具干活，过朴素的生活，也不改恬淡的快乐。其时天下普遍都是乱糟糟的，党同伐异，相互攻讦；辽东虽说还算安定，但也不是世外桃源，可想而知：外来人和本地人以及外来人之间，定有不少不易调和的矛盾，这也是人之常情，所以动辄得咎而遇害的人有很多。但是王烈居住多年，未尝有患。超然而不与世争的态度，是全身于乱世的最好方法。

四

　　北方渐次安定下来，客居辽东的人大都返回故里，唯独管宁晏然，不为所动，似乎准备终老辽东的样子。但他的老朋友们没有忘记他，魏文帝黄初四年，司徒华歆推荐管宁，文帝即征。

---

❶（晋）陈寿：《三国志·王烈传》裴松之注引《先贤行状》，中华书局2013年版。

辽东自公孙度、公孙康后，内部争权夺位，很不稳定。管宁预判有乱将作，早为之计，借着就文帝征的契机，乃将家属由海道返回家乡。管宁前前后后在辽东一共呆了三十七年，走后把积存下来的诸公孙历年来馈赠的所有财物都完璧奉还。这是极有意思的：他并不爱钱财，也不拒绝公孙度父子的馈赠，但不花费，而是保存完好，他从一开始就打定主意要在恰当的时候归还。这也是管宁的权变之道，不以暂受馈赠为污，而如果强行拒绝的话，固然成全了个人的高义，却可能令诸公孙有疑。

回归故乡后，管宁以谦卑的言辞婉拒了朝廷的太中大夫的征命。魏明帝即位，太尉华歆又欲逊位管宁；接着，自荀彧故后汝颍士人的领袖、司空陈群也举荐管宁，"行为世表，学为人师，清俭足以激浊，贞正足以矫时"[1]。一个道德楷模的影响力和带动力是否真能大到足以"激浊"和"矫时"的程度，即为世师表、引导潮流、陶冶环境、塑造风气，很值得怀疑；不过陈群等人笃信不已，而朝廷也需要管宁这样的表率来坐而论道，以示圣朝的德化。

但是他们都低估了管宁的决心，管宁不愿出演这种角色，终其生也未出仕。但他也不是毫无作为、为隐遁而隐遁，他自有他的抱负和承担。

《傅子》说："宁以衰乱之时，世多妄变氏族者，违圣人之制，非礼命姓之意，故著《氏姓论》以原本世系。"管宁避乱，走的地

---

[1] （晋）陈寿：《三国志·管宁传》裴松之注引《傅子》，中华书局 2013 年版。

方多，大概看惯了当时人改变姓氏的种种情形，他以为这种现象有违圣人的礼制，不符合圣人命姓的初衷和本意，所以专门写了《氏姓论》来追原溯本，梳理世系的流传脉络。

东汉以来，宗族的力量日渐壮大。姓氏，作为宗族的标识，其意义不言而喻。对宗族的归属，无疑首先是对姓氏的认同。妄变氏族，是不尊宗族、不尊奠定宗族根基的血缘关系。

汉末乱世，规矩难维持，更姓变氏的现象多起来。曹操有下属陈矫，本是刘氏子，后来出嗣舅氏，又与本族通婚。有个叫徐宣的人每每公开非议陈矫，这就是逼曹操表态了；曹操爱惜陈矫的才华，想要保全他，于是制定了一揽子解决方案，下令说天下动乱、礼教松弛，这种事难以论清是非，以建安五年为线，此前的一概不追究。曹操是个政治实用主义者，他不会为不干紧要的姓氏问题就放弃一个能干的人才，更况且他自己本身就来历不明，其真实姓氏也是模糊不清的。在与群雄角逐的非常时刻，曹操不会把"妄变氏族"太当回事。管宁则不同，他要维护以姓氏为象征的宗族及其伦理，这也是整齐人伦的儒者的教化内容之一，在这点上他和邴原的父先君后论如出一辙。

管宁卒于正始年间，时年八十四，这可是高寿了。他这一生，比较平淡，不算是时代的风云人物，但他的人品则是当之无愧的第一流。华歆、陈群等人连章累牍举荐管宁，也不尽然是出于援引故旧的意思，管宁的确是身体力行儒家精神的君子。

尤可贵的是，管宁并不迁执。孟子点评历史上的圣人，说孔子是"圣之时者也"——"可以速而速，可以久而久，可以处而处，可以仕而仕"，该快就快点，该慢就慢点，该处闲就处闲，该出仕就是出仕，其选择并无一定之规，配合当下条件，干脆利落，绝不拖泥带水，无瞻前顾后、患得患失之态。管宁的行事类似于这种风格。他有明确的志向和高尚的情操，但不固执、拘泥、迂腐，总能根据条件灵活应对。必须要躲避战乱了，他就离开家乡；可以留在辽东，他就留在辽东，而且一呆就是三十七年；一旦发现情况不对，辽东将乱，此地已不宜久留，又毅然决然地离开辽东，不以习惯了当地生活且年老而惮于长途迁徙，不把将就、厮混、苟且当作脱难之法。可以留则留，可以去则去，管宁能自如地安排他的人生。

灵活自如的人生，如果不是建立在某种内在的坚守的基础上，便容易沦为见风使舵、反复无常。管宁不这样，他很早就立定了他的追求、抱负并坚定行之，由始至终，绝无改变，无论处于什么环境下。陈寿论管宁"渊雅高尚，确然不拔"，是有道理的。

08 仁达兼具

王　祥

唐诗人刘禹锡有诗:"旧时王谢堂前燕,飞入寻常百姓家。"以小小的燕子为切入点,展示魏晋以来社会的巨大变迁:贵族的风流已被雨打风吹去,布衣的兴起初露端倪。当初的乌衣巷和朱雀桥可不是刘禹锡所看到的平民区,此处住的乃琅琊王氏和陈郡谢氏,这两个巍然耸立的家族是整整一个时代的标识。

一个世代簪缨、钟鸣鼎食的贵族之家,绝非遽然兴起,总是在一定的历史条件下历经风波而逐渐成长起来的,其中,家族大业奠基者的智慧,发挥很大的作用。陈郡谢氏暂且不议,琅琊王氏应该说真正发祥于王祥,而王祥就是个世事洞明、人情通达的智者,他在人生中几个重要的关口都做出了正确的选择,走对了路。

汉武帝以来，尤其是进入东汉后，政府在全社会提倡孝的价值观，并根据这个价值观来选拔人才。"孝廉"就是东汉察举征辟制下的一个重要名目。一个人，只要在孝行上与众不同，得到了宗族、乡里的认可和称颂，就有可能得到当地政府的注意和重视，并作为人才进入政府机构。即使各种原因不愿意进入仕途，也因其品性而在地方上享有威望。也正因为这个缘故，整个社会推崇孝行。

王祥是个操行卓异的孝子。

《世说新语·德行》中记载有王祥的事迹：王祥的继母朱氏生有一子王览，对王祥很不好，屡屡在王祥父亲面前诋毁王祥，令王祥失欢于其父。朱氏总是对王祥提出种种不合情理的苛刻要求，但王祥没有不满的表现；相反，侍奉朱氏"甚谨"。

有次朱氏生病，正值隆冬腊月、河水结冰，却想吃活鱼，王祥就脱去衣服，剖开厚冰捉鱼。恰好遇上有块冰稍开了，居然有鱼跳出来。这个故事还比较符合生活的逻辑，后来在流传过程中慢慢演化得神乎其神、荒诞不经，令人瞠目结舌、难以置信。有本叫《孝子传》的书，把此事说成"祥解衣卧冰上，少时冰开，双鲤跃出"，这就是著名的"王祥卧冰"。王祥不再是暂脱厚厚的冬衣、便于用力碎冰，而是脱衣利用体温来融化冰层，其孝心感天动地，精诚所至，所以两条鲤鱼自动跳出来。

还有类似的故事。朱氏想吃烤黄雀，王祥考虑到难以置备，但不一会儿，有数十只黄雀自动飞进帷幕。凡朱氏所需要的，必是自动奔来，没有得不到的。王祥的诚心焕发出了神奇的力量。这个故事是想以王祥的神异经历教导世人相信：孝心唯诚，便自有强大的感应，自有灵妙的福报。

王祥曾经在床上睡觉，朱氏暗中拿刀去砍他，恰好王祥起身小便，朱氏的刀砍到了被子上，王祥躲过一劫。王祥回来后，知道朱氏抱憾不已，于是下跪请死，朱氏感悟，自此把王祥视如己出。

以上的几个故事，都把朱氏描绘成面目可憎、心胸狭隘的后母形象。这种形象历来我们见到过很多。王祥的祖上曾经做过青州刺史，官位并不低；其父王融虽然未曾入仕，但王家在琅琊一地算得上是不错的门第。作为后母，朱氏当然觉得王祥是她的亲生儿子王览继承王氏家业的一大障碍，刁难王祥也是情理之中的事。

对王祥来说，与后母的关系难以处理。后母毕竟是名义上的母亲，他身为人子，不能公然忤逆，即使朱氏确有过分之处；一旦王祥有所不满，不孝的大帽子就扣下来了，所以王祥选择逆来顺受，不动声色，尽力满足朱氏的层出不穷的无理要求。

如果朱氏动刀杀人的事属实，那意味着朱氏眼见折磨王祥的计划都被王祥以隐忍来一一化解，只好出此下策，亲自出手了。局面发展到这一步，王祥不可能再有退路，他必须有所决断。要么一走了之，保全性命，这或许是朱氏想要的，但无异于把矛盾公之于众，从而损伤王氏家族在琅琊地方的社会形象；要么与朱氏直接摊牌，但王祥显然并不具备这样的条件。所以，王祥干脆以死求生，主动下跪求死，相当于把解决问题的钥匙交到朱氏的手上。这种局面大概是朱氏没有料到的，也是她难以应对的，与其说朱氏"感悟"，倒不如说她实在是太尴尬了。朱氏意识到王祥确实不易"对付"，只好把不满收起来，与王祥和解。王祥心有默契，作为回报，一直恪尽孝道，侍奉后母，年纪很大了才应辟出仕。

王祥用他的隐忍和智慧最终妥善地处理好与朱氏的关系，改善了他的处境，也保全和维护了家族的名誉，他也因此获取了宗族乡党对他的孝行的承认。

儒家伦理要求一个家族保持和睦，要求父父、子子，每个人恪守本位，明白各自角色的定位、边界和义务。原始儒家也主张，伦理义务应该对等，而不应是一方无条件的付出。但在一个尊卑有序的社会结构中，会很自然地出现卑者须单方面先尽义务的共识。这就变成：母可以不"母"，子却一定要"子"。孝，就成了人子的绝对义务。在某些极端情况下，尽孝和自全有矛盾，这就需要智慧来平衡。

《后汉书·李昙传》："李昙，字云。少孤，继母严酷，昙事之愈谨，为乡里所称法。"

《三国志·诸葛瑾传》："事继母恭谨，甚得人子之道。"

《三国志·杜畿传》："少孤，继母苦之，以孝闻。"

李昙、诸葛瑾还有杜畿，背后可能都有类似于发生在王祥身上的种种悲辛之事。这些人异时同心，面对严酷苛刻的继母，不约而同地采用恭谨的方式在夹缝中艰难地成全为子之道。

《晋阳秋》中还着重提到了王览的态度。在朱氏针对和虐待王祥时，王览并不支持母亲的做法，而是同情王祥，与王祥一道完成母亲的不合理要求。无疑，王览是深明大义的，他不能违逆母亲，就只好尽悌。

这些事迹大概皆出于王氏的家传。琅琊王氏需要树立王祥和王览完美的孝悌形象，既为子子孙孙做出了表率，又塑造了一个贵族之家必须具有的高尚家风。

王祥在后母病逝后，才出任徐州刺史吕虔的别驾。《晋书·王祥传》说："于时寇盗充斥，祥率励兵士，频讨破之。州界清静，政化大行。时人歌之曰：'海、沂之康，实赖王祥。邦国不空，别驾之功。'"《三国志·吕虔传》："请琅琊王祥为别驾，民事一委之，世多其能任贤。"看来，王祥不是个空有德行的孝子，亦具处理实际事务的能力。更重要的，王隐《晋书》说王祥："以州之股肱，纠合义众。"这说明王祥之所以有政绩，是因为"有宗族乡党势力可资凭借"❶。王祥尽心维护好和其后母的关系，使他在宗族乡党中建立了良好的个人形象和威望，这是他仕途起步的基础。

其后王祥一路升迁，顺风顺水，官位随年龄俱增，"举秀才，除温令，累迁大司农。高贵乡公即位，与定策功，封关内侯，拜光禄勋，转司隶校尉。从讨毌丘俭，增邑四百户，迁太常，封万岁亭侯"❷。参与立高贵乡公曹髦的"定策"，从司马师讨毌丘俭，王祥颇识时务，跟紧了司马氏。

---

❶　田余庆：《东晋门阀政治》，北京大学出版社 2012 年版，第 5 页。

❷　（唐）房玄龄：《晋书·王祥传》，中华书局 2015 年版。

高贵乡公甘露三年，曹髦下诏设立"三老""五更"，为国家推行教化的象征。"五更"，由一代儒宗郑玄之孙郑小同出任；"三老"归属"履仁秉义，雅志淳固"❶的王祥。曹髦莅临太学，王祥坐北朝南，凭己扶杖，以师自居。曹髦也做受教状，朝北乞言。于是王祥讲述历史上圣明帝王行政教化的要义来训导，在座的没有不被感发的。

甘露五年，年少气盛的曹髦不甘心受司马昭的欺凌和摆布，亲自率众讨伐司马昭。一个叫成济的人，在司马师铁杆心腹贾充的指使下，杀害了曹髦。曹髦被弑，酿成了一场巨大的政治风波，舆论喧哗；他毕竟是天子，拥有合法性。这就给王祥等名义上的魏朝大臣们出了道如何表态的难题。

尚书左仆射陈泰要求司马昭杀贾充谢罪，以平息事态。司马昭当然要保贾充，问另外的处置措施，陈泰说："只有比这更重的，没有更下的了。"陈泰见司马昭执意不从，愧愤难忍，呕血而死，不是所有人都能有陈泰的"方正"。

"及高贵乡公遭害，百官莫敢奔赴，孚枕尸于股，哭之恸，曰：'杀陛下者，臣之罪'。"❷天子暴尸街头，实在不成体统。但一般的官员看不清风向，不敢也不知道如何行动。司马懿的弟弟、太傅司马孚出面了，把曹髦的尸体枕在大腿上恸哭。他是太傅，有辅弼教导之责，又是司马昭的叔叔，由他领头来善后最为

❶ （晋）陈寿：《三国志·三少帝纪》，中华书局 2013 年版。
❷ （唐）房玄龄：《晋书·司马孚传》，中华书局 2015 年版。

合适。

至于王祥，也不是没有必要的表现。

当时"朝臣举哀，祥号哭曰'老臣无状'，涕泪交流，众有愧色"❶。"朝臣举哀"，说明大局已定，大臣们到了可以公开"举哀"的时候了。王祥当众号哭，自称"无状"，这个表态是合宜的。朝臣们既不敢追究且追究不了司马昭的责任，也不可能抨击曹髦，齿德俱尊的王祥为众人树立了榜样：号哭以尽哀，是作为魏臣的本分；自责自己"无状"，是他有帝师的资格。司马昭和曹髦皆不能碰，也不必碰，唯有揽责于己，号哭着，把这敏感、棘手的事尽量含含混混地拖过去。司马昭应该很满意王祥的做法，"顷之，拜司空，转太尉，加侍中"。不久，王祥就拜司空、转太尉，位居三公，到了人臣的顶点。

司马昭为晋王，太尉王祥和司空荀颛进见。荀颛认为司马昭如今已是相王，应行大礼。王祥则说："相国乃魏朝的相国，我们是魏朝的三公。三公与相国相去只一个位阶，班例大同，哪有天子的三公动辄拜人的道理。既有损魏朝的声望，也折伤损晋王的大德。君子爱人，应该依照礼法，我不做这样的事。"进去后，荀颛果然下拜，唯独王祥长揖。司马昭感叹："今天才知道您为何这么被看重了。"

荀颛是荀彧的第六子，本世家子弟，却罔识大体，谄媚过度，

---

❶ （唐）房玄龄：《晋书·王祥传》，中华书局 2015 年版。

无怪乎史书说他“无质直之操”❶，为世所轻。晋之代魏，尽管已是铁板钉钉、绝难逆转的大势，但也必须经过严肃、庄重的程序以及舆论中充足的酝酿和发酵，否则可能落为篡逆。在代魏的工作还未最终完成的时候，荀𫖮以魏国司空之尊，向同朝为臣、班例大同的司马昭行大礼，降低他本人的身份不说，无形中反衬出司马昭的威福。接受这个虚礼，反倒令司马昭有可能授舆论以口实——因为在代魏的过程中，他必须装出谦恭、逊让和惭愧的样子，以便向世人表明，他自知德薄能寡，本无意于登帝位，完全是天命所在、人心有归，迫不得已而受之。

荀𫖮的过分谄媚，不利于司马昭要精心建构的政治形象。相比之下，在进见的礼仪规格上，王祥的考虑要周全以及老道得多。他以他的作揖，突出了司马昭的宽和、大度，也恰如其分地维护了魏朝的体统以及他本人的体面，与此同时，也赢得了司马昭的敬重。王祥对荀𫖮说“君子爱人以礼”，他对“礼”的意义和作用可谓认识更加深刻。

司马炎代魏后，王祥“拜太保，进爵为公，加置七官之职”❷，以前朝的耆旧名臣继为新朝的佐命元勋——昭示了以晋代魏的合法性，身名俱泰、备受尊崇。晋武帝泰始时，王祥以八十多岁的高龄去世。

---

❶ （唐）房玄龄：《晋书·荀𫖮传》，中华书局 2015 年版。

❷ （唐）房玄龄：《晋书·王祥传》，中华书局 2015 年版。

王祥在临终前留下了遗言："吾生值季末，登庸历试，无毗佐之勋，没无以报。"[1]如其所言，王祥人生很平淡，前半生基本上都是在乡间度过，后半生虽在朝堂之上，不过也的确没有留下骄人的德行、事功、勋绩和言论；稍微还值得说一说的，乃史学家胡三省所提的"孝于后母，与不拜晋王耳"[2]。就这两点，其实也谈不上有多么重大；但如果细细地推究起来，却很能见王祥的为人。王祥总能很恰当地解决好他遇到的道德难题，既不损伤他的道德形象，又能借机更上一个台阶。余嘉锡先生说王祥"老于世故"[3]，也不是没有道理。

王祥的族孙王戎对他有过评价："太保居在正始中，不在能言之流。及与之言，理中清远，将无以德掩其言！"[4]

魏齐王芳正始年间，清谈之风盛行于名流之间，夏侯玄、何晏、王弼等均是清谈场中的高手。王祥并未侧身其列，但王戎以为王祥实有清谈之才，道理辨析得恰到好处不说，发言又清雅又深远，而这个特点却为王祥自己的德行所掩盖。

---

[1]　（唐）房玄龄：《晋书·王祥传》，中华书局 2015 年版。

[2][3][4]　余嘉锡：《世说新语笺疏》，中华书局 2011 年版。

王祥并没有留下清谈中的只言片语，我们无从验证王戎的判断是否合理。但王祥的"理中清远"的特点，有个事似可参证。

王祥最小的两个儿子王烈和王芬，少即知名，都得到王祥的喜爱。两人不幸同时将逝，王烈想归葬故乡，王芬想留葬京师。王祥流泪说：

"不忘故乡，仁也；不恋本土，达也。惟仁与达，吾二子有焉。" ❶

我们不知道王祥最终决定如何来安葬王烈和王芬，但他的这句话的确说得相当精彩，有清谈妙语的韵味。不忘本，是归仁；不恋本，则通达。他只用了几个字，就把魏晋士人立身中最重要的"仁"与"达"的实质点出来。

而且，从一定意义上来讲，这句话也未尝不可以视王祥本人处世的精神写照。仁，是人生正道，是背负在身的重任，是"造次必于是、颠沛必于是"的宗旨，一个有为的君子，绝不能弃仁于不顾；但是，仁作为原则，并非求仁便能得到仁的，还应该灵活、通达地对待和践行。仁是立身之本，达为行仁之方，两者结合，才能在艰难的世路上行走无虞。对怀有敌意的后母，王祥也未曾违背孝道，把名义上的母子关系维系得很好；对待高贵乡公的被弑，他也没有装聋作哑，他也尽到了一个还要继续混迹于官场的官僚应有的作为；他当然识时务，阿附司马昭，与满朝绝大

---

❶ （唐）房玄龄：《晋书·王祥传》，中华书局 2015 年版。

多数文武的选择没什么两样，但并没有因此而把自己的形象弄得很脏。他以必要的审慎和持重渡过一系列说大也不大、说小也不小的危机，既源自他对名教意义的深刻认识和坚守，又与他灵活的手腕有关。

王祥是西晋的开国元勋，他的弟弟王览名位一直不及他。当初王祥任吕虔别驾，吕虔有把佩刀，有人看过相，说登三公者可佩此刀；吕虔断定王祥有公辅之量，就把刀赠与王祥。王祥逝世前，又要王览承袭此刀，说："汝后必兴，足称此刀。"❶

琅琊王氏在东晋后门户非但不衰，且蒸蒸日上、更放光芒，这与王导尽心辅佐元帝司马睿建立东晋政权有关，而王导，就是王览之孙。这把刀，带有神异的色彩，预示着琅琊王氏的赫赫名势相袭不坠，自为天意所钟；同时由王祥传到王览，并由王祥预言王览的后裔必兴，又象征着王氏家族的凝聚及和睦。瑰伟的神话以及内部的和睦，都是一个名门望族为维护、延续其存在所必需的要素。

---

❶ （唐）房玄龄:《晋书·王祥传》，中华书局 2015 年版。

09　　**宇量高雅**
　　　　夏侯玄

谯夏侯氏与曹氏世代联姻，是曹魏政权的核心力量。夏侯玄乃夏侯尚之子，夏侯尚和魏文帝曹丕关系极为密切，两人乃布衣之交。夏侯尚逝世后，曹丕有诏书描述两人的关系："尚自少侍从，尽诚竭节，虽云异姓，其犹骨肉，是以入为腹心，出当爪牙。"❶

夏侯玄可谓出身于天潢贵胄之家，从小就靳然见头角，有名声，被誉为"一世之杰士"，是夏侯氏第三代中的佼佼者；而且，夏侯玄仪表不凡、风姿甚美，大名士裴楷赞他："肃肃如入廊庙中，不修敬而人自敬。"❷时人对夏侯玄的观感是"朗朗如日月之入怀"❸。

魏晋时代流行玄学，这是在道家的基础上发展出来的一种新学说，倡导"自然"，以有别于崇仰"名教"的儒家。夏侯玄便是促成玄学兴起的重要推手之一，他就提出过"天地以自然运，圣人以自然用"的命题，以非常清晰、确定的语气标举"自然"。

---

❶ （晋）陈寿：《三国志·夏侯尚传》裴松之注引《魏书》，中华书局 2013 年版。

❷ 余嘉锡：《世说新语笺疏》赏誉第八条，中华书局 2011 年版。

❸ 余嘉锡：《世说新语笺疏》容止第四条，中华书局 2011 年版。

看起来夏侯玄简直就是命运的宠儿，集优越出身、人格魅力和学识哲思于一身，注定要肩负家国重任，有着不平凡的际遇。

夏侯玄尚未出任要职、还处在养望的期间，就与何晏、邓飏等贵戚子弟们交好，他们自成一个小圈子，仿效东汉末年士林中流行的"三君""八俊""八顾"等名号，也有所谓"四聪""八达""三豫"，相互标榜。夏侯玄便置身于"四聪"中，是这个小圈子的核心成员之一。但他们的活动引起了元老重臣、司徒董昭的反感和警惕。明帝太和六年，董昭上疏，措辞严厉地把这帮子不安分的年轻人定性为"浮华"之徒。

"浮华"，是个可怕的恶谥，一旦加在头上，从此就被污名化了，等于说这人名不副实，肤浅浮躁，夸夸其谈，党同伐异，不甚中用。

　　夏侯玄、何晏和邓飏曾希望与名士傅嘏结交，傅嘏始终不答应。他的理由是："夏侯玄志气很大，用心很深，善于邀虚名，就是那种能言善辩能令国家败亡的人。何晏和邓飏作风浮躁，学识虽广，不得要领，外好荣利，内不检点，好同恶异。这三个都是败德之人，疏远他们都怕受牵连，更何况还要去亲近他们！"傅嘏后来投靠了司马氏，与夏侯玄等在政治上对立。他的这个看法，预言了夏侯玄等人的最终失败，被认为有先见之明，所以收录于《世说新语》的《识鉴》一门。依照傅嘏的逻辑，夏侯玄等人都会因其"浮华"而下场不好。抛开傅嘏的政治立场不论，他的这个逻辑代表很多人在"浮华"问题上的共同认识："浮华"导致身败。

　　魏明帝曹叡听从了董昭的建议，果断出手，斥免李胜、诸葛诞、邓飏等人，一举摧毁了这个还没有成大气候的小圈子；这件事，甚至被史臣视为明帝的政绩之一。《三国志·明帝纪》说明帝："务绝浮华谮毁之端。"夏侯玄在此次事件中具体受到什么样的惩处，史无明文，还不好说；不过，他身为"浮华"圈子中的核心人物，不可能不受波及。更何况，夏侯玄在别的方面亦得罪了明帝。

　　明帝的毛皇后出身寒微，她的父亲毛嘉本是个车工。即使飞上枝头做了凤凰，暴享富贵，毛嘉的习性一时也难以遽改，闹出过不少笑话。明帝曾命朝臣到毛嘉家饮宴，这是为毛嘉做面子，使他能正式涉足上流社会的圈子，但毛嘉举动粗蠢，言语失当，被人嘲笑不已。直到东晋，孝武帝拟立皇后，谢安还把毛嘉的事作为择后的反面教训："毛嘉耻于魏朝。" ❶

　　夏侯玄担任黄门侍郎时，明帝又让毛后的弟弟毛曾与他同坐，大概是想借重他的名望来抬高一下毛曾的身价，但当时有人就形容两人的并坐有如"蒹葭倚玉树" ❷。像夏侯玄这样的贵戚兼名流，岂能瞧得上人物猥琐的毛曾！夏侯玄以与毛曾并坐为耻，把不悦全摆到了脸上，完全没有迁就、客套一下的意思。

　　其实，夏侯玄本就是个绝不违心、肯敷衍给面子的人。夏侯玄与广陵陈本关系亲密，有次和陈本在陈母跟前喝酒，陈本之弟陈骞从外归来，夏侯玄立刻起身，说："可以和志趣相投的人结交，不可以和不合者来往。"他在陈家做客，当着陈家人的面，对不入其眼的陈骞毫不假以颜色，贵公子任性使气的做派十足。以夏侯玄的性格和为人，当然不会理睬毛曾，即使毛曾背后站的是皇帝。

　　夏侯玄的傲慢令明帝很恼火，由是降职为羽林监。所以在魏明帝时代，夏侯玄基本上还处在蛰伏状态。

---

❶　（唐）房玄龄：《晋书·后妃传下》，中华书局 2015 年版。
❷　余嘉锡：《世说新语笺疏》容止第三条，中华书局 2011 年版。

夏侯玄地位的真正蹿升，是在明帝逝后。

明帝临终前，对身后事做了安排，以曹真之子曹爽和司马懿共同辅政。此为皇室宗亲和元老重臣联合掌控权力的政治结构。不过这个政治结构并不稳定，没过多久，曹爽在心腹们的倡议和怂恿下，开始排挤司马懿，把太傅这个有名无实的头衔给了司马懿，逐渐独揽中枢权力；司马懿则选择隐忍退避，暗中积蓄力量，默然等待时机。

夏侯玄的母亲是曹爽的姑姑，两人为姑表兄弟。齐王芳正始初，曹爽辅政，大权在握，旋即援引夏侯玄。夏侯玄累迁至中护军，中护军是个非常重要的职位，主管禁军，并掌握武将的人事安排权力。夏侯玄素有知人之明，在这个职位上，提拔和任用了不少人才，其中有许多后来出任州郡长官。看来，除了典选举的何晏之外，曹爽亦通过夏侯玄来培植和建立一套嫡系班底。

夏侯玄对政治也有一整套系统的认识。他曾经和司马懿就中正权限、官僚制度等当时许多重大的政治问题展开过深入的讨论。尽管没有取得司马懿的完全认同和支持，但这件事反映了夏侯玄对制度弊端的敏锐观察，并有以改革来塑造新的政治秩序的意图。

正始四年，夏侯玄由中护军外调征西将军，主持关中地区的军务。第二年，又和曹爽等人策划，起兵征伐蜀汉。曹爽发动这次军事行动，是希望能契机建功立勋，进一步巩固权力；作为曹爽主要对手的司马懿数十年来东征西讨，功勋卓著，深孚众望，而曹爽不过是凭借宗室的身份辅政，两人威望相差太大。但行动并未达成预期目的，曹爽不到三个月就在骆谷之役中受挫退兵，此后夏侯玄一直坐镇关中。

正始十年，司马懿趁曹爽离开京师赴高平陵谒陵之际，突然发动政变。关键时刻，曹爽因他在政治上的幼稚见识和保全富贵的天真想法，低估了司马懿的狠毒，拱手把权力让于司马懿，也就把自己及其亲信的性命交给了司马懿。《晋书·宣帝纪》记下了司马懿极其残忍的大清洗："诛曹爽之际，支党皆夷及三族，男女无少长、姑姊妹女子之适人者，皆杀之。"

曹爽一死，夏侯玄立被解除军权，召回京师，担任闲职。当时与夏侯玄同在关中的夏侯霸，惊恐难安，决意奔降蜀汉，要拉夏侯玄一起走，夏侯玄拒绝了，他不愿靠敌人的庇护来苟全性命。

骄傲的夏侯玄不屑于流亡，但也不存侥幸心态，对回京后的命运不抱任何不切实际的幻想。他见事极明，对自己的处境一清二楚，平时深居简出，不与人交接往来；为防微杜渐，甚至连字都不爱写，尽最大可能不授人以柄。因为字写出来，就有可能被别有用心的人所曲解和利用。当初，曹操时代的名臣崔琰，在一封信里写下了"时乎时乎，会当有变时"❶的话，有人就恶意解读，说崔琰腹诽心谤，这直接导致了崔琰的自杀。在微妙而诡异的政治斗争中，一旦发生诸如此类的事情，当事人是解释不清楚的，或者说别人也根本不会听解释，所以夏侯玄干脆以最彻底的方式来杜绝祸患的发生。

司马懿死后，素与夏侯玄亲善的中领军许允判断今后所承受的压力将得到缓解，很乐观地表示接下来不必忧虑了。夏侯玄感慨："你怎么不明白事理啊。司马懿还能够以交谊深厚的世家子弟对待我们，至于司马师和司马昭两兄弟，可就难以容下我们了。"

夏侯玄的判断是有依据的。魏明帝时代，年轻的夏侯玄和司马师、司马昭兄弟过从甚密，司马师还是夏侯玄的妹夫，大家知根知底。《魏氏春秋》说：

"初，夏侯玄、何晏等名盛于时，司马景王亦预焉。晏尝曰：'唯深也，故能通天下之志，夏侯泰初是也；唯几也，故能成天下之务，司马子元是也；唯神也，不疾而速，不行而至，吾闻其语，未见其人。'盖欲以神况诸己也。"

何晏引用《周易》中的成语，来评价夏侯玄、司马师和他本人：他把夏侯玄和司马师置于同一水准上——夏侯玄思深、司马师虑细，两人各有擅长。夏侯玄明白：司马懿优势在握，没到把

---

❶ （晋）陈寿：《三国志·崔琰传》，中华书局 2013 年版。

他视为心腹大患的地步，还不至于把事情做得太绝；但司马师是没有足够的能力和把握来驾驭他的，所以他的处境将要比司马懿生前凶险得多。

事情也果真如夏侯玄所料的。齐王芳嘉平六年，中书令李丰与皇后之父、光禄大夫张缉合谋发动政变，计划以夏侯玄取代执政的司马师。事情败露后，牵连到此事中的人都受追责。夏侯玄自然难以幸免，死时四十六岁。

《魏氏春秋》还提到：当夏侯玄入狱后，司马昭流涕请求司马师放过夏侯玄。司马师则提醒司马昭，不要忘记当初司空赵俨葬礼上发生的事：其时包括司马兄弟在内的政要权贵们皆有参加，夏侯玄后到，宾客们越席迎接。夏侯玄威望居然高到如此之地步，这一幕被司马师看在眼里、忌在心里。但据裴松之考辨，此事近乎子虚乌有，并非事实。但也未必是空穴来风，很有可能当初司马师与夏侯玄相从优游时，发生过类似的事——夏侯玄的风采和声望盖过了身边的司马师，令司马师从此留下了记忆深刻的忌恨。

《颜氏家训·勉学篇》："夏侯玄以才望被戮，无支离拥肿之鉴也。"颜之推以为夏侯玄是因为才望太高、太大而被杀，这一点是没有问题的；但说他"无支离拥肿之鉴"，未免持论过苛。有时候，即使小心翼翼，慎之又慎，韬光养晦，避与人争，也不一定就躲得开无妄之灾。即使再高明的全身之术，也会有它的限度。

夏侯玄最为后世所称道的，是他的器量。

他的外甥和峤"少有风格，慕舅夏侯玄之为人，厚自崇重"[1]；而和峤本人"少以雅量称"[2]。东晋文学家袁宏在《三国名臣序赞》里，对夏侯玄的评价是："渊哉泰初，宇量高雅。器范自然，标准无假。"这也是着眼于夏侯玄的器量。

每个时代皆有其特定的时代精神，这个时代精神往往寄寓于若干个核心范畴，作为评价人物、衡量事物的标准。器量，就是魏晋时代评人论事的最重要的尺度之一。[3]孔子说过"君子不器"，老子说过"大器免成"，均看重的是成器与否对于人的修养的意义。而魏晋时代所关注的"器"，不是成不成，而是大不大以及有多大。如果仿照老子大音希声、大象无形之类的特有的表述逻辑，那么对于器量也可以说：大器无量。时人是通过"无量"来推究其器之"大"；而这样的"大"，意味着其人入"道"。老子论"道"，有一点即"大"——"吾不知其名，字之曰道，强为之名曰大"[4]。

---

[1] （唐）房玄龄：《晋书·和峤传》，中华书局 2015 年版。

[2] 余嘉锡：《世说新语笺疏》方正第九条刘孝标注引《晋诸公赞》，中华书局 2011 年版。

[3] 此处参考了骆玉明师《世说新语精读》中的相关分析，复旦大学出版社 2007 年版，第 21、22 页。

[4] 楼宇烈校释：《老子》第二十五章，中华书局 2011 年版。

夏侯玄的器量究竟表现如何呢？

据说他曾经倚柱作书，正是打雷下雨的时候，闪电把柱子都劈焦了。但是夏侯玄不为所动，镇定自如，书写如故，而他的身边人一个个惊惶失态，不能自已。这个故事的小说气息颇浓厚，有意用危急情况下一般人自然而然的慌乱来反衬夏侯玄的从容不迫。从容的举止、不迫的情态，所昭示的是内心的镇定以及对危难的不介意；总而言之，是在精神上以居高临下的姿态来因应现实的波澜。

以这种神情举止来应对，以不作反应来反应，首先与名士们的自我定位有关。一个出身优越、地位尊崇、自视甚高的人，绝不允许他自己内心的平静被无端惊扰而惶惶不安，这种经不起事的丑陋的样子不符合他对自己的定位和期待。器量之所以在魏晋时代成为名士们处己立身的普遍倾向，乃士阶层真正崛起后在人格形态上的自然流露和反映。

而最能反映夏侯玄的宏深器量的典型事件，发生在他下狱之时。廷尉钟毓是夏侯玄专案组的负责人，他的任务是取得夏侯玄的供辞，以便坐实夏侯玄的罪行。夏侯玄很严肃地说："我还能说什么！你如果作为朝廷官员来诘问我，那你就为我准备一份吧。"钟毓深知夏侯玄的为人，可杀而不可辱；所以连夜写好供词，流着眼泪交给夏侯玄确认。夏侯玄看后，冷冷地说："难道不应该是这样吗！"

钟毓的弟弟钟会作为司马氏的亲信，也参与了审讯。他先前与夏侯玄并无深交，此时却故意装作亲昵的样子，以示友好。夏侯玄冷峻地拒绝:"我虽是个囚犯,也不敢从命。"钟会为人肤浅,他以为此时的亲昵是在示好,可以稍微淡化一下审理案件的尴尬气氛;殊不知,两人本无交情,这种亲昵与其说是在示好,倒不如说无形中是以胜利者的身份来嘲弄夏侯玄的落败,夏侯玄当然不会接受。而钟毓的流泪,则是夏侯玄可以接受的,因为这无异于表示:钟毓对夏侯玄的处境深表理解,只是职责所在,不得不如此;同时希望夏侯玄能体谅他的难处,成全他。

夏侯玄被拷打时,一言不发;临刑时,神色不改。在这个特定时刻,任何形式的激动,都是对自己尊严的贬损。所以,由始至终,夏侯玄都很平静,尽管人皆知他是被冤屈的。

器量作为高尚的德行,不仅仅是宽宏、容忍,很多时候它与人的尊严感联系在一起。人惟有在精神上把自己放在足够高的位置,才能令现实的羞辱够不到他。

夏侯玄在政治上是完全失败了,可在人格上他没有败,而且光彩越来越照人。东晋袁宏作《名士传》,把夏侯玄、何晏、王弼列为正始名士,阮籍、嵇康、山涛等列为竹林名士,裴楷、乐广、王衍等列为中朝名士。❶ 这个划分对后代影响极大,后人论魏晋名士,基本上是按照袁宏的叙述模式来。而夏侯玄居于首位,也就是说,夏侯玄被树立成魏晋名士风度的标杆。

---

❶ 余嘉锡:《世说新语笺疏》文学第九十四条刘孝标注,中华书局 2011 年版。

10 神明开朗

何 晏

何 晏是曹爽阵营里的核心人物，随着曹爽的失败，也被司马懿所杀；因政治的需要，必须有许多夸张的罪名堆集到何晏头上，以作为他身败的确证，所以在官修历史中，何晏的名声和形象是不太好的。但何晏对魏晋名士风气的形成影响很大。清谈和五石散，乃名士们的普遍习好，而这两项，均由何晏倡导起来而大兴于世。鲁迅先生就曾调侃，何晏是空谈和吃药的祖师。

何晏据说是汉末大将军何进之孙，其母后被曹操纳入后宫。何晏小时明慧若神，是个天才少年。曹操很喜欢何晏，因何晏长在宫里，想把他认为己子。何晏于是在地上画了个方框，待在框里。旁人问他原因，何晏回答：这是何氏之庐。话传到曹操耳朵里去后，曹操立即把何晏遣送回家。如果这个故事属实，那么何晏的聪颖的确可谓"若神"，才七岁的年纪，就已能用如此迂回、委婉的方式来实现自己的意图了。

曹操读兵书，有不解之处，试问何晏，何晏都能有很好的解释。曹操喜好读书，即使行军打仗，也手不释卷；也很会读书，现在通行的《孙子兵法》即经过曹操的注释。以曹操的博学，碰到疑问不得其解，年纪轻轻的何晏都能解释得通，何晏的明慧的确不同凡响。

不过曹丕很不喜欢何晏，原因就是何晏无所顾忌，仗着曹操的宠爱，在服饰上比照曹丕。曹丕就对何晏不屑一顾，每每提到何晏，不称呼他的姓字，常叫他"假子"，这话里厌憎和嘲讽的意思很明显。

尽管何晏和曹氏关系不一般，又尚公主，才致高妙，但由于曹丕没把成见放下，所以何晏在整个曹丕的时代始终被边缘化。魏明帝时，何晏和夏侯玄、诸葛诞等人交往密切，组成了个谈学术、思想的名流小圈子，在洛阳的上层社会影响很大，令一些保守的重臣猜疑和反感，污以"浮华"之名。明帝迅速出重拳，取缔了这个小圈子的活动，相关人等大都受到了处理。何晏以僭越取憎于曹丕，以浮华见毁于曹叡，沉寂了将近二十年。

何晏长得漂亮，作风有些女性化。爱穿女人衣服，爱抹粉，爱顾影自怜。这在当时的社会氛围下，也很正常。余嘉锡先生广引史料，乃云："何晏之粉白不去手，盖汉末贵公子习气如此，不足怪也。"[1] 本来，贵族的生活过度精致和优越、过度"文"化后，难免女性化，滑向阴柔。

据说何晏的脸尤其白皙。明帝怀疑他搽粉，大夏天的，给何晏热汤饼喝。何晏大汗淋漓，用红衣擦拭，脸色反而更白。这个故事无疑乃好事者编造：何晏在宫里长大，他的白皙天生与否，人所共知，没必要用这个方法来测试。但传闻也不一定虚假，也有真实之处——能真实地反映某种社会心态。明帝试何晏的故事中，叙述的基调并非嘲讽，而是欣赏，足以说明时人的审美偏好。

何晏在政坛的冉冉升起是在曹爽执政之后。《魏略》说："至

---

❶　余嘉锡：《世说新语笺疏》，中华书局 2011 年版。

正始初，曲合于曹爽，亦以才能，故爽用为散骑侍郎，迁移侍中、尚书。"

"曲合"，意谓何晏用不正当的方式挤入了曹爽的圈子。按官修史书的记载，曹爽在执政时骄淫无度，享受拟于皇帝，何晏也有参与。所以所谓"曲合"，无异于说何晏靠帮闲迎合曹爽，才得以升迁要职。但很有可能，何晏获信于曹爽，是与曹爽的几个亲信素有交谊的缘故。如李胜，少时游于洛阳，与曹爽相善，明帝时的"浮华"案，李胜就是其中的一员；还有邓飏，与李胜等为"浮华友"。李胜和邓飏均为曹爽的嫡系，何晏当初与这两个既为同道中人，没有理由不被他们引入曹爽的圈子。

再就是曹爽之弟曹羲，与何晏颇契合。曹羲是个爱读书、有学问的人，正始年间曹羲曾与何晏一起编撰《论语集解》，两人思想应该比较相投。曹爽召集过名流聚会论"道"，曹羲大发感慨："何晏的道论把理说尽了。"看来他对何晏的玄理很钦佩。❶

曹羲、邓飏和李胜等人只是曹爽信用何晏的外缘，内因还是在何晏自己身上。史书也承认，曹爽用何晏"亦以才能"。名士裴徽评价何晏，"有经国才略，与物理无不精也"❷。《晋书·傅咸传》说，"正始中，任何晏以选举，内外之众职各得其才，粲然之美，于斯可观"，对何晏任吏部尚书主持选举的成绩评价相当高。傅咸

---

❶ 此处参考了方诗铭《论三国人物》中《何晏是曹爽的"心腹"吗》一文中的相关分析，北京出版社 2016 年版，第 394 页。

❷ （晋）陈寿：《三国志·管辂传》裴松之注引《辂别传》，中华书局 2013 年版。

的从兄傅嘏与何晏关系不睦,曾对曹羲说:"何晏这个人,外表安静而内心铦巧好利,不念务本。我担心必先迷惑你们兄弟,仁人将远,而朝政要荒废了。"所以傅咸对何晏选人成效的论述应当是客观的。

　　何晏是魏晋清谈活动的倡导者。

　　现在一般认为,清谈与东汉末士人群体中流行的"清议"有很大的关系,是由后者脱胎、转化而来。汉末的士人参政、干政的意识强烈,他们大多是道德理想主义者,见国事日非,自组织起来,形成强有力的舆论风潮,按照他们所认可的价值观来评议人事,一方面是期望起到激浊扬清的效果,净化官场、政坛及社会的空气;另一方面,清议也是士人标榜自身身份的一项特殊活动。由何晏等倡导起来的清谈不同于清议,虽然都以"清"来冠名,都是议论,都是士人来参与;但清谈的内容不再集中于具体道德和现实政治,而倾向于抽象的思想、哲学;清谈的作用不再是重申理想的价值标准来抨击时弊、建构典型、弘扬正气及改造社会，而是满足士人们的精神兴趣。

之所以出现这种转变，应该与士人们的地位进一步提升有关。我们不要忘记，到魏晋时代，热衷于从事清谈活动的名士，皆为无名而有实的贵族，他们高居社会的顶端，享有种种特权，生活安逸、舒适、精致和闲散；这种状态必然导致精力从平庸的生活中飘逸出来，上升到精神的空间中去游戏、驰骋和探索；他们的优越感必须通过精神的创造和享受才能得以确证。于是，谈论、辩驳脱离了人伦日用、超越了现实利害的玄之又玄的思辨类题目，自然而然地成了名士们智力发泄的最佳通道。他们的风采，他们的热情，他们的智慧，他们的骄傲，都寄托、贯注于清谈中。

名士卫玠渡江，在大将军王敦处遇到清谈家谢鲲，不顾羸弱的身体，兴奋地与之对谈一晚，过后病重不起，他是用生命来换一夕之畅谈。名士殷浩与刘惔清谈，殷浩不是对手，几个回合便理困词穷，顾左右而闪烁其词，刘惔见状，不再谈下去，等殷浩走后，对人说"乡巴佬也学人家清谈"。这个例子同样很典型，得意于清谈，是他们优越感得以确证的标志。王濛是整个东晋有数的清谈名家，病重，躺在灯下，转动他于清谈时手持的麈尾，哀叹"如此之人，曾不得四十而死"❶，此时麈尾已不再是个清谈的道具，而是王濛生命本身的象征，麈尾凝聚着他的智慧、才情以及人生的全部价值感。清谈之于名士，意义岂小！

---

❶ 余嘉锡：《世说新语笺疏》伤逝第十条，中华书局 2011 年版。

何晏能成为清谈的倡导者，有一定的必然性。他条件非常合适：地位和身份都高，又有思辨的兴趣和能力，人还博学、聪明、漂亮、风雅，天然具备组织和领导贵族特有的精神性游戏的资格。

由于史料的欠缺，何晏清谈的详细情况已不可确知。《世说新语》中有个故事粗略地记叙了何晏主持的一次清谈，不过主角是王弼。

"何晏为吏部尚书，有位望，时谈客盈坐。王弼未弱冠，往见之。晏闻弼名，因条向者胜理语弼曰：'此理仆以为极，可得复难不？'弼便作难，一坐人便以为屈。于是弼自为客主数番，皆一坐所不及。"

无论地位、声望还是年龄，何晏均高于王弼。清谈是开放且平等的，所以王弼一来，何晏即刻接见，把方才论辩中精深的义理逐条告诉王弼，并说："这义理已臻极境，还可再反驳吗？"王弼便开始反驳，在座的人全被王弼的反驳所折服。但王弼还不满足，又自辩自论几个来回，都是一座人没有思考到的。

何晏主导的清谈后人称之为"正始之音"。何、王的清谈虽已过去，但风流并未消歇，还令后人无限追慕。如前所提及的一例，卫玠在永嘉之乱中，从洛阳投奔镇豫章的王敦，同样爱好清谈的王敦耳闻目睹卫玠与谢鲲的对谈，尽管一整晚插不上嘴，还是不无欣喜地感叹："不意永嘉之中，复闻正始之音。"❶

---

❶ 余嘉锡：《世说新语笺疏》赏誉第五十一条，中华书局 2011 年版。

四

何晏还在名士群体中开创了服食五石散的风气。

所谓五石散，是用紫石英、白石英、赤石脂、钟乳石和石硫磺等五种石材做成的药，在东汉时代就已存在。真正流行，蔚为时尚，则是经何晏倡导以后的事了。服五石散，据说可以治病强身、益寿延年，这背后有医家、神仙家的理论在支撑。

何晏为什么好服五石散呢？他曾自述服用经验："服五石散，非惟治病，亦觉神明开朗。"❶ 寻味此话，可见何晏所侧重的，不是"治病"这么简单，而是"神明开朗"——服用五石散所引发的强烈的精神效果。

那么，"神明开朗"究竟有何所指？

魏晋乱世，形势走向不明朗，人生意义不确定，祸福难测，生死无端。各种因素裹挟、挤压着人，世界向人所呈现的是晦暗不清的面貌，人们看不清楚，不知该何去何从，茫然而紧张不安。何晏在他的一首诗中把自己比喻成离开本根的蓬草，随风飘移，所以宁愿做平凡的浮萍，寄一清池，以栖此身。这是何晏对生存境况的感受。

---

❶ 余嘉锡：《世说新语笺疏》言语第十四条，中华书局 2011 年版。

当然，人在精神上有超脱现实的能力，可以凭借理性的力量对世界做出个彻底而完整的解释，借此把握住整个世界，并确定人在其中的位置，以获得心灵的安定。儒家过于实在的道德学说显然难胜此任、难厌人心。老庄哲学以其玄虚而高妙的大"道"，适时而入，填补了魏晋士人空旷的心灵，满足了他们的精神需要。何晏本人，就是道家哲学的重要提倡者，他为《老子》做过注，只是见到王弼的见解比他优胜，这才放弃注释工作，改作《道德论》来发挥《老子》之意。

何晏是具有极强思辨能力的哲学家，同时又是服用五石散的践行者和倡导者。这两者有无联系呢？就像古希腊的哲学家毕达哥拉斯，既主张从数的结构去认识和理解宇宙，表现出浓厚的理性主义倾向，同时又是个信奉种种匪夷所思的禁忌的神秘主义者。何晏的"道"与他的药，可能也存在着某种奇妙的关联。

老子之"道"，作为化生万物的宇宙本体，其根本特征是虚无，不可被言说。《老子》第一章就是："道可道，非常道。"可以言说的"道"，并非永恒之"道"。《庄子·知北游》："道不可言，言而非也。""道"不可被言说，一说即离"道"。"道"在对它的语言描述之外，"道"本身也永远大于对它的语言描述；经由语言，是无法入"道"的。就像盲人摸象一样，人用语言只能接触"道"之一隅，却总会误以为是全部。所以，道家排斥得"道"的语言之路。

语言既不足以语"道"，那么就得另辟蹊径了。

五石散，提供了一个与"道"同体的入口。借助于五石散药力的刺激，人的精神高度兴奋而极其敏锐，在非理性的迷狂中，极有可能得睹大"道"、与"道"合一。"道"进入人心中，令人心智遂开，人的精神一下子通透起来，获得彻悟，以直觉的方式看清了世界的真相，整个世界顿时清晰、明澈，于是乎有豁然开朗之感，世界不再对人疏离、隔膜，此即"神明开朗"。

我们引用大文豪托尔斯泰的体验作为旁证：

"记得早春的一天，我独自去森林，倾听林中的神秘声音。我边听边想，思绪回到三年来一直忙碌不休的事情，即探索上帝。然而，上帝的观念，我说，我怎么会获得这个观念呢？而且随着这个思绪……此后，我内心与我周围的事物豁然开朗，比以前更加明亮。"

托尔斯泰在树林里寻找机缘，聆听来自上帝的神秘声音。这个机缘的出现纯属偶然，不能强求，也不必强求。而一旦获得，内心便比未聆听之前更加明亮，偶开天眼，于是乎一切都变得明朗起来。

当然，神明开朗，只是在服药的瞬间所生，应该是一种"高峰体验"吧。但人毕竟不能总是处于巅峰时刻，总要回到世俗的常态生活，而世俗生活既不自在，也不安全。

何晏有首《言志诗》描写了他当时的心态：

鸿鹄比翼游，群飞戏太清。常畏天网罗，忧祸一旦并。

岂若集五湖，顺流唼浮萍。逍遥放志意，何为怵惕惊。

《世说新语·规箴》篇刘孝标注引《文士传》交代了这首诗的背景："是时曹爽辅政，识者虑有危机。晏虽有重名，与魏姻戚，内虽怀忧，而无复退也。"曹爽辅政的正始时代，政局外表平静，内里汹涌澎湃，有识之士均已看出了潜伏的危机，以何晏的睿智，又岂能熟视无睹；船小好掉头，但是何晏的体量太大，他身负重名，是魏室姻戚，掌握人事权力，处在和司马氏抗衡的第一线，形势和地位根本不允许他掉头、隐退，满腹的不安和惊惧，只能发之于诗了。

《庄子·逍遥游》用大鹏和小鸟来对比，渲染阔大高远和琐细平凡这两种极端相反的人生取向，以此阐发逍遥的真意。鲲鹏之大与蜩鸠之小，构成了一对内涵丰富的意象，具有多重阐释的可能。何晏的这首诗，利用了庄子小大之辩的思想架构。他说：鸿鹄飞于高空，嬉戏畅快，其实离危险更近，天犹如一张罗网，飞得越高，网得越彻底。忧祸，旦夕之间就可降临。很自然地，如果不是离天这么近，而止于湖泊，唼喋浮萍，这份自得其乐、自我满足也未尝不是逍遥。以平凡换平安，并把这种不必担惊受怕的平凡生活上升为至极之境的逍遥，是两难处境下何晏的无奈。

曹爽抱有同样的想法，一厢情愿地认为，只要能放下，就可以做得到。正始十年，司马懿趁曹爽离开洛阳之机，发动政变，占据武库，封闭城门，以太后名义罢免曹爽，并派人游说曹爽放弃抵抗，游说者甚至对着洛水发誓，强调处理结果就只限于免官而已。曹爽居然听信了，自我安慰"我不失作富家翁"❶，以为只要交出权力，至少可以集五湖而唼浮萍，过个平庸而富足的快乐生活。

还是有智囊之称的桓范看得清楚，痛心疾首地呐喊："事情都到这种地步了，你们一家即使想过个贫贱的日子能实现吗！"若干年后，西晋"八王之乱"中，辅政的齐王司马冏受河间王司马颙逼压，司徒王戎等劝司马冏退位、交权，从事中郎葛旟说："汉魏以来，王侯就第宁有保妻子者乎！"❷权力的竞争，不比商业的竞争可以双赢，只能是零和博弈；尤其是在传统专制社会中，这一特性表现得强烈而残酷。后来者葛旟，正是从历史中看到了血淋淋的教训：权力之所以绝不能放弃，不是舍不得，而是它已经与个人、门户的安危紧紧地绑在了一起。其实，这一点曹操早就公开表示过了。建安十五年，曹操以《让县自明本志令》，回应要求他交权、归就武平封地的若明若暗的呼声，把意思说得很直接、明白：封地可以少要，但是兵权绝对不会让，理由很简单——"诚恐己离兵为人所祸也"，所以"不得慕虚名而处实祸"；而且，封

❶ （晋）陈寿：《三国志·曹爽传》裴松之注引《魏氏春秋》，中华书局 2013 年版。
❷ （唐）房玄龄：《晋书·齐王冏传》，中华书局 2015 年版。

三子为侯，就是"欲以为外援，为万安计"。

曹爽没有听从桓范，他为他非常形势下的幼稚、怯懦和庸俗付出了惨重的代价，把他一家以及关联者还有整个曹魏政权都变成了司马氏刀俎上的鱼肉。覆巢之下，是没有完卵的，何晏当然脱不了身，也惨遭灭门。

11　志大其量

钟　会

在号称"名士教科书"的《世说新语》中，钟会的形象不够名士派，往往被描绘成很可笑的样子。譬如，钟会对当时流行的"才性"论题很感兴趣，写成论文《四本论》，想要听取嵇康的意见；到了嵇家门口，又担心嵇康犀利的辩难，令自己面子上不好看，于门外远远地把文章丢进去，急急忙忙转身就走。其实，钟会是贵公子，年少显名，声誉夙著，智谋出众，博学多才。以钟会的出身和修养，其形象断不至于如此不堪。可能是他最后名裂身败，人亡家破，再加上人缘不好，树敌多，又无遗泽，也就没什么人为他说好话了。

若论钟会，是魏晋之际的一个重要政治人物，本来一直是在往新朝佐命元勋的路子上走，最终却落得个"宗族涂地"❶的结局，其间的转变历程、缘由有一探究竟的必要。

---

❶ （晋）陈寿：《三国志·钟会传》，中华书局 2013 年版。

钟会，字士季，乃太傅钟繇的幼子。他打小起，便受到洛阳达官显宦圈子的看好。五岁时，钟繇遣钟会去拜见素有知人之明的蒋济，蒋济擅长通过眼眸来观人察质，很欣赏钟会，以为"非常人也"❶。高平陵政变后，忧惧不已的夏侯霸投奔蜀国，姜维询问魏国的动向，夏侯霸说："有钟士季者，其人虽少，终为吴、蜀之忧。"❷他是曹魏统治集团第二代中最露头角的。

　　钟会能成才，与其母张氏的悉心教导有很大的关系。

　　张氏极富于智识。在张氏严厉的督促下，钟会从小便接受系统、严格的儒家经典教育。钟会在为母亲所做的传记中回忆：

　　"夫人性矜严，明于教训，会虽童稚，勤见规诲。年四岁授《孝经》，七岁诵《论语》，八岁诵《诗》，十岁诵《尚书》，十一岁

---

❶❷　（晋）陈寿：《三国志·钟会传》，中华书局 2013 年版。

诵《易》，十二诵《春秋左氏传》《国语》，十三诵《周礼》《礼记》，十四诵成侯《易记》，十五使入太学问四方奇文异训。"❶

　　这段资料相当详细地交代了魏晋时贵族子弟求学的一般历程。学到如此程度后，张氏认为钟会可"毕业"了，她对钟会讲明其施教意图："学杂了，就疲倦；疲倦了，就容易懈怠；我怕你懈怠，所以循序渐进来训导你。今后你可以独学了。"

　　张氏博览群籍，尤其喜好读《易》及《老子》；张氏曾令钟会反复读《易》，孔子说"鸣鹤在阴""劳谦君子""籍用白茅""不出户庭"诸义，她以为《易》三百余爻，仲尼特说此者，以谦恭慎密，枢机之发，行己至要，荣身所由故也，顺斯术已往，足为君子矣。"❷总之，她是希望钟会用心体察立诚、劳谦、柔逊和慎密的道理，因为这是行己荣身的准则，循此而为，足成君子。凭钟会的出身和才智，担当国家重任是迟早的事；但名位来得过于轻松，反而容易失去必要的谦恭、戒惧。一个家族代表人物的骄狂自大，往往是致祸之由，会给家族带来巨大的危险，有远见卓识的张氏不得不时常提点钟会，努力使儿子不偏离正道。

　　正始八年，钟会起家为尚书郎，张氏特意训诫："汝弱冠见叙，人情不能不自足，则损在其中矣，勉思其戒。"❸这是要钟会知足自损，年纪轻轻就有这么高的起点，不见得是件好事情。

　　钟会为司马氏谋划很多，张氏有言："汝居心正，吾知免矣。

❶❷❸（晋）陈寿：《三国志·钟会传》裴松之注引《世语》，中华书局 2013 年版。

但当修所志以辅益时化，不忝先人耳。"❶ 这是要钟会牢记把心放在正确的位置，无论对个人还是对先人，都是有益的。

张氏还常说："人谁能皆体自然，但力行不倦，抑亦其次。"❷ 她好读《老子》，了解"自然"之意。正始年间，思想领域中大行其道的是玄学，玄学推崇"自然"，"自然"的观念很容易被贵族们用来支持其任性、恣意的生活。生活任性、恣意起来，不免越轨，偏离正统。"体自然"的境界当然高妙，但不是所有人都能做到，与其在"体自然"的名义下走偏了路，还不如退而求其次，力行名教，即使对卑贱的人，也要以信为本。张氏或许看出了钟会身上的某些不好的苗头，可惜钟会对母亲的教诲没能真正听进去。

钟会踏入仕途后，先后任秘书郎、尚书、中书侍郎等，冒头很快。他见赏于司马师、司马昭俩兄弟，在毌丘俭之乱中，随司马师东征，参与机密。

司马师在许昌逝世，魏帝以"东南新定"的理由，命令前往

---

❶❷ （晋）陈寿：《三国志·钟会传》裴松之注引《世语》，中华书局 2013 年版。

省疾的司马昭留镇许昌，由傅嘏率军还京。非常时刻，又是钟会贡计献谋——"帝用嘏及钟会策，自帅军而还。至洛阳，进位大将军，加侍中，都督中外诸军、录尚书事"❶，和傅嘏一道助司马昭平稳接收权力，迅速把局面稳定下来。

甘露二年，镇东大将军诸葛诞以淮南反，并以其子诸葛靓为质子求吴国救援。钟会本在家守孝，事情紧急，又从司马昭至寿春，出力不少。"寿春之破，会谋居多，亲待日隆，时人谓之子房"❷。成功平定诸葛诞的反叛，使钟会进一步巩固了和司马昭的关系，也使他如张良一样的智士形象定格于舆论中。事后论功行赏，钟会坚辞九卿之一的太仆，而以中郎的身份在大将军府管记室事，成了司马昭最亲密的心腹。

其后钟会迁司隶校尉。虽为外官，但朝政要务，他也参与定夺。嵇康的遇害，钟会起到了很大的作用。看来司马昭确实对他信任、倚重有加。

还有个小故事可以说明钟会与司马昭关系的亲密度。

司马昭与陈骞、陈泰同车经过钟会家门口，先是叫钟会出来一起乘车，随即驾车走了，等钟会出来，车已走远。抵达后，司马昭嘲笑钟会："与人期行，何以迟迟？望卿遥遥不至。"钟会父亲是钟繇，司马昭的"遥遥"二字谐音"繇"，社会伦理要求重视人尊长的名讳，如果在社交场合说出他人尊长的名字，乃至同音

---

❶ （唐）房玄龄：《晋书·帝纪第二》，中华书局 2015 年版。

❷ （晋）陈寿：《三国志·钟会传》，中华书局 2013 年版。

的字，是极为失礼的，极端情况下甚至会被认为是对其人整个家族的羞辱。司马昭有意制造钟会的迟到，就是要拿"遥"来戏谑钟会。钟会果然当即接道："矫然懿实，何必同群！"[1] 陈骞之父是陈矫，陈泰之父是陈群、其祖是陈寔，司马昭之父是司马懿。钟会以八个字回应了对方父祖四个的名号，还顺便标榜有劲拔、美好、诚实等美德，确实思维敏捷、才气纵横。这是个非正式的场合，所以故不择言，互相点名对方的尊长来取笑。不过，如果不是关系到位——如曹操《祀故太尉桥玄文》中的话"虽临时戏笑之言，非至亲之笃好，胡肯为此辞乎"，即使是在非正式场合，也不至于如此不拘礼法。

自钟会入仕起，其角色基本上是司马氏的谋士，为司马氏巩固权力积极建计献策，清除了不少障碍，这反过来更助长了钟会的骄矜和自负，以为只有他算计别人的。钟会曾自道："我自淮南以来，画无遗策，四海所共知也。"[2] 可想而知，说这话时的钟会是如何踔厉风发、睥睨天下。

名士裴楷把钟会的为人比作参观武库，琳琅满目都是兵器，足见锋芒毕露是钟会给人的观感。以这种性格，当然很难与人和睦相处。在司马昭的亲信圈子中，他与裴秀"居势争权"[3]；"钟会

---

❶ 余嘉锡：《世说新语笺疏》排调第二条，中华书局 2011 年版。

❷ （晋）陈寿：《三国志·钟会传》，中华书局 2013 年版。

❸ （唐）房玄龄：《晋书·山涛传》，中华书局 2015 年版。

有宠而忌，祜亦惮之"❶，羊祜也忌惮他。

在钟会事败人亡之先，已有三个女性把钟会看透了。

当初许允牵连到李丰、夏侯玄事件中，被司马师流放边地而致死。钟会受司马师派遣去考察许允的两个儿子，如果发现这两人才具不逊其父，就要把他们抓捕起来。许允之妻阮氏有智慧，指点二子应对之方："你们尽管还不错，但才能不够，可以放怀与钟会交谈。不必表现出很悲痛的样子，钟会不哭你们也不哭，还可以稍微关切一下朝廷的事。"两人按照母亲的指示去做，待钟会回复司马师后，果真幸免。钟会自负智计，居然全在一个女人的算计中，而不自知。

司马昭的妻子王元姬是王朗的孙女，从小聪慧，颖悟非凡，"苟有文义，目所一见，必贯于心"❷。她十多岁就料理家事，处置合宜，王朗称赞："振兴我家的，必定是此女，可惜不是男子。"钟会作为司马昭的亲信，出入府邸自然频繁，王元姬当有充足的机会近距离观察钟会其人，每每对司马昭说："钟会见利忘义，好生事端，宠信过度，势必有乱，不可大任。"❸

景元三年，钟会出任镇西将军，准备伐蜀。侍中辛毗之女辛宪英，对其夫羊耽之从子羊怙谈起她关于钟会的观感："会在事纵恣，非持久处下之道，吾畏其有他志也。"❹她看出了钟会的放肆、

---

❶（唐）房玄龄：《晋书·羊祜传》，中华书局 2015 年版。

❷❸（唐）房玄龄：《晋书·后妃上》，中华书局 2015 年版。

❹（唐）房玄龄：《晋书·列女传》，中华书局 2015 年版。

骄狂，未必甘心处于人下；一旦得志，可能会有更大的想法。钟会征用其子羊琇为参军，辛氏担心儿子跟着钟会没好结果。羊琇向司马昭请求免于从军，司马昭不答应。无奈之下，辛氏予以指点："行矣，戒之！古之君子入则致孝于亲，出则致节于国；在职思其所司，在义思其所立，不遗父母忧患而已，军旅之间可以济者，其惟仁恕乎！" ❶ 总之，她要羊琇小心谨慎，守节尽职，以仁恕之道行事。她的话很值得琢磨和玩味：在纷乱的局面、在不可测的危机中，仁恕等高尚的德性才是自全、自保的可靠的力量。钟会反叛后，在蜀国的魏军一片混乱，羊琇听从了母亲的教导，果真全身而归。

在所有对钟会前景的判断和预测中，傅嘏的意见最深刻。

司马师病逝，司马昭接位，在这个过程中，傅嘏和钟会合谋定计、功劳最大。司马昭辅政已成定局，钟会颇为骄矜，傅嘏于

---

❶ （唐）房玄龄：《晋书·列女传》，中华书局 2015 年版。

是告诫："子志大其量，而勋业难为也，可不慎哉！"❶

　　傅嘏和钟会既为同事，对其人的性情自然有深入的了解。他知道钟会有建勋立业的宏伟志向，但是"量"配不上，所以终难有成。志大，是说行动的目的很明确、强烈。志向的实现，除了客观条件的配合外，还须有主观的量来驾驭。这是魏晋人的一个基本认识。❷

　　量，有其美学价值，如夏侯玄就是个显例。他的临危不乱、平静地面对死亡，都是量的体现，风度优雅，这也是量之所以称为雅的缘由。同时，量也有实践效应。如要成事，量必须足够大。

　　苏轼的《贾谊论》讨论了西汉贾谊处世的失误，其中提出一个观点：贾谊有王佐之才，可惜不能自用其才，自己把自己耽误了；原因就在于贾谊用事之心急切，而不能忍耐，从容等待适合的时机，所以贾谊"志大而量小，才有余而不足识"。从苏轼的分析中可见，量之大小，与识有关，依赖于对时势的认识和理解，所以又有识量一说；还与度有关，表现为人的胸襟气度，所以又有度量一说。再结合魏晋时代的共识，见之于实践中的量，是以识为前提，拓展以度为标识的心灵空间，从而表现为深沉、安静而非急切、躁动的人格特征。

　　从量着眼，切中了钟会覆亡的肯綮。

---

❶　（晋）陈寿：《三国志·傅嘏传》，中华书局 2013 年版。

❷　以下对钟会的论述，参考了骆玉明师《钟会的"志"与"量"》一文的相关分析，载《东方瞭望周刊》，2012 年 7 月 26 日。

景元四年，魏军分三路伐蜀。邓艾率三万人从狄道进军，牵制屯军沓中的姜维，诸葛绪则率三万人从祁山进军武街桥头，切断姜维的后路。钟会率十万主力进军汉中。姜维知道汉中难保，撤兵退守剑阁，以拒钟会。在僵持的关口，邓艾出奇兵，绕开剑阁，自阴平突破七百里的无人区，冒出于江油，大出蜀人的意料之外；又在绵竹击溃了诸葛瞻军，兵临成都，刘禅投降。

邓艾本是用于牵制姜维的偏师，居然抢下伐蜀的首功；钟会是主力，反被姜维牵绊住。邓艾由此为太尉，增邑两万户；钟会为司徒，增邑万户。显然，钟会是不服气的。

拿下成都后的邓艾，头脑发热，傲骄自大，言语狂悖，处置乖张，越权行事的迹象很明显。这给钟会提供了足够的借口，于是钟会联合监军卫瓘密奏邓艾有谋反的情状，司马昭满足了钟会的要求，用槛车把邓艾押解回朝，又令钟会进军成都。

这个时候，伐蜀的三路魏军共十六万人以及投降钟会的姜维军五万人，差不多二十万的军队名义上皆在钟会一人的掌控之下。这是一股巨大的力量，钟会情不自禁地想入非非，有了可以保底当个刘备的感觉。

钟会表现出很信任姜维的样子，两人出则同车、坐则同席，还对长史杜预说："如把姜维和魏国名士相比，诸葛诞、夏侯玄也不能胜过。"诸葛诞、夏侯玄是一时之名士，最后都身败人亡，钟会这惜姜维之才的口吻，配合他在历次事件中一贯胜利的自负，踌躇满志的感觉简直就呼之欲出了。钟会大概以为他能收服姜维以为已用，殊不知姜维看穿了钟会的勃勃野心，因此极力撺掇、怂恿钟会造反，有意制造混乱，以便取利，恢复蜀汉。

钟会虽是魏军的主帅，军队不一定就跟着他走。先不说伐蜀成功后，魏军普遍人心思归，而且被兼并的邓艾部队内心并不服；就论实际的掌控力，钟会事实上也不具备。他从前只是司马氏身边的谋臣，没领过军，与军队没有渊源，也没有一套班底协助他把军队从上至下完整、有效地控制起来，他只能靠笼络姜维稳住归降的蜀军，靠威逼利诱管住魏军的指挥力量。而这两方面，其实都不稳当、可靠。不安且不满的军心，稍经煽动，便足以引爆成大的乱子。

远在洛阳的司马昭密切注视着钟会的一举一动，他不会任由钟会为所欲为。在部署妥当后，司马昭向钟会传达了一个信息：以担心邓艾不就征为由，派贾充打头阵，自己则亲率十万大军屯长安。这个信息给了满脑子兴奋、狂热但其实什么有效的准备都没做好的钟会以一个极大的震撼。

形势紧迫，钟会来不及从容细思，决定铤而走险，尽快起事。他给魏军指挥系统施加压力，逼迫将领们听命。封闭环境下惶惑的人心，从来都是谣言滋生和蔓延的土壤。一个钟会即将大肆杀戮的谣言传遍了全军，失控的军队开始哗变，钟会、姜维等均死于乱军中。

曹操在《让县自明本志令》里直率地说："设使国家无有孤，

不知当几人称帝，几人称王。"称王称帝，是当时许多实力派的想法。从群雄逐鹿到三国鼎立，有资格把鹿逐到的人越来越少。谁知道钟会也动了心，估计在司马兄弟身边久了，看惯了也做惯了翻云覆雨、指鹿为马、颠黑倒白、巧取豪夺、瞒天过海的事，慢慢有了"和尚摸得，我为啥摸不得"的心思。名分对操纵名分以打压和吓唬异己的野心家们是缺乏约束力和敬畏感的，钟会又岂会把称王称帝视作非分之想！

既然没有伦理的包袱，剩下的就是实力和时机问题。

当钟会觉得扳倒了邓艾，猛将锐兵尽在掌握中，自以为又有姜维的协助，且控制着蜀地，同时还有画无遗策的名声和一举灭蜀的声威，如果不趁机做点事，岂非辜负了天时地利人和及他天纵的才智！

其实钟会的自负是没有根据的。

他才智的确过人，可他的施展大都建立在别人已经把路铺好的前提之上。他依靠钟氏和司马氏的特殊关系，仕途起步既高且快；平定淮南的叛乱，尽管献策关键，最终依靠的还是魏军的优势实力；伐蜀的战争，则靠的是邓艾的冒险一搏，形势才得以扭转。胜利一个接着一个，太顺利了，钟会以为是他的才智起着主导作用，由此养成了把事情看得过于轻易的性格，在他看来只有他算定别人的，所以他觉得只要看准了、积极动起来，事情便能如愿以成。由于一直是顺境，钟会看不到自己的急切、躁动和不安分，或者说从未觉得这会是问题。而在风向不对的时候，在更复杂的局面中，在由他来最终定策而再无依傍的条件下，他器量的浅狭令他性格中潜伏的急切和躁动失去了理智的约束，他在野心的催激下走上了自我覆灭的路。

傅嘏说钟会"志大于量，勋业难为"，没有看错。

12 **龙性难驯**

嵇　康

嵇康临刑前的情形，宛如一幅凄美的画卷：他神色不变，并没把生命的即将陨灭看成多大的事，回头望了望落日余晖，便要了把琴，弹奏一曲《广陵散》。曲终，后悔当初没把曲子教给袁准，如今曲子在他手上失传，竟成绝响。嵇康长得高大，风姿潇洒，用好友山涛的话来描述，"嵇叔夜之为人也，岩岩若孤松之独立；其醉也，傀俄若玉山之将崩"❶。日影下弹琴的嵇康，其姿态一定格外优雅，令周围的人悲愤莫名。

从某种意义上讲，嵇康的遇害，是他性格使然。嵇康的悲剧，是性格的悲剧。若说到嵇康的性格，这就要从嵇康的人生追求开始说起。

---

❶　余嘉锡：《世说新语笺疏》容止第五条，中华书局 2011 年版。

嵇康推崇的生活状态是"放"。

　　在《与山巨源绝交书》中，嵇康说："近读老庄，重增其放。""重增"两个字，说明嵇康本有的"放"的倾向被老庄思想所强化而自觉。不是老庄的流行使嵇康们意识到"放"的可贵，而是嵇康们"放"的本来倾向就在这里找到了思想的共鸣，从而促成了老庄的更加流行。所以，《道德经》和《庄子》能成为魏晋时代名士阶层的必读书，是因为这两本书从思想上支持了名士们好"放"的合理性和正当性。

　　何谓"放"？简言之，是天性的释放。是天性不再被扭曲，不再被勉强，不再被改造，而回到它的本然状态。所以，"放"就是率性、任性。

　　嵇康说：

　　"性有所不堪，真不可强。

"故君子百行，殊途而同致，循性而动，各附所安。

"足下见直木不可以为轮，曲木不可以为桷，盖不欲枉其天才，令得其所也。故四民有业，各以得志为乐。"❶

这些话意思明白极了：

天性决定有的人对某些事不能忍受，真不可勉强。

君子的行为虽各有相同，但殊途同归，只要顺应各自的本性去做，都可以得到心灵的安宁。

直木不可做车轮，曲木不能当橡子，这是因为人们不想枉屈它们的天性，而让它们各得其所。尽管士、农、工、商等四民各有各自的专业，但都以实现自己的志向为快乐。

不再受约束的天性，其状态就是"自然"，就是嵇康所理解的老庄的"自然"。不过，嵇康提醒我们注意，要把智识从作为率性的"自然"中划出去。智识的区分功能和价值判断，妨碍天性的真正释放。

嵇康说："夫不虑而欲，性之动也；识而后感，智之用也。性动者，遇物而当，足则无余；智用者，从感而求，倦而不已。故世之所患，祸之所由，常在于智用，不在于性动。"❷

不必思索和考虑所生的欲求，是天性的自然发动；经过认知和察识后的所感，是智识的运用。天性自然发动，遇到外物就合适，满足了就不再有其余的；智识的运用，随感觉不断追求，即

❶ 嵇康：《与山巨源绝交书》，见戴明扬：《嵇康集校注》，中华书局 2015 年版。
❷ 嵇康：《答向子期难养生论》，见戴明扬：《嵇康集校注》，中华书局 2015 年版。

使疲倦也不休止。世上的祸患，常在智识的运用，而不在天性的自然发动。譬如，对盲人来说，美丑是无分别的；对没有味觉的糊涂人来说，糟糠和精米是一样的。

不考虑美丑、善恶，从性而动，即为"自然"；不惟如此，连利弊也不要考虑。

嵇康说："计而后习，好而习成，有似自然。"❶ 学习是智识计算利害后养成的习惯，习惯好像自然，但还不是自然。

不惟利害，连是非也不要考虑。

嵇康说："夫称君子者，心不措乎是非，而行不违乎道者也。"❷ 是非出于智识；悬置智识，就是悬置是非；是非悬置，就能率意而为。

总之，把是非、利害、美丑、善恶的认知和判断统统放在一边，置之不顾，如此一来，就可以随心所欲、率性而为了，这就是最高的"自然"境界，就是与万物同一的"逍遥"。这是嵇康的理想人生姿态，也是当时诸多名士们共通的人生理想。

例如：

"（杜）恕诞节直意……恕亦任其自然，不力行也合时。"❸

"（曹）植任性而行，不自雕励。"❹

---

❶ 嵇康：《难自然好学论》，见戴明扬：《嵇康集校注》，中华书局 2015 年版。

❷ 嵇康：《释私论》，见戴明扬：《嵇康集校注》，中华书局 2015 年版。

❸ （晋）陈寿：《三国志·杜畿传》裴松之注引《杜氏新书》，中华书局 2013 年版。

❹ （晋）陈寿：《三国志·陈思王植传》，中华书局 2013 年版。

甚至到陶渊明，还抱有这样的认识。陶渊明在《归去来兮辞》里交代个人决然告别官场的初衷："质性自然，非矫厉所得。"

　　当士阶层凭借着自身的力量崛起，逐渐摆脱对皇权的依附，他们越来越自信和主动，反映在生活方式上，就是以独立的姿态恣意地行使个人的意志，这自然逸出了社会伦理所要求的整齐划一的尺度，从而使生活方式的选择拥有了基于天性的多种可能。所以，强调的天性不可勉强，建构一种以率性为起点和核心的思想学说，并从老庄中汲取思想资源，便成为知识界的普遍倾向。嵇康以其细致、严整的思辨力极大地推动了这股思想运动的倾向，并身体力行之。

　　无疑，悬置了是非、利害和善恶的率性式理想生命状态，在艺术和审美领域内才有最完整的、无限和纯粹的呈现。

　　嵇康恰在文艺上造诣极为精深。

　　他有音乐修养，既善于弹琴，同时对琴艺也有精当的理解。他的《琴赋》以丰富、细致的感触描摹了抽象的音声，琴于嵇康而言，不仅仅用于表达情志，还与他热衷养生有关，能够导养神气，这是一种更高层次的精神体验。

魏晋时代，书法大兴于世，善书的名士比比皆是，几成必备的技艺；嵇康自是其中的佼佼者，其书到唐代仍有流传，据藏有其作品的怀瓘在《书断》中说嵇康尤善于草书："观其体势，得之自然，意不在乎笔墨。"张彦远的《历代名画记》还提到了嵇康的画作。

特别值得一说的，是嵇康的诗歌。如他著名的送兄长嵇喜从军的组诗，把他所向往的随性、洒脱、清新、超然、自在而又富于生机和情味的生活方式，写得极其动人。

我们看其中的第十五首：

息徒兰圃，秣马华山。流磻平皋，垂纶长川。

目送归鸿，手挥五弦。俯仰自得，游心太玄。

诗是想象嵇喜从军途中休息时的闲游图景，实际上嵇康是借此描写他本人理想的人生情境：士卒休整于兰圃，战马放饲于花山，主人公在泽上射鸟，在河边垂钓，时而弹琴，眼光却随着归雁消失在天外。魏晋名士的视野极博大、开阔，好用"俯仰"的动作来写胸次的悠然和超旷。孙绰《游天台山赋序》："余所以驰神运思，昼咏宵兴，俯仰之间，若已再升者也。"王羲之《兰亭集序》："仰观宇宙之大，俯察品类之盛，所以游目骋怀，足以极视听之娱，信可乐也。"

嵇康想象：此际一俯一仰，忽有自得之乐，在不经意间，自我与山水融合为一，从而体会到无以言喻却真实存在的"太玄"

的境界，心灵在此境中得到完全的释放，精神实现了绝对的自由。

如果从艺术和审美的领域中退出来，从诗所营造的想象空间中抽身，在俗世生活中，嵇康所能获得的他所想要的生活方式就是：

"今但愿守陋巷，教养子孙，时与亲旧叙阔，陈说平生，浊酒一杯，弹琴一曲，志愿毕矣。"❶

虽在人境，却与热闹的俗世尽量疏远；或者说退出公共空间，把生命的全部放在私人空间中。即使生活清贫，也趣味盎然。因为，有子孙可以教养，有亲友可以谈心，有浊酒可饮，有瑶琴可弹。这样的生活，虽简单，但充满人情；虽清寂，但足够自在。人情则有味，自在则无累；既有味又无累，就是嵇康的所欲、所求。

即使是像这样与世无争、甘于淡泊的区区志愿，嵇康也无法实现，原因就在他的性格。

嵇康自我评价是"促中小心之性"，又说自己"促狭"，总之

❶ 嵇康：《与山巨源绝交书》，见戴明扬：《嵇康集校注》，中华书局 2015 年版。

是容易激动的性格。嵇康具体说："刚肠疾恶，轻肆直言，遇事便发。"❶ 即性子刚直，厌恶一切丑陋的现象，说话轻率而直接，遇上看不过眼的事情就要发作。

嵇康的自道似乎与旁人对他的观感不一致。王戎曾说："与嵇康居住二十年，未尝见其喜愠之色。"❷ 嵇康日常表现出的性格特征是平静，没有特别明显的好憎、喜怒。王戎是嵇康过从甚密的至交好友，他的观察应当是可靠的。由此说来，王戎的观感与嵇康的自评矛盾！

其实并不矛盾。无爱无憎、喜怒不形，是嵇康的修养目标。首先是出于养生的需要，嵇康乃养生名家，其养生观以"养神"为主，而养神的关键之一是避免情绪的波动——"爱憎不栖于情，忧喜不留于意"❸；再者，身为名士，动辄惊乍，暴露出涵养和气度的不够，这是嵇康不愿看到的。因之，王戎所见的嵇康，其实是嵇康自己的理想的样子，是嵇康的自我塑造。

但嵇康不完全以养生为唯一的追求，有个叫孙登的隐士看出来了，点评嵇康"保身之道不足"❹；同时，他也不总是活在理想的世界中。

嵇康也尽可能地规避现实的危险。他知道自己生性散漫，起

❶ 嵇康：《与山巨源绝交书》，见戴明扬：《嵇康集校注》，中华书局 2015 年版。

❷ 余嘉锡：《世说新语笺疏》德行第十六条，中华书局 2011 年版。

❸ 嵇康：《养生论》。

❹ 余嘉锡：《世说新语笺疏》栖逸第二条，中华书局 2011 年版。

居无常，不拘礼仪，不好应酬，不耐烦俗人世务；而且脾气一旦上来，口无遮拦，言辞激烈，不惮说刺耳的话。所以有意与高度形式化、规范化的官场保持必要的距离，不愿介入以虚伪为常态的政治。他甚至和向秀一道打铁，这是向世俗世界做出的一个表态，以示他的无争、世事不萦于怀。

如果嵇康平平无奇也就罢了，可他的名望太高，使当政者不得不正视他的存在；他的人品太峻洁，使当政者不免忌惮；他对于种种不堪之事的言论太犀利，使当政者有所不安。嵇康既不愿妥协、接受好友山涛的举荐接替其职务，又学不了阮籍的口不论人过，所以，盘旋在他头上的灾难便择时降临。至于罪名，总是好罗织的，即使没有，也可凭空生造。嵇康被牵连到好友吕安的一桩家庭纠纷中，一直暗中注视着嵇康举动的政治鹰犬觉察到该事件的利用价值，如愿以偿地把火引到了嵇康身上，安上为嵇康度身定制的罪名。

嵇康临死前，把儿子嵇绍托孤给山涛，他相信山涛必不负重托。

二十年后，山涛举二十八岁的嵇绍为秘书丞。嵇绍不自安，向山涛咨询出处。这对嵇绍来说，确实是一极为严峻的选择，他面临着巨大的道德困境。

当时也有人与嵇绍情况类似。如王裒，"以父为文王所滥杀，终身不应征聘，未尝西向座，以示不臣于晋也"❶。诸葛诞被司马昭灭三族，其子诸葛靓奔吴，吴亡后不知所踪。晋武帝司马炎与诸葛靓有旧，猜测他必藏在姐姐琅琊王妃处，前往见他，诸葛靓躲到厕所里始终不见，也不接受侍中的官职，回到家乡，终身不坐对洛阳的方向。

嵇绍如果出仕，可能不容于清议，被讥讽贪位恋禄、腼颜事仇。而如果不出仕，嵇氏门户或许将积衰而弱。这是个两难，所以他希望先听取山涛的意见。山涛说："为君思之久矣！天地四时，犹有消息，而况于人乎！"❷

山涛时刻把嵇绍的前途放在心上，只是要等待合适的时机。他当然知道嵇绍的难处，知道嵇绍背负的道德压力，但这是嵇绍的命运，是不可更改的事实，人事有代谢，往来成古今，只能用历史主义的态度，用四时有消息、天地有盈虚的态度来彻底解开过去的纠结，否则无以掀开新的一页。山涛以清谈家特有的漂亮而玄妙的语言，为嵇绍打开了心锁。

---

❶ （晋）陈寿：《三国志·王修传》裴松之注引《汉晋春秋》，中华书局 2013 年版。

❷ 余嘉锡：《世说新语笺疏》政事第八条，中华书局 2011 年版。

当然，道德的负担不是轻易能卸下的，嵇绍也要为出仕付出相应的代价。

他如果要得到世人的宽谅，就必须向世人表明，他的出仕不是为了个人的名位，而是忠于君臣的名分。"臣之事君，子之事父，无所逃于天地之间"，是《庄子》中的名言；"故知君臣上下，手足外内，乃天理自然，岂直人之所为哉"，是郭象的新义。嵇绍也不是不可以出仕，但惟以忠贞清正的道德形象才能立足于世。

嵇绍再也不能像嵇康一样纵逸傲散，尽管他亦如嵇康风姿特秀，也"诞于行己，不饰小节"❶。他必须有所收敛，立身风格由逸散转向雅正。

齐王冏辅政，嵇绍前往奏事，遇上宴会，齐王令嵇绍弹琴佐兴。以魏晋名士一向标榜和认同的旷达的价值观来看，这也不必拒绝。在东晋丞相王导的一次聚会中，名士王濛提议谢尚跳流行于洛阳贩夫走卒阶层中的异舞——鸲鹆舞，模仿八哥的动作。谢尚欣然下场，翩然起舞，旁若无人。生性洒脱、不拘小节的名士是不会介意别人异样的眼光的。但嵇绍不行，他以身着公服不能为伶人之事为由，严词拒绝。此事入《世说新语·方正》篇。

永安元年，东海王司马越挟晋惠帝讨成都王司马颖，败于荡阴。惠帝被俘，侍从溃散，惟有嵇绍庄重端正冠带，用身体捍卫惠帝，遇害于惠帝身边，血都溅到衣服上。事后，惠帝不忍洗衣，

---

❶ （唐）房玄龄：《晋书·嵇绍传》，中华书局 2015 年版。

说上有嵇侍中的血。文天祥因于元大都，在狱中写《正气歌》，还用到了"嵇侍中血"的典故，以是血为天地正气的体现。

当初嵇绍随惠帝出征，侍中秦准善意地提醒嵇绍预留退路，嵇绍则义正严辞地回答："大驾亲征，以正伐逆，理必有征无战。若使皇舆失守，臣节有在，骏马何为！"❶这一行，嵇绍是抱着不成功便成仁的决心。他求仁得仁，以死成全了他的忠义。正因为如此，东海王司马越经过嵇绍墓，哭之悲恸，为他刊石立碑。其后，朝廷不但一再表彰，而且规格一次比一次高。

嵇康以放诞闻，嵇绍却以尽节终；嵇康为司马昭以莫须有的罪名杀害来搬除篡位建政过程中所认定的绕不过去的障碍，嵇绍却是晋室致敬的具有典范意义的忠臣。历史并没有故意开玩笑，嵇绍的结局或许就在嵇康的意料中，或许也是嵇康所想看见的。

嵇康在最后的《诫子书》中为年幼的嵇绍留下了他的期待："不须作小小卑恭，当大谦裕；不须作小小廉耻，当全大让。若临朝让官，临义让生，若孔文举求代兄死，此忠臣烈士之节。"嵇康知道，山涛定能不负所托，而在山涛的照应下，嵇绍今后只剩下忠臣烈士的路可以走了。

今人提起嵇康，一般都会想到他的"越名教而任自然"这句话，还有许多人认为这句话深刻地揭示了魏晋思想中"名教"和

---

❶ （唐）房玄龄：《晋书·嵇绍传》，中华书局 2015 年版。

"自然"这对关键性的矛盾。但其实，嵇康《释私论》中的原文是："夫称君子者，心无措乎是非，……气静神虚者，心不存于矜尚，……矜尚不存乎心，故能越名教而任自然。"嵇康重新定义了"君子"，用老庄的思想注入儒家的君子人格：君子之所以为君子，在于心无是非。因为，君子把"道"在其生命实践中体现出来，气静神虚，心无矜尚；既然如此，君子超越了是非。儒家的名教，涵义很丰富，其中一个就是确立社会的是非、善恶等价值尺度。君子超越是非，当然超越名教。超越名教，也即任自然。足见，嵇康并非有意提倡、号召、鼓吹"越名教而任自然"——这只不过是从其君子概念的内涵中顺理成章推导出来的一个理论结果，是无措于是非的君子的应有之举。君子，超越了名教，于是乎便任自然，所谓任自然就是任其自然之性，也就是率性而为；释放自我本然的天性，无须强行约束和改造——这种行为，是名教体系中通行的是非标准无法衡量的，因为它本身高于是非、先于是非。嵇康提出了遵从本性，即"率性"，是绝对的。

南朝刘宋的文学家颜延之有诗写嵇康："鸾翮有时铩，龙性谁能驯。"这句写嵇康最好，他执拗地坚持自己高贵的天性，拒绝任何驯服。

13　吟啸穷途

阮　籍

阮籍，是魏晋时代最大的名士，大到他的名字就成了一类人的象征，成了一种人生姿态、一种活法的符号。阮籍做过步兵校尉，人称阮步兵，那个以垂涎家乡莼菜、莼羹和鲈鱼为借口而辞职的张翰，就被称之为"江东阮步兵"。像北齐时的李元忠，成天以声酒自娱，自称："宁无食，不可使我无酒。阮步兵，吾师也。"❶金代文学家元好问在金灭亡的旦夕，体会到阮籍的某种心绪，写词："《离骚》读杀浑无味，好个诗家阮步兵！"

如果要用一个情节来描绘阮籍的精神风貌，或许是这样的吧：一时兴起，拉起缰绳，驾着马车，一路狂奔，到了尽头，走不过去，仰天长啸，失声痛哭，掉头转回。这个情节极富于象征意义，阮籍对人生的认知是无路可走。

---

❶ （唐）李延寿：《北史·李元忠传》，中华书局 2013 年版。

为什么人生无路可走？

因为这个世界，在阮籍的眼中，早已被俗不可耐的庸人，狡诈奸险、工言善说、假模假样的虚伪之徒，还有成天板着面孔、规行矩步却一点趣味也没有的所谓正人君子给占满了。这些人把世界弄得乱糟糟、脏兮兮。在这样的世界中，哪里有干净、清新的出路可走呢？

对平平无奇的俗人，阮籍自然无话。

阮籍能作青白眼，对俗不可耐的人直接翻白眼，以示不屑。嵇康的哥哥嵇喜，来阮籍家吊丧，阮籍不想虚情假意地客套，直接翻白眼，令嵇喜下不了台也无所谓。阮籍去找嵇康，人不在，只见到了嵇喜，于是乎在嵇家的门上大书一个"凤"字，讽刺嵇喜不过是一只凡鸟。

岂止是嵇喜，就连同道中人王戎，阮籍也常对他开玩笑："俗物已复来败人意。"❶ 这当然是兴之所至的打趣和调侃，却也未尝不是有所指。王戎虽入七贤之列，自有他旷达的一面，但也不是没有庸俗的另一面——史称王戎好利、为人吝啬，这固然是王戎入晋、名位渐高后的所为，也可能存有韬晦的打算，但一个人的性格不会幡然遽改，总有其连续性，年轻时的王戎大概有些不够"名士"的行为被阮籍捕捉到了，故而戏谑。

人俗一点就罢了，最多只是像嘲讽王戎那样让人"败兴"！至于那种端正不可方物、动辄以礼压制异己的名教中人，简直令阮籍望而生厌。

阮籍刻画过这类人的面貌：

"洪生资制度，被服正有常。尊卑设次序，事物齐纪纲。容饰整颜色，磬折执圭璋。堂上置玄酒，室中盛稻粱。外厉贞素谈，户内灭芬芳。放口从衷出，复说道义方。委曲周旋仪，姿态愁我肠。❷

"服有常色，貌有常则，言有常度，行有常式。立则磬折，拱若抱鼓。动静有节，趋步商羽，进退周旋，咸有规矩。心若怀冰，战战栗栗。束身修行，日慎一日。择地而行，唯恐遗失。诵周、孔之遗训，叹唐、虞之道德，唯法是修，为礼是克。手执珪璧，

---

❶ 余嘉锡：《世说新语笺疏》排调，中华书局 2011 年版。

❷ 阮籍《咏怀诗》第六十七首，见陈伯君：《阮籍集校注》，中华书局 2014 年版。

足履绳墨，行欲为目前检，言欲为无穷则。"❶

司马氏有个心腹，叫何曾，是个典型的非礼勿视、非礼勿言的"洪生"。"与妻相见，皆正衣冠，相待如宾。己南向，妻北面，再拜上酒，酬酢既毕便出。一岁如此者不过再三焉。"❷连对妻子都如此尽礼，何况是对他人！更何况是对违礼者！他曾经当着司马昭的面质问放荡不拘的阮籍："你放纵情欲，违背礼制，是伤风败俗之人。"名教的锋刃，已然接近阮籍的脖子。司马昭赶紧打圆场，为阮籍缓颊。嵇康在《与山巨源绝交书》中还论阮籍"至为礼法之士所绳，疾之如仇，幸赖大将军保持之耳"。

人假正经也就罢了，最多敬鬼神而远之，如果遭逢虚伪狡诈之徒，那就令人不寒而栗。阮籍做过《猕猴赋》，为此类人画像：

"体多似而匪类，形乘殊而不纯。外察慧而内无度兮，故人面而兽心，性褊浅而干进兮，似韩非之囚秦。扬眉额而骤眄兮，似巧言而伪真。"

如大名鼎鼎的钟会，正是如猕猴般聪明而褊浅的人。钟会曾多次拿时事来问阮籍，想探明阮籍的政治态度，好为阮籍度身定制罪名。阮籍是个明白人，以醉酒避开与钟会的交谈。

---

❶ 阮籍：《大人先生传》，见陈伯君：《阮籍集校注》，中华书局 2014 年版。

❷ （唐）房玄龄：《晋书·何曾传》，中华书局 2015 年版。

其实，就算没有上述各色人等来烦心，这个世界本身也足够令人烦的了，因为几乎一切现成的生存方式，一切现成的活法实际上都短暂而易变，都没有终极的意义。

阮籍有诗，"繁华有憔悴，堂上生荆棘"，荣衰的转变是必然的，有繁华，就有憔悴。谁能自免于无常？

所以，"如何金石交，一旦更离伤"，看似如金石一般坚硬的情谊，也有轻绝之时。

"膏火自煎熬，多财为患害"，山木自寇，膏火自煎，匹夫无罪怀璧其罪，多财则多害。

"丘墓蔽山冈，万代同一时。千秋万岁后，荣名安所之"，追求声名可以图不朽吗？但是遮山蔽冈的丘墓告诉人们，在无限延续的时间面前，荣名的光芒是微弱的。

"荣名非己宝，声色焉足娱"，荣名没有价值，声色犬马又岂能带来真正的欢娱！

"愁苦在一时，高行伤微身"，不要以为行为高洁就足以保全性命，它反而会伤害自己。

像以上所说的情、财、名、声色、高行等世人汲汲以求的目标，在阮籍看来，都不值得去追求。即使不考虑生命的目的，单纯考虑生命的形式；不考虑生命的厚度，单纯考虑生命的长度，也没意义。阮籍说："人言欲延年，延年欲何之。"人们都想延年益寿，都想活得更久一点，可是延年又如何呢！

世界既然是这样子的，阮籍无话可说，也不愿意说什么，索性放下，把自己解放出来。

　　这个解放，首先是观念的解放。

　　人很容易陷入观念的陷阱，随着观念的指挥而起舞。儒家就是个推崇观念的力量的学派，通过君、臣、父、子等观念建构人伦之网，赋予人以特定的角色和身份，督促人向高悬于头上的观念看齐，来获得存在的动力和意义。因之，一般人的立场、心态、情感和好恶，都被观念所界定、引导和塑造。

　　在这个问题上，道家要警觉得多，老子就直截了当地说："无名，天地之始。"世界本来混沌，观念是由人在一定条件下按照自身的需要建构起来的。沿着这个逻辑，很容易得出结论：但凡被建立起来的事物，也能够根据一定的条件来取消。所以观念无论以何种名义出现，最终只具有暂时的合理性，而非究竟真实。

　　阮籍服膺道家，《晋书》本传说他"博览群籍，尤好庄、老"，也曾写过《达庄论》《通老论》等论文。道家为阮籍提供了摆脱观念束缚的主要思想资源。而是非、曲直、善恶之类的价值观念，可能是支撑社会生活运转的最根本性、基础性的观念。

　　阮籍是如何认识的呢？他有诗云："曲直何所为？龙蛇为

我邻。"

"曲直何所为"是什么意思？所谓曲直，其间并没有确切无疑的边界，彼此的转化是可能的。了解到这一点，才能如深山大泽里的龙蛇自由自在。❶

至于是非，《大人先生传》说："故至人无宅，天地为客；至人无主，天地为所；至人无事，天地为故；无是非之别，无善恶之异。"至人、最高境界的人，抹平了是非的差别。

无曲无直，无是无非，思想则得以解放；而思想一解放，性情也随之解放。

阮籍嫂子回娘家，阮籍毫不避嫌，跑过去送别，有人于是说怪话了，因为小叔子送嫂子，不成体统、不合礼教呀！阮籍傲然回答："礼，难道是为我们这样的人所设的吗！"

阮籍邻家有少女才貌俱佳，未嫁而逝。阮籍与她非亲非故，素不相识，听说后，前往吊唁，尽哀而去。这行为有悖常理却深契人情。才貌俱佳的少女，乃天之灵气所钟，未及出嫁却辞世，美是如此脆弱，还有比这更令人悲慨的事么！这难道不值得吊唁么！又何必效法庸人，拘于俗礼，仅把情感局限在与己相关者的身上。庸人即使吊唁，也只是按规定性动作来表示，其心乏诚，其情多伪，阮籍是尽哀——哭个够，痛到底。惟有性情的解放，才有丰富、博大、真实的同情。

---

❶ 此处引用章培恒先生的解释，见章培恒：《汉魏六朝诗鉴赏辞典》，上海辞书出版社 2016 年版，第 329 页。

性情一解放，而身体的解放也是应有之义。

阮籍邻家有美妇人，当垆卖酒。阮籍与王戎常到妇人处喝酒，阮籍喝醉了，坦然地睡在她身边。她丈夫开始时很是怀疑，探察后，发现阮籍没别的意图。这个故事很有趣，非庸人所能为、所敢为。酒色，性也；从美女喝酒，乃人之常情，阮籍概莫能外。如果过于克制，不免矫情。阮籍发乎情，却能止于不得不止；既满足了好色之心，又很自然地留在必要的分限内，绝无规行矩步、谨小慎微、怕越雷池的紧张之态。

最能表达他解放后傲然的人生姿态的动作，莫过于啸了。

司马昭在酒宴上严肃庄重，威仪几于君王。唯独阮籍箕踞，完全没有必要的恭谨，一边酣畅纵酒，一边吟啸不已。啸，类似于今天的吹口哨。阮籍的放肆，和这种类型酒宴所要求的庄重的氛围形成了鲜明的对比。阮籍的另类表现，显示了他的傲慢以及特殊，如果没有啸，这放肆的风采未免要黯淡不少。

阮籍之所以敢于放肆，是因为他明白他的边界所在，他从心所欲不逾矩，自由地游于边界之上。这是阮籍特有的保全自我的世故，或者说处世智慧。

魏晋之际，天下多故，名士们一时也不容易看清风向，多有被卷进各类风波中、丢掉性命的。阮籍是极少数处在风口浪尖上、却能灵活规避风险的。

他的道术有二：一是慎言，一是装醉。

司马昭就称阮籍"至慎"，每每与他谈话，阮籍发言"玄远"，从不臧否人物。就是尽说些大而化之的、普遍抽象的、不着边际的话，而不对具体的人事发表意见。好像什么都说了，又好像什么也不说。这种离实言虚的语言工夫，是我们这个被政治所支配的社会里看透世道人心的智者特有的自保方法。政治场合难免要表态，而表态过于翔实、具体说不定潜伏着不确定的风险，像定时炸弹一样保不齐什么时候爆炸；不如离事言理，避实就虚——这就没有把柄可抓了。司马昭对此洞若观火，所以评价阮籍"至慎"。

装醉，也是阮籍的拿手本领。他好喝酒，更会借此装醉，且装得真、装得彻底，当然也装得很痛苦。

阮籍听说步兵校尉官署的厨房里储存有好酒三百石，欣然向司马昭求为此官。这或许是一个姿态吧：既向司马昭表白了心志——不介意在其手下出任官职，又成全了自己放诞傲纵的立身处世的一贯形象。以一个很不正经的理由，求一个很正经的官职，矛盾的背后，是阮籍求自保的无奈。

司马昭为其子、也就是后来建立西晋王朝的武帝司马炎向阮籍求婚。这是示好，也是拉拢，更是试探。如果阮籍答应把女儿嫁给司马炎，是向世人昭示两家自此同上一艘船，有阮籍这个士林中最有号召力的人来张目，司马昭改朝换代的道义上的阻力要减不少。但这并非阮籍所愿，而明拒又非阮籍所敢，所以阮籍选在司马昭尚未明言的节点上，先把自己灌醉，而且一醉就是六十多天。阮籍是真醉，也是假醉，是假的真醉。如果不是真醉、烂醉、狂醉，也拖不到六十天之久；而这样彻底的醉，又是有意为之。不如此就必须面对司马昭的求亲——拒绝也不对、不拒绝更不对。阮籍只有选择彻底醉一场。幸亏还有酒，让他有个躲避、闪转的空间，只有真正省察人事，才能做到在必要时不省人事。当然，这也是司马昭默认的，真要想让一个醉鬼醒过来，有的是方法。阮籍不知道自己能醉多久，司马昭也可能有意要看阮籍到底能醉多久，于是阮籍足足躺了六十多天。

司马昭明白：阮籍不敢公然站到他的对立面，但也不想痛快上他的船。这是阮籍的上限，也是司马昭的下限。两个人不发一言，完成了彼此的表白。

装醉，也是有限度的——在不允许装的时候。

魏高贵乡公景元四年封司马昭为晋公，加九锡。此为换代的前奏，再往前一步，就是旧皇帝的退位、新王朝的建立。司马昭坚决辞让，这种惺惺作态是古代枭雄们在改朝之前的标准动作：一来显示谦逊的王者之风，二来顺便扫描朝野动向，三来暗示心腹们加紧进言，大造舆论，形成众望所归的共识。所以但凡够资格的公卿将校们纷纷到司马昭府邸，做他心知肚明的思想工作。司空郑冲急忙派遣信使到阮籍处求写劝进文，阮籍当时在袁准家，宿醉未消。在这个紧要的关头，已经由不得阮籍继续醉下去了，他被强行扶起；阮籍也不作推辞，大笔一挥，表文即成，一个字都没改动，交了差。是神来之笔吗？恐怕未必，可能阮籍知道迟早有这么一天，已打好腹稿，以待不时之需吧。

阮籍精于保全自我，其实也是为儿子、为阮氏家族的利益考虑。正如他在《咏怀诗》中所言："一身不自保，何况恋妻子！"作为达人，他当然无所忌惮；但作为父亲，他不能不考虑儿子的前途。

其子阮浑长大成人，风度有似乃父，也想效法阮籍"作达"，过一种快意潇洒的生活，却被阮籍制止，理由是："阮咸已经参与其中，你不能这样了。"

有人说，阮籍是因为阮浑不具"玄心"，没到"达"的精神境界，强行作达，是东施效颦，如邯郸学步。如果是这样的话，阮籍就不必要说"阮咸已经参与我们的达人圈子了"，大可直接指出"你小子资质不行，不是这条路上的人"。

阮籍之所以抑制阮浑，原因很现实，也很简单。阮咸就为他的放达付出了惨重的政治代价。山涛非常看重阮咸，品评他，"清真寡欲，万物不能移也"❶，并向晋武帝举荐其为吏部郎，"武帝以咸耽酒浮虚，遂不用"。山涛是武帝高度信任的重臣，而且前后主持选举长达二十年，一贯公正、明智，在舆论中的口碑很高。即使有分量如此重的举荐，阮咸的任职提议也被武帝否决，就因作达给武帝留下了其人浮华而不堪大用的成见。阮咸的侄儿阮简同样是个很典型的例子：他在父丧期间废礼，太不像话，受到舆论的猛烈抨击，被废弃了将近三十年。所以，过于放达的政治后果非常严重。

魏晋是门阀士族当道的社会。高门大族尽管享有种种特权，可这也是以家族中有人占据要津、握有权力为保障的；如果家族中接连无人挤入权力圈，门户的衰颓在所难免。例如颍川陈氏，在陈群时门户达到鼎盛。陈群之子陈泰，本来位高权重，但在高贵乡公被害的事件中表现不合司马昭的心意，陈泰呕血而死不说，家族的上升势头从此严重受阻。史称陈群之后，陈氏"名位遂微"❷。所以王仲荦先生说："每个世家大族如三世以上冠冕不绝，

---

❶ 余嘉锡：《世说新语笺疏》赏誉第十二条，中华书局 2011 年版。

❷ （晋）陈寿：《三国志·陈泰传》裴松之注引《陈氏谱》，中华书局 2013 年版。

那就成为'天下盛门''奕世膏粱'；倘或偶然有一代接不上来，不能继续保持原有的爵位，于是便有称为'门户中衰'或'衰门'的危险。"❶

阮籍知道阮咸本人事已至此，无可挽回，当然也不愿挽回；至于侄子阮简，与他走了相同的路，也指望不上了。阮氏家族的未来只能寄托在阮浑等后一代的身上。阮浑如果不幡然醒悟、改弦易辙，而执意"作达"，阮氏家族也难逃"名位遂微"的命运。阮籍不想看到这个局面的出现，所以才说："阮咸已参与，你就不必这样。"

阮籍年轻时登广武山，观楚汉相争的故战场，感叹"时无英雄，遂使竖子成名"。他英武而高傲，他相信如果历史提供合适的机会他也将成为叱咤风云的英雄，可惜历史吝而不予，所以他的襟抱一生都未曾开。阮籍曾经激赏年轻的张华是王佐之才，大概他内心中也是如此自许的。阮籍是骄傲的，可是历史让他生活在一个庸人云集而天下又多故的时代，在可能的范围内，他以放达的姿态率意地超越庸俗，却有时不得不为保全自己和家族而低首下心，于是有了无路可走的苦闷和惶惑，只能在这乱世中放声吟啸。

---

❶ 王仲荦：《魏晋南北朝史》，上海人民出版社 2003 年版，第 348 页。

14 天生哲人
王　弼

王弼，字辅嗣，出身于山阳王氏，世代豪族。东汉末，王粲和族兄王凯避难荆州。王粲的曾祖王龚，在顺帝时任太尉，祖父王畅在灵帝时任司空。刘表曾以师事王畅，因嫌王粲容貌丑陋，转以女妻王凯，王凯生王业。建安二十四年，王粲的两个儿子牵连到魏讽谋反案中被杀，绝后，曹丕因此以王业嗣王粲。

王弼即王业之子。当初，少年王粲受大文豪蔡邕的赏识，蔡邕慨然把生平万卷藏书尽赠王粲。是书最后亦归王弼所有，这奠定了王弼学问的雄厚根基。但王弼的特殊之处不在于他的学问，而在于他天才的思辨和颖悟。

曹魏齐王芳正始十年，不到二十四岁的王弼即去世。在他成年后，与钟会、荀融等才俊齐名，是正始年间最有影响力的清谈家和玄学家。由于英年早逝，王弼还来不及在政治上有所表现，也未留下名士所特有的风流雅事；但在学术思想领域，王弼是无与伦比的。

若无玄学，魏晋名士们的思想世界将浅薄不少；若无王弼，魏晋玄学的哲理内涵将失色不少。王弼虽只活了不到二十四年，他的个人形象黯淡无光，但玄学成就光芒四溢。

王弼的思辨能力要高出同侪。魏晋玄学中的一系列核心问题，如有无之辨、言意之辨、有情与无情之辨等，这三个问题的正反两方都有人主张，但王弼并不执于任何一方，而是站在更高的层次上把对立的命题统一起来，综合各自片面的合理性，对玄理的阐发和解释更加深刻也更加通透。

简单来说，王弼崇无，但不废有；既主言可寻意，但又主忘言；既肯定有情，但指出圣人之情无累。王弼的观念及论证思路，显示出了他极高的哲学层次，又给人以醍醐灌顶、豁然开悟之感，且其文辞简练干净，富于理性之美。他是中国哲学史上不世出的真正天才人物。

就"有无之辨"来说，有人贵无。

尚未成年的王弼曾经造访早期玄学名家裴徽，裴徽提问："无者，诚万物之所资，而圣人莫肯致言，而老子申之无已，何也?"

一个"诚"字，说明当时有很多人已经肯定了"无"是万物生成的根本依据。这是贵无论的典型主张。如果把"无"推向极端，付诸生活实践，就是放任自流、率性而为，就是想干什么就干什么、不守规矩，就是遗落世事、鄙薄实务，就是视"有"、视社会秩序于无物。

所以，有人看见理论上倡导虚无所造成的重重流弊，转而崇"有"。如名士裴頠就是个代表，他有论文《崇有论》。裴頠的观点很清楚："无"既然是"无"，就不能创生，从逻辑上讲，始生必是自生。自生，则必以"有"为体。"无"，是"有"的缺失。"无"依赖于"有"，而非相反。

贵无论的兴起，有着深刻的时代背景。士人在政治、文化等领域越来越占主导地位，其独立性和自决性相较于既往，大为增强。反映在思想观念上，就是崇尚虚无。虚无，并非只有消极的一面，也有其积极的意义——就是排除干扰、挣脱束缚、否定一切既成的东西。士人们的个性，借助于虚无所内含的否定的力量而得以完全的释放；士人们在个性的舒展中体会到了作为人的本质的自由。所以，如果不贵"无"，自由就不会开显出来。

　　由于高贵、优越的地位，士人们比其余社会阶层更认同、追求自由的价值。但他们同时也是社会的领导者，维持必要的秩序既是他们的责任，也是他们的现实利益所在。他们不可能完全废弃"有"。

　　所以调和"有""无"，是魏晋人必须解决的一个大问题。

　　一般说来，老子是"无"的思想符号，而孔子则是"有"的象征。孔子是圣人，这对魏晋人是不言而喻的前提。按道理，圣人作为完美的人，应该抵达"无"的境界，何以孔子从来不置一词；相反，老子却反复陈述？这是裴徽的疑问，也是时人共同的困惑。

王弼的回答非常巧妙："圣人体无，而无又不可训，故言必及有；老庄未免于有，恒训其所不足。"

圣人身体力行，"无"已经化融于其生命表现中，同时"无"又不是语言所能传达和解释的，所以圣人才说"有"——圣人知道"无"只能通过"有"呈现出来，就像绝对的无声，必须通过具体的声音来展示。隋人诗云："蝉噪林愈静，鸟鸣山更幽。"正是这个意思，通过声音、通过"有"，才能抵达无声、抵达"无"。而老庄在这点上不如孔圣人。他们固然了解、认识"无"，但无法落实于生命实践中，无法把"无"转化为其生命形态，所以才有必要反复说"无"。身如果在"无"中，就不必说；如果反复陈说，适足以表明身尚在"无"之外。

"无"之所以不说，有两种情况。一是深刻认识到"无"说不了，所以不说；一是尚未知有"无"，所以没说过。王弼等人要坚持孔子的圣人地位，当然，这个圣人境界的内涵被注入了魏晋时代的价值标准，所以有意模糊以上两种情况，把孔子的不说"无"，解释成"没法说无"，而不是不知道有"无"。这样，孔子就比喋喋不休地"无"来"无"去的老子要胜一筹了。

这还是简单地摆正孔子和老子在意识形态领域的地位，反映出在儒家的思想框架内竭力注入道家内涵的思辨方向，还没有真正触及"无"和"有"的关系。这在王弼的《老子注》中才得以相对圆满地实现。

《老子》第四十章"天下万物生于有，有生于无"这个枢纽式的命题，王弼注："天下之物，皆以有为生。有之所始，以无为本。将欲全有，必反于无。"我们如果简化王弼的意思，就是四个字——"以无全有"。王弼所理解的老子的整个思想，一言以蔽之，就在于此。"无"是"有"的存在前提，所以只能用"无"而不能用"有"，来成就、成全"有"。

王弼又把"以无全有"表达成"崇本息（举）末"。"无"和"有"，是"本"和"末"的关系。

其《老子略例》说："老子之书，其几乎可一言而蔽之。噫！崇本息末而已矣。观其所由，寻其所归，言不远宗，事不失主。"

"崇本息末"是《老子》一书的思想宗旨。"末"，是现象；"本"，是本质。本质，表现为两个方面。一个是"所由"，即源头；一个是"所归"，即归趣。发现和找到问题、现象的源头及归趣，事情自可迎刃而解、水到渠成，用力甚少而功效却大。

王弼举例：人之所以沦为盗贼，是因为欲望太多。所以绝盗的根本方法，不是用严刑峻法来惩处，而是令人去除过度的欲望；诉讼繁多，是因为人有好尚，以至于引起贪求、激成争竞，所以消减诉讼的根本方法，不是统治者善于裁决案件，而在于使人无所好。不是针对人们的已为来采取措施，而是使人无心于为；不是针对人们的欲望来施加制约，而是使人无心于欲。在事情还未现征兆的时候谋划，在事情还未曾开始的时候入手，以上即属于"崇本息末"的思路。

有无之辨，具体放在情感领域，又变成一个有意思的问题：圣人究竟有没有情感？

何晏以为圣人无喜怒哀乐，其论甚精，钟会等述之。弼与不同，以为圣人茂于人者神明也，同于人者五情也。神明茂，故能体冲和以通无；五情同，故不能无哀乐以应物，然则圣人之情，应物而无累于物者也。今以其无累，便谓不复应物，失之多矣。❶

何晏和王弼有过辩论。何晏是"圣人无情论"者，钟会等人追随何晏。可惜何晏的具体论证没有流传下来，不知道其论精在何处。这个命题，其实质是借圣人来谈论情感的正当性，即人究竟应不应有情感。圣是为人之极境，圣人是人伦之典范，圣人如果有情，人自然也应有情。圣人如果无情，人自然也不能有情。并且，这里的"人"，无疑特指的是何晏、钟会等名士一流的人。

然则何晏等何以认为圣人无喜怒哀乐之情呢？

从王弼的回应中，可知辩论的焦点有二：一是圣人是否"应物"；一是圣人是否有"累"。"应物"，涉及情感的起源；"累"，涉及情感的性质。

---

❶　何邵：《王弼传》，引自（晋）陈寿：《三国志·魏书》卷二十八裴松之注，中华书局 2013 年版。

圣人作为完美的人，其襟怀当然绝对洒脱，所以圣人的心灵不可能被包括情感在内的任何事物所牵绊而成负累，这一点是时人的共识。

何晏或许就是从这里开始推论的。情感生于心动——人心被外物所感因而发动。感物则心动，心动则情生。有感则有情，有情则有累。圣人既然绝无情感之累，追源溯始，圣人的心灵根本不会受外物的诱引而动。圣人不动心，所以不生情。圣人无情，不是没有情感，而是不生情感。圣人在任何环境、任何事态下，均保持心态的超然，不为所动，以此，圣人"不复应物"。何晏所推尊的圣人形象，是超然事外、无动于衷，是永恒的静穆。

这样与情感绝缘的圣人，就是名士们的理想生活状态吗？

很多人其实是不同意的，他们以其生活实践否决这种"无情"观。譬如竹林七贤之一的王戎：

"王戎丧儿万子，山简往省之，王悲不自胜。简曰：'孩抱中物，何至于此！'王曰：'圣人忘情，最下不及情；情之所钟，正在我辈。'

"简服其言，更为之恸。" ❶

山简以世俗理性劝慰失去儿子的王戎。王戎说："圣人忘记了情感，最下等人还不配有情感，情感惟对'我辈'才有意义。"魏晋名士的类意识是相当自觉的，常以"我辈"自居，如阮籍的名

---

❶ 引自《世说新语·伤逝》，该故事又见《晋书·王衍传》，参见余嘉锡：《世说新语笺疏》，中华书局2011 年版。

言"礼岂为我辈所设"。名士们自认为可以废礼，但不能忘情。钟情，执着于情感，无所顾忌地放纵情感，正乃名士的身份标识，乃名士风流的象征。王戎的"圣人忘情"，只是虚晃一枪，他内心真实的想法应是"圣人有情"。否则圣人又何以称圣呢！

圣人或者说名士，当然洒脱而无累，但又须钟情，这矛盾如何解决，如何兼容？王弼的解释是以"无"全"有"，用"无"可以成全、成就情感之"有"。因为，"无"是绝对的，"有"是相对的。绝对的"无"，就在相对的"有"之中。

这个道理还可通过"动""静"这对范畴体现出来。静，是绝对的；动，是相对的。静高于动，而非动的对立面。绝对的静，映现于相对的动之中。如此，自道观之：事物似动而实静。王弼注《周易·复卦·彖辞》：

"凡动息则静，静非对动者也；语息则默，默非对语者也。然则天地虽大，富有万物，雷动风行，运化万变，寂然至无是其本矣。"

把这个逻辑运用到情感领域：圣人之所以为圣的地方，不在于情感，而在于特殊的神智，因之能通"无"。圣人体无——处于绝对的"无"的境界，所以圣人不妨碍心动而情生。如果圣人寂然不动，对可动情之事却不动情，这就不是圣人了；因为，不能成为"有"的"无"，就非绝对的"无"。绝对的"无"，不会拒绝自身在特定情况下化而为"有"。以此之故，应动情而不动情，非圣人之所为，真正的圣人该什么样的情感就有什么样的情感，其心灵和外物保持自然的对应。这样的圣人，心虽"动"但同时也是"静"，情虽"有"但同时也是"无"，所以没有任何负累。合而言之，这就是圣人有情而无累。

相对于何晏的圣人无情论，王弼的观点更为圆通，他为名士们不加节制、甚至怪异荒诞的情感放纵，提供了形而上的理由。

"无"不可言说，但又离不开言说，甚至不能不言说，而且说不可说之说，反而更显智慧。于是又产生了一个大问题：语言和思想的关系，即"言意之辨"，研讨语言能不能把意思、思想完完全全地表达出来，这就牵涉到如何来定义语言的功能和边界。

"言意之辨"，是魏晋玄学的一个核心题目，乃至是玄学作为学术体系的建构方法。汤用彤先生说一个时代的新学术的兴起，与新方法的出现有关，"由此言之，则玄学系统之建立，有赖于言意之辨"❶。

---

❶ 汤用彤：《魏晋玄学论稿及其他》，上海人民出版社 2010 年版，第 20 页。

荀彧之子荀粲，持"言不尽意"的观点。荀粲的诸兄弟都好议论儒学，唯独荀粲好言大"道"。他常以为：子贡称孔子之言性与天道，不可得闻；如此，那么记载圣人思想的所谓六经，就只是圣人的"糠秕"而已。荀粲以为：语言只能表达一些粗糙的东西，至于精微的道理，则是语言的表达能力所不及的。性命和天道，就属于精微的玄理，因之在言外。

如果把荀粲的观点推到极端，也就意味着语言因其有限性而无法表达精微的玄理，那么用语言来记载圣贤思想的书籍，就不足以称为经典——经典在这个意义上甚至是不能成立的；这会进一步助长废书不观、游谈无根的倾向。

而如果主张"言尽意"的传统观念，又容易导致惟书是从、死于句下的拘执作风，而把读书人变成迂腐不堪的书蠹。

王弼在《周易略例·明象》中对这个问题做出了高妙而圆融的解释：

"夫象者，出意者也。言者，明象者也。尽意莫若象，尽象莫若言。言生于象，故可寻言以观象；象生于意，故可寻象以观意。意以象尽，象以言著。故言者所以明象，得象而忘言；象者所以存意，得意而忘象。犹蹄者所以在兔，得兔而忘蹄；筌者所以在鱼，得鱼而忘筌也。然则言者，象之蹄也；象者，意之筌也。"

王弼把《周易》"言不尽意"及"系辞焉以尽言"等看似矛盾的命题在更高的思维层次上折衷、统一起来，提出了"得意忘言"的结论。这个结论，既是王弼注解《周易》的方法，同时也是阐释一切文本的方法，甚至还是观察和认识世界的基本精神。

笼统、简便起见，我们暂时混淆象和言的区别，把象也归结到言。王弼认为：言尽管不是意，但言是通达意的路径，而且是必要的路径。正如"无"非"有"，而又必须通过"有"来呈现它自己。从"必要"这一点来说，言绝不可废，因此尽意莫如言；从"路径"这一点来说，如得鱼须忘筌一样，得意后亦须忘言，不能把路径当作方向，不能把手段当作目的。王弼的言意观可以简括为：尽意须立言，得意则忘言；使用语言，最终是为了摆脱语言；语言尽管必要，但还不够，因之必须超越。

王弼的得意忘言的观点为后人读解文本开启了门径，就是秉承高度灵活的精神，不片面拘泥于字句，经过语言并脱离语言，最终抵达言外之意。

同时，这也能够很好地解释魏晋名士在言说上所向往的简约风格。所谓简约，是用最简单的语言去揭示事理的要旨，既利用了言的达意能力，又把言对意的遮蔽作用降到最低限度，这就足以表现出驾驭语言的智慧，也有美妙的韵味。所以，名士们多避免烦言，智慧不够才喋喋不休。如西晋名士王承，"言理辩物，但明其指要而不饰文辞，有识者服其约而能通"[1]；乐广，善于谈论，"每以约言析理，以厌人之心"[2]；名士领袖王衍，说他本以为自己谈论够简至的了，及见乐广，有了比较，方始觉察自己的啰嗦；

---

[1]（唐）房玄龄：《晋书·王承传》，中华书局 2015 年版。

[2]（唐）房玄龄：《晋书·乐广传》，中华书局 2015 年版。

再如庾敳，"不为辨析之谈，而举其旨要"❶。

王弼是魏晋时代最具有哲学禀赋的天才，在他短短二十四年的生命中，就留下了两部卓绝的哲学著作，《老子注》和《周易注》。他在思辨领域内所达到的高度，令后人叹为观止。据说，西晋陆云夜行迷路，忽见草中有火光，走过去，有一人家，见一风姿甚美的少年，共谈《老子》，言辞和情致深远。第二天早上辞别，走了十多里路，到故人之家，听说方圆数十里内没人居住，陆云这才醒悟过来，原来昨晚落宿的地方，是王弼之家。陆云本来没有谈玄的学养，从此谈《老子》的能力大进。20世纪20年代的中国，兴起科学和玄学的大论战，这里的玄学指的是广义的哲学，而非魏晋玄学。有个嘲弄哲学的论调发出来——"玄学鬼"。这"谥号"用在陆云故事中王弼的身上倒恰如其分，成了鬼的王弼都可做人的导师。

最后，我们化用杜甫《饮中八仙歌》的句子来描绘王弼：辅嗣潇洒美少年，谈无说有惊四筵，皎如玉树临风前。

---

❶ 余嘉锡：《世说新语笺疏》赏誉第四十一条刘孝标注引《名士传》，中华书局2011年版。

15 璞玉浑金

山　涛

山涛，字巨源，河内郡怀县人，名列竹林七贤。

七贤结局不一：嵇康被杀；阮籍与时不谐，抑郁以终；向秀在嵇康遇害后，举郡计入洛，以示妥协；刘伶和阮咸，平淡而逝；王戎受钟会的赏识，与司马氏接近，与时浮沉，官运亨通，越做越大，而名声、风操则每况愈下。山涛与以上六人均不同：既保留了竹林名士的旷达，又在波澜起伏的仕途中始终走得都很稳、很正，不但成为新朝的开国功臣，而且一身清誉未损。应该说，山涛是极善于经营人生的，这里面自然有他的思考和选择了。

有两则故事，很能说明山涛的为人。

"初，陈郡袁毅尝为鬲令，贪浊而赂遗公卿，以求虚誉，亦遗涛丝百斤，涛不欲异于时，受而藏于阁上。后毅事露，槛车送廷尉，凡所以赂，皆见推检。涛乃取丝付吏，积年尘埃，印封如初。" ❶

　　山涛不爱财，也不拒绝贿赂。既然满朝公卿都接受袁毅的馈赠，山涛不想让自己表现得特立独行、与众不同，所以他随大流，也接受，只不过留之不用而已。这作风与嵇康大异其趣，嵇康是刚肠嫉恶、轻肆直言、遇事便发、不留情面，而山涛正如《楚辞·渔父》里渔父所指示的处世路径——"圣人不凝滞于物，而能与世推移。世人皆浊，何不淈其泥而扬其波？众人皆醉，何不哺其糟而歠其醨"。随波而不逐流，和光而不去尘，既与环境保持一致、有意回避标榜自己的清白，以免突显和放大旁人的污浊，又能恪守必要的底线和原则。大节绝对不亏，至于小节，不妨视情况可以稍微有些出入。山涛立身行事的弹性要比嵇康大许多，无怪乎嵇康托孤于山涛，这是充分信任山涛有足够的能力在他身后

---

❶ （唐）房玄龄：《晋书·山涛传》，中华书局 2015 年版。

为其子嵇绍筹一个周全、妥善的出路，庶几不因他一人的厄运而延误嵇氏家族的发展。

作为徜徉于竹林、常作风雅之游的名士，山涛自然与酒有脱不断的关系，他不会不好酒。不过，他与经常狂饮酣醉的阮籍不同，很有节制。而且，他对喝酒的节制，不是浅尝即止，而是到量则休。如果浅尝即止，则不足以尽兴；如果到量不休，又容易乱性。不足尽兴，当然不够风流；容易乱性，惹出不必要的麻烦，形象上也不漂亮。山涛能自如地尽兴，同时避免了乱性。

山涛的酒量据说在八斗。武帝司马炎有次想要测试他的酒量到底如何，准备好了八斗给他喝，又令人暗中添加了点酒。山涛不知，但喝到八斗，戛然而止，他心里太有数了。这种饮于不得不饮而又止于不得不止的自知和自律的工夫，在魏晋名士群体里是相当罕见的，足见山涛的分寸感、尺度感非常之强。

山涛与司马懿同为河内人，且与司马懿的夫人张春华是中表亲。不过，相对于巍然高耸的河内望族司马氏来说，山氏家族要渺小许多。山氏有宗人曾向司马懿提起年轻的山涛，且预言日后将与司马师、司马昭共同治理天下。该宗人大概是想加重山涛的分量，以引起司马懿的重视，不料一下子把话说得太大了，未免令司马懿觉得有不自量力之嫌，所以司马懿故意开玩笑："卿小族，哪得此快人邪！" ❶

山涛出身条件尽管不是特别好，其人却不凡。他少即以器量见称于世，性好读《老》《庄》，这使他在人格修养、思想境界上契合名士的主流，所以能与嵇康、阮籍等第一流的名士相善。

《世说新语·贤媛》中有山涛的故事：山涛与嵇康、阮籍仅见过一面便契如金兰。山涛的妻子觉得交情非比寻常，要求一探究竟。她要求山涛留宿嵇、阮，在墙上打好了洞，夜晚从洞中窥探山涛与两人畅谈，最后得出结论：山涛的才情确实远不如嵇、阮，惟在见识、气度上足以相匹。山涛回答："他俩也常认为我在气度上优胜。"阮籍的傲慢是出了名的，嵇康不好与俗人交往，一般人轻易进不了这两人的法眼；而山涛与他们仅仅见过一面，彼此便投合，说明山涛的识度确有非同凡响之处，所以才能令嵇、阮觉得此人是同道中人，可以深交。

山涛的仕途起步较晚，四十岁才开始在郡任职。他既以识度见长，观察时局、揣摩形势的意识和能力应当很强。在曹爽和司

---

❶ 余嘉锡：《世说新语笺疏》政事第五条刘孝标注引虞预《晋书》，中华书局 2011 年版。

马懿明争暗斗趋于白热化之际，山涛敏锐地察觉局势不妙。

他曾与同样"出自寒素"❶的石鉴共宿，夜晚起来踢石鉴一脚，提醒石鉴注意时局。石鉴则劝他少操心，山涛感叹："不要在马蹄间来回奔走。"言外之意，如果不多长点心眼，把局面看清楚，就容易被"马蹄"践踏了。山涛于是辞职，暂时避开世事。不到两年，果然发生了高平陵政变，曹爽及其同党被连锅端，曹爽所辟的僚属也多受牵连。山涛见机得早，避过此劫。

等形势彻底明朗后，山涛以与司马氏的亲戚关系，得见司马师。司马师算起来是他的表兄弟，有意调侃："吕望（即姜子牙）想入仕了吗！"——"当代吕望"也动了凡心。打趣归打趣，山涛素有名望，又是亲戚，还主动来求仕，司马师当然求之不得。在其关照下，山涛进步很快，经过多个职位的流转，做到了尚书吏部郎。

司马师、司马昭兄弟俩皆看重山涛，念山涛清贫，送钱送粮不说，司马师还把魏帝赐予的春服转赠山涛；又以涛母年老，并赐藜杖一枚。

山涛既属以嵇康、阮籍为首的竹林名士圈，同时与司马氏的一众亲信也关系融洽。在司马氏的亲信圈子里，钟会和裴秀争权，山涛待以平心，尽管夹在中间，居然左右兼顾，大家各得其所，彼此均无恨意。像钟会这样度量不大而又聪明机警、时刻在算计的人，本是极难相处的，山涛却把关系维持得妥帖，使之不忌，

---

❶ （唐）房玄龄:《晋书·石鉴传》，中华书局 2015 年版。

其应对人事的手腕真是灵活无比。嵇康评价山涛"傍通，多可而少怪"❶——善于因应变化、多许可而少责怪，他不愧是山涛的挚友，对山涛的为人处世风格了解得深刻，说到了点子上。

魏元帝景元四年，钟会伐蜀，最后据蜀反叛。司马昭挟天子亲率大军西征，考虑到曹魏的王公们都住在邺城，为了防止发生非常之变，特意委派山涛镇邺，并且交代："西边我自了之，后事托付给你。"可见这个时候司马昭对山涛的器重和信任。

山涛虽为名士、好读道家的书，但立朝极有原则，很注意把言行放在正统伦理的范围内，而没有名士常有的放诞、纵任的行径。

司马昭有司马炎、司马攸等九个儿子，因司马师无子，便把司马攸过继给司马师。司马师为司马氏夺取政权厥功甚伟，司马昭一直有弃司马炎、转立司马攸为后的打算，想把权力还归司马

---

❶ 嵇康：《与山巨源绝交书》，见戴明扬：《嵇康集校注》，中华书局 2015 年版。

师一系；犹豫之际，征求过何曾、贾充、裴秀等多个核心近臣的意见，山涛也在受询之列，他的态度明确，坚决支持司马炎，理由是"废长立幼，违礼不祥。国之安危，恒必由之"❶。司马昭当然希望把帝系留在他自己这一脉，但又必须顾及司马师的赫赫功勋，他不能不慎重、周全考虑。何曾、贾充还有裴秀等人，岂不明白司马昭这一微妙的心态，所以他们其实是要为司马昭寻找更充足的理由，以促成司马炎的嗣位。裴秀等说司马炎非人臣之相、有君人之德，相对而言，山涛的立场比较稳当：长幼有序，乃正统观念，决定着国家的安危；废长立幼，易生后患。

山涛本和司马炎是有交往的——"时帝以涛乡闾宿望，命太子拜之"❷。这是司马炎地位未定之际，司马昭因山涛是河内地方上的耆旧长老，负有名望，特地命司马炎前往拜谒。于私人关系上，山涛也更倾向于司马炎，但其理据是长幼之论，尤为光明正大。《晋书》中说，"太子位于是乃定"❸，这显然是夸张之词。司马昭最终选定司马炎，是多重因素共同作用的结果，绝非山涛一人一言所能定下来的。不过山涛的态度，应该更加坚定了司马昭的决心。这也令山涛巩固了和司马炎的密切关系，在太子位确定后，司马炎亲自拜谢山涛。

晋武帝泰始初，中枢局面不大平静，暗流涌动。司隶校尉李熹、骑都尉刘尚上表弹劾尚书令裴秀，波及了山涛，山涛因此出

❶❷❸ （唐）房玄龄：《晋书·山涛传》，中华书局 2015 年版。

朝，外任冀州刺史。这场风波过后，山涛重新入朝为尚书。此时山涛以母老为理由辞职，这可能有以退为进的用意，表示不恋位。孝，是士人必具的德行；山涛借此告退，有助于建构他孝亲的形象。母亲逝后，山涛归乡里，尽管年逾六十，居丧却超过了礼制的通行规定；他还亲自背土成坟，亲手种下松柏。

竹林名士群体里，嵇康有过攻击礼教的激进言论，阮籍、王戎都有居丧违礼的放肆行为；而这两者，山涛均无。他的公开言论和孝亲行为，都合乎礼法。山涛完成了母亲的丧事，在武帝急迫的诏命下，入京就任吏部尚书。

除了孝亲，山涛夫妻关系笃厚。山涛还没有发迹时，家境清贫，曾对妻子韩氏开玩笑："暂时忍一忍贫穷，我日后定会做到三公的，只是不知道你能否做三公夫人。"这是表示一定会对得住韩氏。待飞黄腾达后，山涛保持本色，依旧忠贞不贰，不蓄婢姿，兑现了当初对妻子的承诺。武帝时，王公贵族的奢靡、荒淫蔚为风气，连武帝自己都难以自律，而山涛却能自持，不弃糟糠之妻，这是很难得的。

此外，山涛的清俭也始终如一。在山涛自冀州刺史入朝后，武帝因山涛清贫节俭，难以养家，特供每日膳食，并加赐床帐茵褥。山涛官位越来越高，不蓄家私，把俸禄赏赐全散给了亲旧。武帝太康四年，山涛以七十九岁高龄逝世，其旧宅第仅有屋十间，子孙都住不下。

泰始初，山涛曾以侵占官田被司隶校尉李憙弹劾。这事属实，武帝裁决，把责任全推到立进令刘友的身上，"涛等不贰其过者，皆勿有所问"，也就是"下不为例"了。考察山涛的生平，他其实并不是个好聚敛的人，也不是个好逐欲望、热衷享受的人，之所以侵占数目不大的官田，或许同样是处世的自晦之计吧，就如他收受袁毅的贿赂却束之高阁一样。

四

从正统的眼光来看，山涛的行事风格很是正派。而他与晋武帝的关系，则有耐人寻味之处。

山涛一生事业的重心、成就在人才选举。他前后出任过尚书吏部郎、吏部尚书、尚书仆射领吏部，史称"周遍内外，而并得其才"，"涛所奏甄拔人物，各为题目，时称《山公启事》"❷。舆论公认山涛知人善任，主持选举非常称职。

不过山涛之所以获得晋武帝信任、操持人事权力，不仅仅在

❶ （唐）房玄龄：《晋书·李熹传》，中华书局 2015 年版。

❷ （唐）房玄龄：《晋书·山涛传》，中华书局 2015 年版。

于此，更在于他能妥善地实现武帝的用人意图。每逢官位出缺，山涛总是拟定若干候补人选，观测武帝心之所属，然后明言上奏，优先举荐武帝欲用之人。有时武帝倾向的人选，并没有列居首位，舆论不了解详细的情况，以为山涛选拔人才是随着他自己的意愿而定。有人为此还向武帝举报过，武帝手诏，要山涛秉承公心选举人才。但山涛我行我素，不以为意，一年之后舆论逐渐平息下来。山涛善投武帝之所好，且不点破，暗中配合。站在武帝的立场，当然觉得任用山涛掌管选举得心应手，很合心意。这也是山涛会做官的地方。

山涛擅长处理和武帝的君臣关系，武帝对他的信任也始终不衰。两人的相处模式还引起了后人的注意和寻思。

东晋时的"风流宰相"谢安，很喜欢在闲聚之际，以提问的方式来考察和引导谢氏子弟。有次谢安出了个题目："为什么晋武帝对山涛的赏赐总是很少？"侄子谢玄有清谈的才华，他的回答颇妙："当由欲者不多，而使与者忘少。"❶ 谢玄的意思是：山涛向来恬淡寡欲，对物质的需要不多，所以武帝司马炎也就不大讲究和理会，忘记了赐予之少。在谢玄看来，山涛和武帝君臣之间存在着某种超越功利的默契，山涛既然所欲不多，武帝了解其为人，所以不觉得赏赐很少是个问题。谢玄提供了一个非常有趣的解释。

但我们要考虑到：帝王对大臣的赏赐，一般而言，笼络、优

---

❶　余嘉锡：《世说新语笺疏》言语第七十八条，中华书局 2011 年版。

宠才是最主要的目的。如果为表示优宠，那么礼物的数量多寡并不重要，赏赐的允当与否才最关键。因为前者体现的是物质的价值，后者体现的是情感的价值；而情感，意味着圣眷。

譬如，司马师曾赐山涛母亲藜杖一枚，藜杖的实际价值并不大，而在山涛看来，想必这情谊的含量不低。所以，武帝的赏赐恒少，不是山涛欲望不多，而是武帝非常了解君主赏赐的政治意义，当然山涛也同样明白，因之彼此心照不宣，达成默契，一个不嫌少，一个忘了少。

竹林七贤之一的王戎也是很善于人物识鉴的，他评价山涛："如璞玉浑金，人皆钦其宝，莫知名其器。"❶璞玉，是未经雕琢的玉；浑金，是未经加工的金；至于器，业已成型。王戎的意思是：人们都钦佩山涛材质如金玉般珍贵异常，却不知道究竟能用什么具体的名目来界定山涛。因为山涛总把自己放在"璞"和"浑"的状态，不使自己沦为"器"。"器"确实有用，但有这方面的用途，就不能同时有相反方面的功用，成型的"器"，其功能实际上已经被规定死了。不能名山涛之器，是说山涛为人高深莫测、难以界定。名臣张华曾经举荐过一个叫成公绥的文士，论此人"体圭璋之质，资不器之量"❷。这句话也正好可以用来解释王戎对山涛的评价。

---

❶ 余嘉锡：《世说新语笺疏》赏誉第十条，中华书局 2011 年版。

❷ （唐）房玄龄：《晋书·文苑传》，中华书局 2015 年版。

另一个名士裴楷，对山涛有观感："见山巨源，如登山临下，幽然深远。"❶ 裴楷说，看到山涛，就好比登山，从高处往下看，一派幽然、深远的景象。这是形容山涛为人有深度。

从王戎和裴楷的评价来看，山涛灵活、深沉、内敛、悠远，这样的人格助山涛在世路上走得既久且长。

---

❶ 余嘉锡：《世说新语笺疏》赏誉第八条，中华书局 2011 年版。

16 角巾东路

羊　祜

祜是西晋开国之初的一个非常重要的人物。很多年前，台湾学者徐高阮先生在其名文《山涛论》里，对羊祜其人的生平经历发掘甚细，从若隐若现的史事片段中，尽量揭开、还原了羊祜被掩藏在历史云雾中的相对完整而真实的形象。

不过，羊祜可不能仅仅以纯粹的政治人物而视之，用徐高阮先生的话来说，"似乎更是一个包含一切的人格"，"祜的人格似乎包括了一切难以兼备，甚至于互相矛盾的因素" ❶。

羊祜简直就是一个天生的站在时代顶端的完美的人。

---

❶ 徐高阮：《山涛论》，海豚出版社 2014 年版，第 19、20 页。

他所出身的泰山羊氏，九代二千石，世有令名清德。父亲羊衜做过上党太守，母亲则是大文豪蔡邕的女儿，司马师之妻羊徽瑜是其同父异母的姐姐。羊祜十二岁丧父，孝思超过了礼制的通行规定。这一表现符合羊祜所属的阶层的道德准则，说明了他的早熟、明事理及有发于自然的仁孝天性。

长大后的羊祜越发卓荦不凡，身上几乎齐集了一个名士所必备的所有元素：

"博学能属文"——有学问、有文才；

"身长七尺三寸，美须眉"——身形高大，姿容俊美，符合魏晋士族的审美偏好；

"善谈论"——在最能体现名士身份的清谈上也很擅长。

以上这些，足以使羊祜轻而易举地显名于他所属的阶层。兖州刺史夏侯威很看重羊祜，把其兄夏侯霸之女嫁给了他。等于说，羊祜与曹氏和司马氏皆有姻亲关系，在魏末险恶的政局中，在曹爽和司马懿越来越明显的、即将摊牌的形势下，羊祜的处境无疑很微妙。

不过羊祜沉稳谨慎，思虑周详，不急于求进，更希望能把握好出处。

执政的大将军曹爽同时征辟羊祜和王沉。王沉劝羊祜接受征命，羊祜说："委质事人，复何容易。"❶ 这个时代，僚属和府主之

---

❶ （唐）房玄龄：《晋书·羊祜传》，中华书局 2015 年版。

间，存在着社会公认的类似于君臣的伦理关系。我们举个例子：赤壁之战前夕，诸葛亮为刘备前往东吴活动，孙权要诸葛亮之兄诸葛瑾就此把他留在江东，诸葛瑾说："弟亮以失身于人，委质定分，义无二心。弟之不留，犹瑾之不往也。"❶诸葛亮既为刘备的僚属，相当于其性质是"委质定分"，委身于刘备，名分便定。羊祜如果接受了曹爽的征辟，意味着接受曹爽之故吏的身份，相当于曹爽之臣，对曹爽从此就负有应尽的道德义务。荀勖是司马氏的最主要的亲信，曾经受辟于曹爽，"爽诛，门生故吏无敢往者，勖独临赴，众乃从之"❷。荀勖是站在司马昭一边的，由于曾为曹爽故吏，也必须赴曹爽之丧，尽管他叛曹爽而又吊其丧的行为看起来怪诞、虚假。当时攻击名教的人很多，但名教所崇尚的节义在形式上仍然有强大的影响力，尤其是像羊祜之类的人，很重出处，不会为了名利就轻易把自己交出去。而政治形势又错综复杂，羊祜还不想蹚曹爽这摊暂时看不清楚的浑水，从而令自己将来可能陷入泥淖之中。

　　曹爽败亡后，王沉则因为曹爽故吏的关系受牵连而被免职。所以王沉很尴尬地称赞羊祜有先见之明，羊祜则以"也是始料不及"为理由推脱了。羊祜有儒者的厚道，并不以远见卓识而自伐。这是他的智慧，也是他的德性。就此来说，智慧和德性其实是一体的。

---

❶　（晋）陈寿：《三国志·诸葛瑾传》裴松之注引《江表传》，中华书局 2013 年版。

❷　（唐）房玄龄：《晋书·荀勖传》，中华书局 2015 年版。

王沉作为司马氏的心腹，在这场政治风波过后，得以复出，迅速直上，个人发展基本上未受实质性的影响，他曾为曹爽僚属的经历也未被司马氏认定为涂抹不了的政治污点。王沉的仕途尽管没有受挫，但在道义上毕竟有亏。一个真正的仁人君子，不应夤缘躁动，不应看见有杆子就什么也不顾地径直往上爬，不应给自己留下今后可被非议的瑕疵。羊祜对自己的期待和定位实与王沉大不相同。

曹爽被杀后，曹氏一党人人自危。羊祜的岳父夏侯霸惧祸，奔降蜀汉，身在曹魏的姻亲们为免引火烧身，大多与夏侯霸一家即时、干净地划清界限，断绝往来；这些人也不一定就是势利，而是庸人惧祸避害的常态。唯独羊祜，礼数不缺，不但抚慰夏侯霸的家人，而且恩情和仪节还要超过既往。羊祜所表达的情义，在患难之际，更显得难能可贵。

其后，羊祜接受朝廷公车征召为中书侍郎，不久迁给事中、黄门郎。当时高贵乡公曹髦好文学，身边引用了一帮文学侍从，羊祜也厕身其间。这个小圈子内部也波澜丛生，羊祜的处事之道是——"不得而亲疏"，这令有识之士都很敬佩。

《老子》第五十六章说："故不可得而亲，不可得而疏。"王弼注为"可得而亲，则可得而疏也。"名臣卫瓘早年任曹魏政权的尚书郎，"时权臣专政，瓘优游其间，无所亲疏"❶，卫瓘也以"无所

---

❶ （唐）房玄龄：《晋书·卫瓘传》，中华书局 2015 年版。

亲疏"的方式成功地自我保全。与羊祜同时的华表，为人清澹退静，被舆论赞为"以为不可得贵贱而亲疏也"[1]。这都反映出当时很多人有意履行道家之言，把不偏不倚的中立的姿态作为全身避祸的生存策略。羊祜借此保持着自身的独立性，所以博得有识之士的推崇。

钟会败亡后，羊祜和裴秀、荀勖、王沉及贾充等共管机密，填补钟会留下的空缺，这标志着羊祜正式进入了司马氏的核心决策层。其后羊祜任中领军，掌管禁军，助司马炎顺利地代魏建晋，乃西晋的开国元勋之一。

武帝泰始初，羊祜任尚书右仆射、卫将军，进入了权力中枢，成为当朝最显赫的大臣。

当时在中枢的重臣，还有裴秀、贾充、荀勖等人。

羊祜敬重裴、贾为前朝名臣，常守冲退，不愿处其前。这

---

❶ （唐）房玄龄：《晋书·华表传》，中华书局 2015 年版。

个态度无疑是极明智而务实的，因为羊祜乃凭借和司马氏的亲戚关系才在司马昭执政的后期跻身于决策层，论资历和声望均要逊色于裴、贾两人，所以适当地放低姿态，更显雍容得体的大臣之风。

刚刚建立的新朝，中枢里暗流涌动。司马炎本欲委王沉以朝政，而王沉于泰始二年逝世。由于荀勖阿附贾充，所以王沉的逝世，造成了贾充、裴秀和羊祜三足鼎立的格局。

泰始三年，尚书令裴秀受到了一连串的莫名的政治攻击。先是安远护军郝诩的一封炫耀与裴秀关系密切的私人信件被"有司"拿出来大做文章，要求罢免裴秀，但司马炎下诏不予过问。随后，司隶校尉李熹上书，以山涛、中山王司马睦等官员侵占官田为由，请免其官。❶ 奇怪的是，李熹的奏疏中本没有涉及裴秀，而裴秀却还是被牵涉进去。司马炎再次保全裴秀，有意强调裴秀辅翼朝政、功勋卓著，"不可以小疵掩大德"❷，相当于说裴秀的功绩和差错乃九个指头和一个指头的关系，找了个替罪羊把责任推了过去。由于史书闪烁其词，语焉不详，此次针对裴秀的政治风波的详细情况已不得而知。

那么，是谁在幕后操纵、发起攻击呢?《晋书·山涛传》："及

---

❶ 对于此事，《晋书·裴秀传》的记载是："司隶校尉李熹复上言，骑都尉刘尚为尚书令裴秀占官稻田，求禁止秀。"《晋书·李熹传》说："故立进令刘友、前尚书山涛、中山王睦、故尚书仆射武陔，各占官三更稻田，请免涛、睦等官。"《资治通鉴·晋纪一》泰始三年的记事与《李熹传》同，未涉及裴秀。

❷ （唐）房玄龄:《晋书·裴秀传》，中华书局 2015 年版。

羊祜执政，时人欲危裴秀，涛正色保持之，由是失权臣意，出为冀州刺史。"从这一记载中可见：山涛是站在裴秀一边的，所以他在这次事变中也受到了波及，出朝外任冀州刺史。至于欲危裴秀的"时人""权臣"，应该不是羊祜；如果不是羊祜，那么暗中指挥"有司"发起政治攻击的主谋，极有可能是贾充。泰始四年，裴秀就转任司空，留下的尚书令一职由贾充接任——贾充是裴秀去位的受益者。

裴秀的去位，使裴、贾、羊三足鼎立的格局，直接演变成贾、羊两人的对峙。贾充权势的扩张，令羊祜有所不安。以羊祜一贯谦逊、退避的作风，他不大情愿与咄咄逼人的贾充发生正面的交锋。同时，司马炎一直有灭吴的志向，而羊祜则是司马炎最坚定的支持者。咸宁四年，中书令张华在羊祜重病时，受命前来咨询关于伐吴的意见，羊祜直言不讳地说："今主有禅代之美，而功德未著。"❶ 他深谙司马炎的现实处境，亟需用一统天下这个不可置疑的赫赫功德来增加他本人作为皇帝的权威。所以，离开中枢，避开廷争，致力于伐吴大计，以退为进，对羊祜来讲，是个更好的选择。

泰始五年，也就是贾充就任尚书令一年之后，羊祜离朝都督荆州诸军事，坐镇襄阳，处在了与孙吴对决的前沿地带。

❶ （唐）房玄龄：《晋书·羊祜传》，中华书局 2015 年版。

羊祜当然志在孙吴。不过伐吴，绝不是一朝一夕所能速成的，须做出细致、周全的准备，并等待合适时机的出现。所以羊祜与吴人抗衡，眼光放得极长远，他非常有耐心，立足于打持久战。既然是持久战，就不限于短兵相接、攻城野战，不限于一时一地之得失，政治也是较量的战场，而且是更为重要的战场。

　　羊祜对他所身处的情势洞若观火，所以有意建构和突出西晋政权作为"中国"之正统的道义形象，采取道德感召的方式，利用一切机会，把人心的争取作为行动目标，绝不汲汲于蝇头小利，绝不见利弃义，绝不搞权谋诡诈那一套。

　　善于带兵打仗的人的经验之谈是"兵者，诡道也"，既嘲笑赵括式的纸上谈兵，也反对宋襄公式的愚蠢的仁义道德，因为打仗毕竟是你死我活的斗争，赢才是最终目的，过于崇尚和讲究道德经常把自己的手脚束缚住，而大反道德的阴谋诡计更容易抵达胜利。羊祜却不然，完全排斥不道德的手段，既无阴谋，也无阳谋，羊祜所选择的是不谋之谋——在一定条件下，不使用谋略反而是最好的谋略。

　　羊祜对吴人开诚布信，对投降过来而后又反悔想回去的吴人，不加阻止，来去自由。他每每与吴人交战，都是事先约好开战日期，不发动突然袭击。部下将领有自以为聪明、想献谲诈计策的，羊祜就用醇酒把他灌醉，不给开口建言的机会。

吴国将领陈尚、潘景进犯，羊祜追斩两人，又欣赏和尊重他们为国尽忠的节义，厚加殡葬；两家子弟迎丧，亦以礼遣还。吴将邓香进犯夏口，羊祜募人将他生擒，又加宽慰，放他回去。邓香很感动，于是率众投降。

羊祜有时行军进入吴国境内，割了当地的谷子作为军粮，每次都计价赔偿。率众在江汉一带边境打猎时，羊祜常止步于吴境外，如果猎物是吴人先射中却越境逃过来而为晋军所获，都原物奉还。

吴军主帅是孙吴名臣陆逊之子陆抗，双方时有来往和交接。陆抗钦佩羊祜，赞其明德雅量，认为即使乐毅和诸葛亮都不能超过。陆抗送羊祜酒，羊祜一饮而尽，不起疑心。陆抗曾经生病，羊祜得知后派人送药过去；陆抗也坦然服用，身边人多劝应加以防范，陆抗说："羊叔子岂是下毒的人！"羊、陆两人，不像一般情况下相互间都恨不得能食对方之肉、寝对方之皮的敌人，而似肝胆相照、彼此知心的朋友。这样特殊的敌对关系，在历史上是极为罕见的。后来"五胡乱华"之时，横行中原的羯人石勒，觊觎王浚控制的幽州，由于未知其虚实，一开始还想仿效羊祜和陆抗的故事，欲与王浚和谐共处，后经其谋士张宾分析形势才打消了这个东施效颦式的主意。

羊祜以德服人的做法起到了预期的效果。吴人心悦诚服，不直呼其名，尊为"羊公"。陆抗也意识到了晋方的德化做法，在己方的暴虐掠夺的衬托下，更有道义的号召力，将造成不战而自服的结果，所以告诫吴边兵："不要贪图微利，保境安民就可以了。"吴帝孙皓听说了边境上的事，诘责陆抗，陆抗解释："区区一乡之地，都要讲信义，何况是大国！如果不讲信义，适足以彰显羊祜的美德。"

所以明清之际的大儒王夫之《读通鉴论》赞羊祜："三代以下，用兵以道，而从容以收大功者，其唯羊叔子乎！"

军政等实际事务并未挤占羊祜生命的全部，羊祜不是个单纯的功名之士，他还是个名士，但不是举止轻佻、行事孟浪、好高骛远、不切实际的伪名士。

他在军中，经常轻裘缓带、身不披甲，身边的侍卫人数也不多，甚至还曾因从事渔猎而耽搁了本职工作。这倒不是羊祜有意简化主帅的威仪，或者故作闲适优裕的样子——居官无官官之事、处事无事事之心，把遗事视作高明，而是其洒脱的天性使然。对于真正的名士而言，即使是在严峻的时刻，也不会一天到晚绷紧弦，人为地制造紧张、压抑的气氛，其举重自然若轻。

羊祜的洒脱，与他所怀抱的深沉的宇宙意识有关系。他乐于玩水游山，每逢佳日，必造访襄阳的岘山，召集同好，置酒高会，言谈吟咏，终日不倦。他曾经慨然叹息，对身边人说：

"自有宇宙，便有此山。由来贤达胜士，登此远望，如我与卿者多矣，皆湮没无闻，使人悲伤。如百岁后有知，魂魄犹应登此也。"❶

这话说得很动情，也很深刻，道出了他对山水的意义的自觉。岘山和宇宙同始，象征着无限和永恒，登上此山，事实上精神实现了超越，而以无限和永恒的视角反过来自我审视，人的有限和短暂作为人生的真相于是乎彻底暴露在面前，成为不可自欺、不可回避的事实；自宇宙观之，贤达和凡庸不存在本质性的区别，都将湮没无闻，消逝于无穷无尽的时间洪流中。这一事实，当然会刺痛人敏感的心灵，使人悲伤。即使如此，羊祜仍然说：假如百岁后有知，也就是只要还有可能，只剩下魂魄，也要登山。他这一执着的热情想表达的是：从自然风景中所体会到的美感，足以抹平生命有限和无限之矛盾的巨大鸿沟。换言之，对生命有限的精神超越，不是致力于成贤成圣来实现的，而是通过在游山玩水中发觉、玩味和体认无处不在的美来成就的。

---

❶ （唐）房玄龄：《晋书·羊祜传》，中华书局 2015 年版。

由深沉的宇宙意识所开启的审美境界，使羊祜确立了在世俗功利、功业、功名之外的一种更高的价值；因为这个，羊祜才得以在必要的时候表现出豁达、从容的风度——因为局促不安的姿态是不美的。

魏晋名士中，大凡思想深远者，对人生归宿的设想多落在平实之境，羊祜也是如此。羊祜曾写信给从弟羊琇，交代了他人生的终极理想："既定边事，当角巾东路，归故里，为容棺之墟。"❶

在平定孙吴后，羊祜希望戴着角巾回归故里。角巾，是当时一种盛行于隐逸之士的有棱角的头巾。羊祜没有身名俱泰的念头，荣宠至极、放肆地享受富贵不是他的夙愿。这一方面有老子思想的影响——史书称羊祜著有《老子传》，而"功遂身退，天之道也"乃老子的箴言，所以大功告成后退归乡里，合于老子的训诫，羊祜有这方面的自觉性，并不恋栈，并不热衷于权势。更重要的，回归乡土、徜徉山水、栖居林泉，才是名士们最心仪的生活方式。

可惜羊祜终归不能实现角巾东路的心愿了，他于咸宁四年病逝，时年五十八，临逝前荐杜预以代。两年后，伐吴的战事全面铺开，王濬楼船下益州，金陵王气黯然收；从东汉末黄巾起事，到武帝泰康元年灭吴，动乱了将近一百年的中国，重新回到了大一统的状态。羊祜没来得及看到这一幕，没挨到亲率大军、顺江

---

❶ （唐）房玄龄：《晋书·羊祜传》，中华书局 2015 年版。

而下、直取建业的这一天。但这对羊祜而言，并非憾事。他对武帝说："功名之际，臣不敢居。"❶这确实深得老子之"不居功"思想的精髓。

据说荆州民众得知羊祜逝世的消息，莫不号恸，连吴国守边的将士也为之哭泣。襄阳的百姓在岘山羊祜平生游憩之所，建碑立庙，岁时祭祀。但凡望见这碑的，没有不流涕的，所以接替羊祜的杜预把这碑命名为"坠泪碑"。四百多年后，隐居在襄阳的诗人孟浩然登岘山，有感于人事之代谢，写道："羊公碑尚在，读罢泪沾襟。"

---

❶ （唐）房玄龄：《晋书·羊祜传》，中华书局2015年版。

17　文场武库

杜　预

京兆杜氏是个源远流长的关中大族。家族的发祥可以远溯到西汉时的名臣杜周、杜延年，此后逐渐衰落，在魏晋时再次兴起。

先是杜畿，由荀彧举荐为河东太守，十六年间治绩常为天下最，受民爱戴，也深受曹操、曹丕的信任和器重，为一代著名循吏；后升迁至尚书仆射，魏文帝黄初五年，在孟津试航楼船时遇风浪而亡。

杜畿长子杜恕，有名士放达之风，并不砥砺名行以邀时誉，而是倜傥任意、随其自然，有识之士都以为杜恕被褐怀玉。在待人接物上，杜恕比较随性，不拘小节，至于论政议事则推诚向公。在朝数年，他指陈时弊，积极建言。这种性格和做法不大适合在朝——甚至得罪了司马懿，其后屡屡外任，辗转各地。杜恕在幽州刺史任上，因一起杀害鲜卑人的事件，被征北将军程喜弹劾，又由于和司马懿关系不睦，于是下廷尉，按律当死，因杜畿的功绩而被免为庶人，徙边地章武郡，魏齐王芳嘉平四年，卒于徙所。

杜预，字元凯，杜恕之子，他就是在这样的家世背景下开始了他的道路。

受杜畿案件的影响，杜预起初仕途沉滞，久不得调。转机出现在司马昭执政后，杜预娶了司马昭之妹高陆公主，于是消除了与司马氏的隔阂，起家便拜尚书郎。镇西将军钟会率军伐蜀，杜预为其长史。钟会在蜀反叛，僚属大多在乱中遇害，而杜预则以他的智慧幸免于难。

当时在钟会军中的杜预，听说监军卫瓘杀了邓艾，当众说：

"伯玉其不免乎！身为名士，位居总帅，既无德音，又不御下以正，是小人而乘君子之器，当何以堪其责乎！"❶

卫瓘字伯玉，河东人，非常干练，为廷尉卿时，明法理，听讼能做到小大以情。伐蜀之役，卫瓘持节监钟会、邓艾军事。蜀亡后，先是配合钟会诬告邓艾谋反，其后钟会图谋渐显，卫瓘要

---

❶（唐）房玄龄：《晋书·卫瓘传》，中华书局 2015 年版。

自保，用智在军中制造混乱，钟会被杀。同时为绝后患，他特意派怨恨邓艾的护军田续从成都一路追到绵竹，追杀用囚车押解回朝的邓艾，事先还赤裸裸地怂恿田续借此机会一雪前耻。

杜预不认同卫瓘处理邓艾的方式，并预言卫瓘日后也难免遭遇祸难。果然，二三十年后，辅政的卫瓘被楚王司马玮灭门，而曾被卫瓘斥遣、以至心怀不满的属下荣晦则积极充当了司马玮的帮凶，邓艾当初遇害的情节几乎在卫瓘身上重新演绎了一遍。

这暂且不说，有意思的是杜预的名士观：卫瓘既居帅位，做事却不正，枉为名士。

名士，从字面上来讲，就是知名之士，即享有很高社会声望的士人。声望，与财富、权力，都是紧缺的社会资源，是权威的基础。声望与人所处的时代、所属的阶层的价值观有关，很好地满足、实现了社会对人的价值期待，无疑，就容易获得社会承认，从而拥有声望。

东汉以来，社会的变化趋势是士人整体性的崛起和壮大，他们越来越表现出独立和自决的姿态。对于独立和自决者而言，很自然地就把个人的精神世界作为价值关注的中心。与之相关的天性、尊严、才情和自由等，就是价值之源。他们不再认同伦理的至上性，当然也不否认其存在的必要性。所以要想成为名士，不依赖于道德的修行和进益。换言之，为仁、行义、尽孝、持廉、报恩、扶危等，不再是获取声望的主要路径。尊重天性，维护尊严，挥洒才情，追求自由，才更有价值。

杜预正是从此着眼来评论卫瓘。既然卫瓘身为名士，又贵为监军，便负有把控包括邓艾在内整支军队的重大责任，理应利索地把军务处理得妥当、周全，不仅仅是好，亦要美，即处理得更漂亮些，方不负其名士的身份。但卫瓘的表现实在令人看不过眼：为杀邓艾，居然用阴险的手段，借邓艾的属下之手以绝后患。这一行径非常丑陋，非名士之所当为，尽管从一时来看，它很有效、很成功。

后来杜预成长为朝廷重臣、成长为一代名将，每逢国家有大事，辄居将帅之列，但他既不善于骑马，也开不了弓、射不了箭，文绉绉的，一副文人书生弱不禁风的样子。杜预平素的举止、形象正符合他自己对名士的定位，因为这象征着他有举重若轻式的驾驭局面的能力。

武帝泰始中，杜预守河南尹，负责京师地区的行政事务。杜预对政治有他的一套认识，他认为京师是帝王教化的起始，首善之区，所以施政、论政皆"务崇大体"。

体，是中国传统思想的一个核心概念，其本义是指人的身体，而后引申、推广到物之上。凡物皆有其体。譬如，事有事体，文有文体。体，规定了一个事物是什么以及相应的表现形式。事物与其体相符合，方为"得体"，如此乃为正当、正确。政治也有其体，即政体，或者说为政之大体。杜预为政务崇大体，也就是他没有把自己单纯视为一个行政工具、一个依程序来运转的职业官僚，他是有主张的——回到治理的本原、本质来施政。

这是因为他有门风的熏陶，有家学的渊源。他的祖父杜畿任河东太守时，接收的河东经过连年的战乱，已经残破不堪。杜畿"崇宽惠，与民无为"[1]，也就是尽量少扰民，与民休息，复兴民间的生气和活力；抑制了权力的作为，在保持社会的稳定的同时，避免过度干涉民间，经济秩序自然地恢复，百姓便衣食无忧、生

----

[1] （晋）陈寿：《三国志·杜畿传》，中华书局 2013 年版。

活安定。杜畿把握了这个分寸，到了进行教化的时候，于是兴办学校，亲自讲学。这是儒道治理思想的结合，以道家的无为来促成民间经济力量的自由发展，在人民生活富足后，再以儒家的教化来陶铸和转移社会风气，提升社会的道德水准。杜畿对社会治理有清晰和系统的认识，所以能依据不同的情况、不同的阶段灵活采用相应的政策。这是杜畿的"识大体"。

其父杜恕亦如此为之，史称："恕所在，务存大体而已。"❶杜恕也是很有政绩的。而且，杜恕还是一位渊博的学者，陈留阮武曾为他惋惜："才学可以述古今而志之不一。"❷杜恕在被流放到章武郡后，有了闲暇，于是著《体论》，系统论述了他的政治见解，终成一家之言。

到杜预，杜氏三代皆为明敏干练、知崇大体的能吏，兼有治道和治绩。具体而言，杜预的大体观可以从他对官员考课的意见中略窥一二。

曹魏时，一些大臣如刘廙、刘邵等，就官员的考核问题提出过建议，刘廙认为对官员优劣的判断要依据其政绩而不是其名声以及舆论的褒贬毁誉。刘邵还受魏明帝之命作《都官考课》七十二条。其时也有人反对繁琐细密的考核，认为这只是治理的末节而非根本。傅嘏就针对刘邵的考课反驳过。晋武帝又重议考核。泰始五年二月，下诏："诸令史前后，但简遗疏劣，而无有劝

---

❶❷　（晋）陈寿：《三国志·杜恕传》，中华书局 2015 年版。

进，非黜陟之谓也。其条勤能有称尤异者，岁以为常。吾将议其功劳。"❶

杜预受诏为"黜陟之课"。他提出：最好的治理原则是"因循自然"。因循，是战国秦汉之际黄老道家思想的核心观念，司马谈《论六家要旨》说道家"以虚无为本，以因循为用"。因循，非消极、更非积极，非趋新、更非守旧，非居先、更非滞后，而是根据形势、时机、理路等种种条件而灵活采用适宜、恰当的举措。杜预说：如果执政者有违因循的原则，做不到虚己委诚，制定繁多、苛细、严密的条文，最终只会造成普遍的弄虚作假。杜预就此还批评曹魏的考核制度，说它起源于西汉的京房，"然由于累细以违其体，故历代不通也"❷。也就是说，高度形式化、科条化的考核，着重于细枝末节，而背离了为政之大体。

从政治学的角度来讲，循名责实的考课制度，是官僚政治成熟后为促使、控驭这个庞大复杂的机器有效运转而发展出来的，是官僚政治走向理性化后的必然结果，自有它产生和存在的合理性。而杜预从"累细"的角度反对，力主务"大体"的因循自然的治理模式，客观上是垄断官僚系统的贵族政治在理论上的一种反映。

---

❶ （唐）房玄龄：《晋书·武帝纪》，中华书局 2015 年版。
❷ （唐）房玄龄：《晋书·杜预传》，中华书局 2015 年版。

史书说杜预"无伎艺之能"。

"伎艺"是魏晋名士之必备，是上流社会的身份标签，是精致生活的点缀，是社交场合应酬的利器。《世说新语·豪爽》开篇讲"武帝唤时贤共言伎艺事，人皆多有所知"。有武帝的引领和倡导，伎艺更普及于统治精英中。而杜预居然一无所能，以他的出身、教育和天资，不应如此，只能说明杜预对此并无多大兴趣。

他如此博学——经学、礼制、法律、财政、天文、历法、科技、工程、农艺、水利还有军事等，凡与国计民生相关的知识、技术，几乎无不知晓、擅长，这在当时名士、达官阶层里是极其罕见的，足见其兴趣全集于此，而不愿分心在伎艺上。也可想而知，杜预应该是个手不释卷的人，全副心思都用在博览群书和深入思考上。

杜预自道他有《左传》癖。与其说他对这部书有癖好，不如说他对学问、对琢磨问题有癖好。这种类型的人，往往缺乏情趣，木讷，不是特别愿意、也不是特别擅长与人应酬、交际。

武帝泰始中，任河南尹的杜预和司隶校尉石鉴本有宿憾，石鉴奏免了杜预的职务。杜预随后任秦州刺史，不知什么原因，石鉴也出朝，任安西将军，杜预归其节制。在军事问题上，杜预根据对形势的判断，不服从石鉴出兵进击的命令，激怒了石鉴，石鉴于是找理由来弹劾，促成杜预下廷尉，因杜预尚主，在"八议"之列，被判处以侯爵赎罪。不久，杜预复起为度支尚书，恰逢石鉴还朝，纠弹石鉴报功不实，两个人的仇怨就结上了，这在舆论中的影响很不好，导致一起被免官。无论孰是孰非，杜预和石鉴纠结私憾，相互攻击，既失大臣的体统，也暴露出个人气量的褊狭。总之，杜预没能——也许是没想到，把矛盾处理得更艺术些。

伐吴之役，杜预率军攻打江陵。吴人忌惮杜预的智计，知道杜预颈上有瘿，就在狗颈上拴个葫芦来示众；而且，凡大树上有瘿的，都砍成白块，题字"杜预颈"。这种羞辱对方主帅的小伎俩，讨些没多少实际作用的便宜，本是战场上常有的事，一般老练的将帅是不会太介意的。当年诸葛亮曾想用女人衣饰来激怒司马懿，想使司马懿不胜其忿而与其交战，但老练沉稳的司马懿根本不为所动，依旧不温不火地与诸葛亮耗着；在诸葛亮逝于五丈原后，司马懿巡视蜀军营垒，由衷赞叹诸葛亮是天下奇才。江陵城破后，杜预把干羞辱他事的人全都捉起来杀掉。由此可见，其气度稍嫌不广。

咸宁四年，杜预接替羊祜，赴荆州任，朝士都来送行。武帝皇后父杨骏之弟杨济也在其中，杨济不坐而去，是和峤出面把杨济强拉回来。杜预征吴后还朝，他自己独榻，而为前来庆贺的朝士们准备的是连榻。武帝的发小、羊祜的从弟羊琇后到，见是连榻，当即不悦，他是骄纵惯了的，不坐而去，名士裴楷把他给劝了回来。

这两个故事，一般解读为杜预受到杨济和羊琇的轻视。杨、羊两人，一个是武帝至亲，一个是武帝密友，两人挟贵而骄，瞧不起杜预的出身。其实，杜预系出名门，本人又尚主，且功名卓著，无论从哪方面来讲，都不低于杨济和羊琇。再者，假如两人果真轻视杜预，根本就不必赴会。所以，与其说杨、羊二人轻视杜预，倒不如说杜预拙于待客，无形中怠慢了优越感很强、自我感觉非常好的杨济和羊琇。尤其是羊琇，贵公子的派头足，一向傲慢，在武帝面前都是极其随便的，怎能忍见杜预独坐、自己却与他人连榻而坐！——合榻表示亲近，如诸葛瑾之子诸葛融，"每会辄历问宾客，各言其能，乃合榻促席"❶；诸葛融有意要和宾客们打成一片，消除距离感，故而大家合榻促席。而羊琇要的是十分的尊重，所以必须要以独榻来突出他的地位。羊琇觉得杜预的安排是对他身份的贬损。

这两件事被编入《世说新语·方正篇》，编者的用意是，杨济和羊琇是感觉到了杜预的"无礼"，为维护其身份和尊荣，所以傲然而去，此为"方正"。杨、羊的"方正"，缘于杜预的"简傲"。

杜预在荆州，多次馈赠洛阳的权贵们。这情形，有点类似于明清时地方官员孝敬京城大佬的所谓"冰敬""炭敬"。以他杜元凯的名望，居然肯俯首做这样的事，很多人表示不解。杜预说："主

---

❶（晋）陈寿：《三国志·诸葛瑾传》，中华书局 2013 年版。

要是担心权贵们使坏，并不指望他们能说好话。"看来这是花钱买平安的用意了，杜预的解释，隐含着忧谗畏讥的心态。西晋末极干练，被人比作韩信、白起的苟晞任兖州刺史时，"见朝政日乱，惧祸及己，而多所交结，每得珍物，即赂都下亲贵。兖州去洛五百里，恐不鲜美，募得千里牛，每遣信，旦发暮还"❶，他当时地位与杜预相类，做法也相类。洛阳的权贵们不好打交道。

四

杜预应该说是很理性的人，不激动，不狂热，不放纵，凡事不做则已，做就一定要把始终本末调研清楚，且尽力而为，所以极少败事。

有人嘲讽杜预琐细，这其实误解了杜预，事实上越是心存大体的人，越是在意细节；在意细节，并不会陷溺于其中，反有助于更好地立足于全体来把控和驾驭。许多名士之所以疏阔，甚至浮华、不中用，高谈阔论是把好手，一介入实事则束手，原因往

---

❶ （唐）房玄龄：《晋书·苟晞传》，中华书局 2015 年版。

往出在自以为识大体而轻视细务。

尽管如此，杜预也不算是时代的异类，他和许多名士一样身上也有点可爱的荒唐和天真。

人一旦对某些东西有强烈的偏好，就难免投入不寻常的热情。杜预好的是后世名，考虑的不是身前的名声，而是身后万世的。他常常引《诗经》里的名句"高岸为谷，深谷为陵"，于是煞有其事地刻了两块碑，分别刊好他的功绩，一块沉入万山之下，一块立于岘山之上，并讲明用意："谁知道以后这高山不会降沉为深谷、深谷不会上升成高山呢！"也就是说，无论陵谷如何升沉上下，他杜预的功绩反正都刻在了碑上，永远不会被这人事的沧桑变化所湮没。

以杜预的智慧，竟有这样天真的认识，这样幼稚的举动，令人多少有些费解。但，有时候不可理喻的事，才显现情感之真；正是在和理智的顽强对立中，情感才得以真实地表现出它的存在。杜预的天真和幼稚，其实反映了他对生命本身的执着和留恋。

儒家讲立德、立功和立名等所谓"三不朽"。对于不朽的声名，魏晋名士似乎存有两种极端相反的态度：一个是以达人张翰为代表的"使我有身后名，不如即时一杯酒"[1]；一个是以枭雄桓温为代表的"既不能流芳百世，亦不足复遗臭万载邪"[2]。张翰要绝对活在当下，所以不在意身后之名；桓温极端在意身后之名，甚至

---

[1] 余嘉锡：《世说新语笺疏》任诞第二十条，中华书局 2011 年版。
[2] 余嘉锡：《世说新语笺疏》尤悔第十三条，中华书局 2011 年版。

在意到无论名声的性质的程度。杜预更接近于桓温，当然不像桓温说得那样偏执和惊悚。

无论在不在意身后之名，其实均可聚焦到一点，就是在意承载着这名的人之生命本身，或者说真正在意的是，生命的价值究竟在哪里？是抽象的名声，还是具体的快乐；是历史的空荡荡的记录，还是当下的活生生的感受。这是令魏晋名士们目眩心惊的普遍困惑。

《晋书·杜预传》史臣赞说，"元凯文场，称为武库"，说他博学多文，像武器库一样，无所不有。孔门德行、言语、政事、文学等思科中，杜预占有其三，在魏晋时代中，像他这样的人几乎未见。

18 投足而安

张 华

张华，字茂先，范阳人。父亲在曹魏时做过渔阳太守。太守之子，论出身也不算特别寒窘。当然，相对于清华高贵的名族来讲，张华要低数筹——毕竟，他的参照对象不是一般平民，而是统治阶层。

从魏到晋，统治阶层的封闭性和排他性呈强化的趋势。即使是功勋卓著的重臣，也会因其出身的卑微而遭到那些家世优越者傲慢的挑衅。西晋开国功臣石苞是个典型的例子：他风云际会，攀龙附凤，且本人才气和仪表也确属第一流，为司马氏夺取政权鞍前马后地效力，无疑是新朝显贵；在镇抚淮南时，淮北监军王琛轻视石苞素微，举报石苞与吴人有私底下的交接，图谋不轨，触及了武帝司马炎的疑心，如果不是石苞应对得当，遽兴的石氏有可能门户难全。

张华对他的出身非常敏感，这种心态伴随着他的一生，影响着他的命运。

因父亲早逝，家道中落，张华在孤贫中长大，还牧过羊。张华当然不甘于微贱，他是太守之子，接受教育、加强修养，是有条件的。

史称：张华学业优博，辞藻华丽，学问和文才都好，突出的优势是博学，图纬、方伎之类的书无不批阅细读。

在个人修养上，张华满足传统价值观对人品行的要求，他立身谨饬，造次必以礼，在行为上无可挑剔；同时勇于赴义、笃于周急，急公好义，周急济困，身上还有社会所乐见、仰慕的侠义精神；更可贵的是，张华"器识宏旷，时人罕能测之"❶。器识是最受魏晋名士认可和向往的理想人格形态，张华器识宏旷、胸次悠然，尽管他造次必于礼，却不至于变为狭迂的礼法之士；尽管他

---

❶ （唐）房玄龄：《晋书·张华传》，中华书局 2015 年版。

勇于赴义、笃于周急，却不至于变为肤浅的轻剽之徒。所以时人无法测量张华其人的深浅。

张华博学多才，已优于常人；其行为符合为人的儒家道德尺度，又以能赴义周急而博取邻里乡党的好感，还有不能测其浅深的器识，足以跻身名士之林。无论具备以上哪一点都是杰出的，更何况张华是兼而有之，他的扬名指日可待，所欠缺的，是大人物的垂青和加持。

而当内在条件充分具备，改变人生轨迹的大人物往往适时而至。

同郡的卢钦非常器重张华。范阳卢氏乃北方名族，卢植在东汉末，卢毓在曹魏时，皆为当世之名流。卢钦是卢毓之子，"少居名位，不顾财利，清虚淡泊，动修礼典。同郡张华，家单少孤，不为乡邑所知，惟钦贵异焉"❶。张华由于卢钦的赏识而逐渐名显。

乡人刘放也欣赏张华的才华，还把女儿嫁给了他。刘放也不是一般人，他与太原孙资在曹丕、曹叡两代皇帝身边连续执掌枢机，

---

❶ （晋）陈寿：《三国志·卢毓传》裴松之注引虞预《晋书》，中华书局 2013 年版。

备受优宠。曹爽被杀后，刘放复出为侍中、领中书令。但刘放的声名似乎不大"正面"。晋武帝司马炎时的重臣荀勖，由于坚定地维护智不足以治国的太子司马衷，反对废黜声名狼藉的太子妃贾南风，舆论对他很不满——"时议以勖倾国害时，孙资、刘放之匹"❶，把荀勖比作刘放，可见到了晋武帝时代，作为前朝大臣的刘放仍然形象不佳，被视作佞臣的典型。刘放选中张华为女婿，可能也是想扶持张华这个极有潜力却亟需外力助推的年轻人，以延续和扩张家族的权势。张华对这桩婚事作何想呢？嘉平元年，成婚后的张华写了《感婚赋》及《感婚诗》❷，证明他还是很兴奋的。嘉平二年，刘放逝世，张华为此还写了《魏刘骠骑诔》以哀悼。

高贵乡公正元初，经范阳太守鲜于嗣以及卢钦的相继举荐，张华正式踏入仕途，进魏都洛阳，辗转于太常博士、佐著作郎等多个职位。

洛阳居，大不易。其时正值魏末，易代之际，政局变幻不定，稍不慎重，动辄得咎。正元初，久镇淮南的石苞来朝，盛赞高贵乡公是"魏武再生"。听到这话的人深明其中的危险，吓得汗流浃背。太尉华歆之子、侍中华表，"惧祸作，频称疾归下舍，故免于大难"❸。这个细节活灵活现地烘托了山雨欲来的肃杀气氛，华表识机，坚决抽身告退。

---

❶ （唐）房玄龄：《晋书·荀勖传》，中华书局 2015 年版。

❷ 陆侃如：《中古文学系年》，人民文学出版社 1985 年版，第 557 页。

❸ （唐）房玄龄：《晋书·华表传》，中华书局 2015 年版。

张华此时名位固微，可对时局不会没有体会和感触。再者，虽蒙卢钦等赏识，在洛阳这个人物荟萃的帝国中心，张华的知名度一时也并不容易提升。往上走，既想，又怕，还挺难，这是张华当时的处境。

在此期间，张华写下了他著名的《鹪鹩赋》[1]。

张华以鹪鹩这种小鸟自况，描写形微体陋的鹪鹩，展示了一种处世哲学。相比于鸷鸟和珍禽，它无用，但安全；处卑，但自由。比不了大鹏的翱翔天宇，而又要好过鹩蟏巢于蚊子的睫毛之上。看来，安全和自由，是张华自认微陋而又在多故的特定环境下的生存价值取向。鹪鹩，化用庄子的意象，主旨则与庄子大有不同。庄子的小大之辩，所主张的是非小非大而还归大道的超越境界；而张华呢，所倾向的却是不小不大、比上不足而比下有余的自全苟免之方。

该赋引起了大名士阮籍的赞赏，阮籍据此评断张华有王佐之才。为什么主旨是阐述处身之智、全身之术的一篇小赋，令阮籍看出了张华的王佐之才？这着实有些费解，也有可能是他在赋中看到了自己，从而有共鸣。

不管怎样，有阮籍的赞誉，或许还有推送，张华快要进入洛阳最高层的视线范围内了。他本想当一只凡鸟，偏偏要化身为大鹏。

---

[1] 关于《鹪鹩赋》写作时间的考订，见曹道衡、沈玉成：《中古文学史料丛考》，中华书局 2003 年版，第 105 页。

魏元帝咸熙元年，钟会据蜀反叛，司马昭挟天子亲征。此时张华也迁长史，并兼中书郎，随军西行，职掌军中文书。由于工作做得出色，很快获得了司马昭的青睐。

晋代魏后，张华在新朝继续上升。他非凡的记忆力、他的博学多才令武帝惊异不已。司马炎曾经询问过汉代宫室制度及建章宫内的千门万户的情况，张华均对答如流、如指诸掌。时人把张华比作春秋时的大政治家子产。

泰始五年，武帝着手准备伐吴，以尚书左射羊祜都督荆州诸军事。但是伐吴的计划在朝臣中并未取得共识，支持司马炎的不多。司马炎可谓乾纲独断，力排众议，铁了心要做成这事。伐吴的好处一目了然，将使司马炎拥有与其开国皇帝的身份相匹配的权威，而不再是坐受父祖们所传下的现成基业，且依靠宗室和权臣们的护翼方才获登大位。所以，伐吴对司马炎意义重大。

吴可伐欤？朝臣却多以为不可。司马炎陷入了某种孤立乏援的境地中，张华是极少数懂司马炎心意的大臣，在司马炎孤寂乏助的时候，献上了他的忠诚和支持。泰始七年，张华担任中书令，在官位上到达了他岳父刘放的高度。

咸宁五年，伐吴的各项准备工作业已就绪，为保障战事的顺畅进行，张华转任度支尚书，在中枢主持财政。

战争初期，各路大军并进，斩获不大，极力反对伐吴的权臣贾充甚至借机要求杀张华以谢天下，朝臣们大多跟风、主张不可轻敌冒进，唯独张华坚持，以为必胜。所以，张华其实是司马炎伐吴成功、一统中国最大的功臣之一。

越向权力结构的顶端迈进，所遇到的阻力就越大。他光芒四射的人格下的瑕疵和黑点，就是竞争者攻击的焦点。

张华名重一世，众所推服。武帝把有关晋史以及典章制度等文化和制度方面建设的事务都交由张华负责，政府的诏令也多由张华起草、拟定。所以张华的声誉日隆，隐然有宰辅之望。

张华的冉冉升起，引起了荀勖的敌意。荀勖是颍川荀爽的曾孙，此人对权位看得很重，尤精于宦术。武帝太康中，久在中书的荀勖转守尚书令，有人来庆贺，荀勖却无比怅惘："夺我凤凰池，诸君贺我邪！"^❶他连尚书令一职都不悦，对可能即将威胁到他的权力和地位的张华当然怀有忌恨。

荀勖的才学能与张华相匹，而他与晋室的关系以及资历均要超过张华，眼见张华崛起，最能用来表示他的轻蔑和忌恨的，无疑是张华的出身。只有在出身方面，荀勖才有足以自傲而张华又无法比拟的天然优势。所以，荀勖自以荀氏大族，憎恶张华，每每利用间隙进言，要排挤张华出朝。

张华是如何反应的呢？恐怕很无奈。荀勖对他的排挤，是现实的利害关系所导致的；但荀勖对他的轻视，则是巨大的历史力量造就的门阀所导致的。对于前者，他或许可以规避、躲闪、退让，对于后者他完全无计可施，这不是靠个人的修养、才学、品性以及功绩就能轻易改变得了的。

况且，张华还在武帝司马炎最关切的政治问题上失去了君心。

司马炎的政治心结是其弟司马攸。起初司马攸作为司马师的嗣子，就是司马昭考虑的继位人选之一，司马昭有段时间在司马炎和司马攸两个候选人中摇摆不定，甚至相当倾向于司马攸。兄弟俩也曾暗中发力、较劲，虽然司马炎最终胜出，得以称帝，但司马攸的问题一直没有得到彻底解决。司马炎的太子司马衷不慧，根本没有能力治理国家，这是个极大的隐患，而朝廷内则有相当一部分人把目光投向了司马攸，希望司马攸能在武帝后继位。命

---

❶ （唐）房玄龄：《晋书·荀勖传》，中华书局 2015 年版。

运仿佛对司马炎开了一个玩笑：司马攸从前是和司马炎竞争，如今又和司马炎的儿子竞争。司马攸像幽灵一样，缠绕着司马炎的思绪。司马炎要坚决埋葬司马攸在他身后继位的任何可能，为此进行了精心安排和布置。在这个问题上，谁要是与他异心，他会另眼相待。

司马炎曾问张华："谁可托寄后事。"[1]这不是咨询，而是考验；不是向张华问计，而是要张华表态。作为司马炎的近臣，张华没有理由不了解司马炎的真实意图。但从晋王朝的整体利益着眼，司马攸肯定要比司马衷更加合适。张华不是司马攸一党，但他忠于晋王朝的整体利益，答曰：司马攸。这是明知而故触武帝的忌讳，该态度像催化剂一样，令荀勖平时所进的离间之言纷纷活跃起来，动摇了武帝对张华的态度。太康三年，张华出中枢，持节都督幽州诸军事。

不过朝廷并未遗忘远在幽州的张华，舆论中不断有挺张华入朝为相的声音。武帝的近臣冯紞对张华素怀怨恨，不想看到张华被重用，于是找了个机会，成功说动武帝，令武帝彻底打消了大用张华的打算。

此后，张华被调回京城任太常；又因细故免官，终武帝之世都闲居在家。

---

❶ （唐）房玄龄：《晋书·张华传》，中华书局 2015 年版。

朝廷之上原本强行压制的各种矛盾，随着武帝的逝世，在新的形势下重新组合及开始释放。其中最主要的武帝和司马攸之间的矛盾，转化为武帝一手扶植起来的皇后之父、弘农杨骏和惠帝司马衷之皇后、贾充之女贾南风的矛盾，也就是司马炎的老丈人和儿媳妇之间的矛盾。

贾南风嗜权，极不安分，不满杨骏执政，发动政变，屠戮杨骏一门，夺取了权力。为了收拾惶惑的人心，也为了令被折腾得不像话的朝廷像模像样，贾南风与其亲信商议，推出久负盛名的张华以及出身高门大族的名士裴頠一起执政。贾南风等的考虑是：张华资历深，声望高，功勋大，为人儒雅，且有谋略，足可倚重；更重要的，张华出身庶族，没有盘根错节的家族关系，威胁不到皇权，足可放心。

张华既值得倚重，又令人放心，所以贾南风等维持着对张华必要的尊重，有张华的运筹，朝政的运转大体上也比较平稳。史称"虽当暗主虐后之朝，而海内晏然，华之功也"❶。这不是说张华如定海神针，仅凭个人之力就能把大局支撑住；而是说，朝廷内

---

❶ （唐）房玄龄：《晋书·张华传》，中华书局 2015 年版。

潜伏的主要矛盾因条件未成熟，还没有发展到激烈对抗的程度之时，一个深孚众望的贤臣在相对宽松的环境内尚有一定作为之可能，也仅此而已。

张华明白得很，知道贾南风对他的信任的基础十分脆弱，也知道贾南风乃国家的最不安定的因素。但他《鹪鹩赋》里所透露的知足、止足的庸人之念，使他不敢真正为国家的长远利益而采取果决、造次的行动，只是任由形势推着走。

权力稳固后的贾南风，和惠帝太子司马遹之间的矛盾越来越突出。当初司马炎之所以坚决不废司马衷，一个重要的因素是看好聪慧的皇孙司马遹，"知惠帝弗克负荷，然恃皇孙聪睿，故无废立之心"❶。从某种程度上来讲，司马炎是在赌司马遹能够顺利接位。但局势如此混乱，这个打算中所包含的变数实在太多，远远超出了司马炎的预估和布局。随着司马遹的成长，贾南风的猜忌日甚。

裴頠找张华商议拔掉贾南风这颗钉子。张华说："帝自无废黜之意，若吾等专行之，上心不以为是。且诸王方刚，朋党异议，恐祸如发机，身死国危，无益社稷。"❷张华不同意，理由是惠帝自己都没有废除他老婆的意思，他们要是这样做，冒犯了皇帝。而且宗室诸王在旁待着，朝廷内朋党有意见，风险太大。贸然为之，对自己对国家都不利。晋惠帝不慧之名，尽人皆知，一直是个傀儡，谁会真正介意和尊重其感受呢！张华把惠帝拿出来当理由，

❶（唐）房玄龄：《晋书·武帝纪》，中华书局 2015 年版。

❷（唐）房玄龄：《晋书·裴頠传》，中华书局 2015 年版。

只是个幌子；他真正担心的是摆不平那些有野心、有实力的宗室诸王以及剪不断理还乱的朝廷朋党。缺乏根基、势单力孤的张华的确不敢轻易发难——当初贾南风选择张华的理由没错。

张华的打算是什么呢？就是时刻在贾南风跟前吹吹风、提提醒，讲讲历史上祸福相倚的经验教训，令其警觉而自律，不至于大错特错；同时希望天下安定，还可过几年优哉游哉的轻松日子。

这话就充分暴露了张华的天真，以为只要平时不放松做思想工作，就能深刻触动贾南风的灵魂！天真的背后，则是张华的怯懦，他不敢打破、扭转局面，甚至还有点自欺，把劝谏几句就当成他这种地位的大臣的职责——事实上张华也是这么做的，他利用渊博的学识写《女史箴》来讽谏贾后。怯懦的另一端表现，是抱着侥幸心理，所以张华希冀天下安定，可以优游卒岁。

但矛盾一旦发动、激化起来，对人的裹挟就不以人的意志为转移；越是苟且、妥协、延宕者，反而越容易沦为矛盾的牺牲品，使矛盾按照其自身固有的逻辑顺畅地运作下去。

元康九年，贾后下套，诬陷太子为逆，要赐死；张华所能坚持的，是只赞同免太子为庶人，保太子一命。

同情太子的军队密谋兵变，来探张华的口风，寻求支持。张华先是装聋作哑，继而拒绝。张华的小儿子张韪看出了形势不对劲，力劝张华借机逊位，抽身事外，远离是非。张华也不从，理由是"天道玄远，惟修德耳。不如静以待之，以俟天命"❶。危险正

---

❶ （唐）房玄龄：《晋书·张华传》，中华书局 2015 年版。

在一步步地逼近，而张华留恋禄位，想当然地以为凭借所谓"修德"就可静待"天命"。在张华看来，无论最后究竟是哪一方代表了"天命"、获取权力，像他这样没野心、没根基而又品行清白的人，对谁都不会构成威胁，因而是安全的。

本来，张华也有资格、有条件这样认为，因为他的确德行高尚：他性好人物，诱进不倦，即使寒士，身上有一介之善，张华咨嗟称咏，为之延誉，经他提携起来的人不少；他雅爱书籍，家无余财。从私德来讲，没有可资非议的瑕疵。但道德，尤其是张华之类高官的道德，从来都不在权力的注视范围内。况且，当权力斗争的沙尘暴袭临的时候，只要身处其中，人无论怎样干净，也会被弄得灰头土脸，有德与否，意义其实并不大。

永康元年，赵王司马伦在奸险的孙秀的谋划下，利用忠于废太子司马遹的军队发难，废黜贾后，独揽朝政。紧接着，又来清扫篡位的障碍，张华被捕。起初张华还有点不服，他以忠臣自居；当被诘问身为宰相却不为太子死节时，仍为自己申辩——他当初为太子所做的辩护俱在，经得起查验。再被问：尽管有过劝谏却没被采纳，何以不去位！张华这才无言以答，他也确实回答不了。由此，张华被杀害，时年六十九。

当年张华在《鹪鹩赋》里，用善于"投足而安"的小鸟来阐明生生之理。他认识得很清楚，问题是他令自己成了一只翱翔于天宇的硕大的鸟，再想投足而安也就不可得了。

19　华亭鹤唳

陆　机

陆机，作为原孙吴政权基石的朱、张、顾、陆四大家族中陆氏的代表人物，在晋武帝泰康末，和弟弟陆云一道来到帝都洛阳。

洛阳是帝国的心脏，自董卓于东汉末放火焚烧，历经曹魏以来诸帝数十年的经营，又恢复了它当初的恢宏、壮阔。武帝一举伐吴成功，结束了将近一百年的内乱，三国毕、四海一，这使洛阳作为都城更具有宏伟的气象。

二陆就在帝国的全盛时期入洛。两人是带着久负的盛名、显赫的出身、卓异的文采，还有高远的志向而来。这本身，就是一个具有象征性的事件。北宋时，苏轼还曾经饶有兴味地把自己和其弟苏辙出蜀入汴京，比作二陆的此行，词云："当时共客长安，似二陆初来俱少年。"

只是很可惜，他们逢着的是一个表面繁花似锦、内里却危机四伏的所谓盛世，他们的理想在这里升腾，也在这里幻灭，最终陆机甚至想再听一听故乡的鹤鸣，也不可得。

一

二陆首先造访了太常张华。

两兄弟志高气爽，自以为出于吴地名门，等闲人一般看不上眼，却极尊重张华，待张华如师。张华是出名的惜才、识才，素重陆机的声名，一见如故，甚至以不无夸张的语气强调："本朝伐吴的战果，就是获得陆氏兄弟这两大俊才。"张华可是与武帝定策伐吴的核心重臣，他有资格这么说！这话也的确漂亮，要知道二陆乃亡国孑余，张华既表达了帝国海纳百川、不却众庶的王者之德，还为二陆抬高了身价、加重了分量。

二陆的文才倾动了洛阳的名流贵戚，甚至舆论中有了"二陆入洛，三张减价"之说。三张，是当时富于文名的张载、张协和张亢。可以说，二陆一来，夺去了很多人的风采。

颍川荀隐起初不识陆云，两人在张华家相遇，张华请两位不要说平平无奇的常语，拿出与各自才华相符的水准来较量一下。

这就有想看出好戏的意思了。陆云举手，先道"云间陆士龙"。陆氏的家乡华亭，另称云间，陆云字士龙。这句话，既是客套，又有不凡之处。初次见面的场合，自我介绍当然有必要；在这客套之中，又有点自命不凡的意味。陆云有画面感极强的描述，暗示自己如云中之龙。荀隐不甘示弱，应声而对"日下荀鸣鹤"。这也是自我介绍。荀隐的家乡颍川地近洛阳，所以可称"日下"，他本人的字是鸣鹤，且《诗经》有句："鹤鸣于九皋，声闻于天。"荀隐借用《诗经》的典故，说自己是鸣声能惊闻于天的仙鹤。第一回合，两句话，十个字，堪称势均力敌、棋逢对手。接下来，陆云就着荀隐的话挑起了攻势："青云散开，谁知看到的竟是一只白野鸡，为什么张弓射箭?"荀隐立即回应："本以为是矫健的云间之龙，哪晓得不过是头野鹿。射龙的强弩不值得拿去射孱弱的鹿。"一旁的张华欣然会心，拍手大笑。把凌厉的锋芒融进精美、典雅的语言中，娓娓道来，不着痕迹，是名士的擅场。凭借如此才华，陆云在洛阳是立得住的。

范阳卢志，曾于稠人广众中当面问陆机："陆逊、陆抗是你什么人!"魏晋人重名讳，在公开场合直接提人祖上的名字，非但极其失礼，甚至会被视作针对其整个家族的羞辱和挑衅。陆逊和陆抗乃江东名臣，是陆机骄傲之所在，他当然要维护父、祖以及江东陆氏的荣誉，所以毫不客气地回答："就像你和卢毓、卢珽的关系一样。"范阳卢氏是北地名族，卢毓、卢珽在魏晋皆为达官。陆云听到陆机回击如此强硬、坚决，大惊失色，出门后埋怨陆机反应不免过度，善意地推测卢志或许是真不知情才如此发问。陆机很严肃地说："我父、祖名播海内，岂有不知之理！鬼孙子胆敢这样！"本来舆论对二陆的优劣难下结论，这事出来后，两人的高下也就分出来了。

相比于陆云，陆机更富于胆气。或者说，在冠盖云集的京华，陆云倾向于采取较为谦退的姿态，而陆机的意志则要强烈得多。据时人的描述：陆云文弱可爱，而陆机是七尺男儿，气宇轩昂，声如洪钟，言辞慷慨。于此也可见陆机要比陆云更易激动。

陆机拜访武帝驸马王济。王济是有名的贵公子，傲慢、张狂得很。太原属并州，南匈奴自东汉便入塞，分五部散住在汾河流域，太原王氏与匈奴贵族有密切的交往，可能因之染上胡族的饮食习惯。王济案前放着几十斗的羊酪，他指着羊酪对陆机说："你们江东有比得上此物的美食吗？"陆机说："有千里莼羹，但未下盐豉。"❶ 莼菜是江南特有的风味，配盐豉调料，味道极鲜美，"千里"言其到处皆是。陆机的意思是：吴地处处皆有莼羹这样的美

---

❶ 余嘉锡：《世说新语笺疏》言语第二十六条，中华书局 2011 年版。

味，这还是没加上盐豉。

南方的孙吴和北方的魏晋长期对峙，壁垒分明，政治的对立亦通过南北的地域对立反映出来。王济的生活豪奢得惊人，曾以人乳饲养小猪来蒸着吃，连武帝都表示反感、吃不下去。洛阳地皮贵，王济又好骑马射箭，买地筑矮墙当跑马场不说，还把钱编起来绕着整个马场的矮墙，时人称为"金沟"。王济眼界高，尝尽了天下珍馐，虽说好羊酪这一口，也不至于就把普通的羊酪当成不可多得的至味来向陆机炫耀，尽管他的确是个爱炫耀且不怕炫耀的人。

所以他的发问，表面上是家常话，其背后所流露的其实是北人以胜利者自居的优越感。而且，王济也不是没有过这样的态度。广陵华谭入洛阳受武帝亲自策问，王济公开发难："君吴、楚之人，亡国之余，有何秀异而应斯举？"❶ 所以，陆机随口的回应，也有为南人争尊严的意思在内。

陆机听说一个叫左思的文学青年要写《三都赋》，这本是他自己久想为之的题目，拍手大笑，对陆云说："此间有伧父，欲作《三都赋》，须其成，当以覆酒瓮耳。"❷ "伧父"，是魏晋时南人歧视北人的常用称呼。他要等着把左思写好的赋拿去盖酒坛子。陆机对自己的文学才华是极其自负的，所以他不相信一个鄙陋、粗俗的北人也能做得出来这样的大赋。

初来乍到的陆机，在帝都没有表现出必要的谨慎和谦逊，他

---

❶ （唐）房玄龄：《晋书·华谭传》，中华书局 2015 年版。

❷ （唐）房玄龄：《晋书·左思传》，中华书局 2015 年版。

似乎怀揣着磨灭不了的一身傲气，对自己很有期待。

入洛后的陆机，俨然成了在朝为官的南士群体的中心。

一个叫吾彦的吴郡人，出于寒微，但能文能武，颇受知于陆机之父陆抗。吴亡归降，后任交州刺史。吾彦对陆机兄弟有厚重的馈赠，陆机准备接受，陆云则有异议，以吾彦本来微贱，为其父所提拔，而在答武帝诏问时对其父有所不敬，应予拒绝。陆机于是作罢，每每诋毁吾彦。长沙孝廉尹虞劝陆机不必计较吾彦的出身，若因吾彦话没说好就诋毁不已，后果很严重——"吾恐南人皆将去卿，卿便独坐也。"❶陆机的恨意这才消解。尹虞所说的"南人皆将去卿"，无疑透露出洛阳的南人平素多有来往，无形中以陆机为中心。陆机要是褊狭，对待吾彦不公，势必损伤他自己在南人群体中的威望。

这个南人的圈子中还有顾荣及著名的达人张翰。顾荣祖父是

---

❶ （唐）房玄龄：《晋书·吾彦传》，中华书局 2015 年版。

顾雍，曾为孙吴丞相。顾荣后来在司马睿、王导建立东晋政权的过程中发挥过重要作用，他以吴士领袖的身份接受和承认了司马睿的权威。顾荣是和陆机、陆云一道入洛的，时人号为"三俊"。

陆机利用其影响力积极援引、举荐吴人入仕。如丹阳秣陵人纪瞻，祖父纪亮做过孙吴的尚书令；吴亡后，举秀才，是尚书郎陆机对他进行策问。"少与陆机兄弟亲善，及机被诛，瞻恤其家周至，及嫁机女，资送同于所生"❶，他也以他的情义回报了陆机对他的器重。

还有会稽山阴贺循，其父贺邵任过中书令，后被吴主孙皓所杀，全家都被流放到边郡。于贺循而言，是家道败落，无人援引，久不得进。当时在朝任著作郎的陆机上疏举荐贺循。久之，召补太子舍人。贺循后来在东晋政权出任要职。

广陵戴渊，祖戴烈，曾任吴左将军；父戴昌，曾任会稽太守。戴渊少时好游侠，轻薄无行。陆机赴洛，行装很厚，途中正遇上戴渊率领党徒抢劫。陆机见戴渊靠着胡床指挥，处置得宜，虽然干的不法之事，但神气不凡，知是非常之人，遂与他定交，并荐于赵王伦。陆机对戴渊评价非常高，说他是"诚东南之遗宝，宰朝之奇璞"❷。其后也成长为东晋名臣。

另一方面，陆机不介意奔走于权贵之门，表现出积极进取的姿态。

---

❶　（唐）房玄龄：《晋书·纪瞻传》，中华书局 2015 年版。

❷　分别见《世说新语·自新》及《晋书·戴若思传》，版本同上。

武帝皇后父杨骏独掌握大权，陆机被其辟为太傅祭酒。好景不长，杨骏被惠帝贾皇后发动政变杀掉。贾后得道，她的侄儿贾谧一时间炙手可热势绝伦，陆机又加入了贾谧的风流圈子，是贾氏著名的二十四友之一。陆机接近贾谧，令舆论对他有不少讥议。

其后武帝之子、吴王司马晏出镇淮南，辟陆机为郎中令。这个司马晏才不及中人，是武帝二十五子中材质最劣的一个，陆机也欣然应召。

到赵王伦辅政时，陆机又不失时机地转至司马伦这一边；以参与诛贾谧的功劳，赐爵关内侯。司马伦篡位后，陆机接受伪职，任中书郎。

司马伦倒行逆施，随即身败，被齐王冏取代。司马冏要追究助司马伦篡位的一众帮凶、帮闲，牵连到了陆机；因为陆机在中书省供职，应有份参与九锡文以及禅让诏书等重要文件的撰写，所以把陆机等付廷尉。幸运的是，成都王颖及吴王晏出面说了话，陆机才得以免死。

这一系列波折起伏、狼狈不堪的经历分明都在暗示陆机，这种形势下其实不适合继续留在洛阳，他也不是个擅长玩权力游戏的人。

陆机有头叫黄耳的骏犬，因羁旅洛阳，长期与家乡不通音信，就开玩笑，问黄耳能否带书信回乡。黄耳谙人性，摇尾作声。陆机于是用竹筒装家书系在它颈上，这条伶俐乖巧的狗寻路南下，居然找到了家乡，并带了回信，其后更是因以为常。这个故事的传奇色彩太浓，大概要说的是，豢养的狗有了灵性，都晓得归家的路，可惜陆机执意不从。

洛阳的局面波诡云谲，顾荣、戴渊等南人力劝陆机还吴。号称江东阮步兵的张翰，眼看形势越来越不对劲，秋风起时，借垂涎吴中风物鲈鱼脍、莼羹和菰菜，很洒脱地挂冠而去。在张翰看来：人生中没比为自己而活、比称心如意更有价值的事了；拿生命去换名利，绝不干。

不过陆机还是放不下。

他自恃才华和名望，按捺不住跃跃欲试的冲动：如能一试身手，扭转时局，匡救世难，这要比为文、赋诗、论史、吊古，实在要痛快得太多，何况还能建立与父、祖一般辉煌的功业。

陆机想再看一看。尽管这十多年来，他目睹了杨骏的被杀、贾谧的被杀、张华的被杀、司马伦的被杀，尽管他自己也几乎被杀。但他还是想等等。

机会也不是没有，成都王司马颖向他发出了召唤。

陆机也没推脱，委身倾心事司马颖，这首先是因为丧失了对执政的齐王冏的期待。司马冏矜功自伐，骄奢淫逸，不像是个能成事的样子，不免令陆机反感，特意写《豪士赋》来讥讽，以骈俪的文字把安危存亡的道理讲得通透、有说服力，此赋的序中最后交代目的是"庶使百世少有悟云"。齐王冏怎么会读一篇文章就幡然改作呢！岂有文章能觉醒沉迷于权力的权贵！文章、道理的作用其实没有陆机及后代无数文人想象中的那么重要。齐王冏的失败，不是没听从陆机的道理，而是遇到了更狠的长沙王司马乂。

齐王冏既不可依靠，成都王颖便进入了陆机的视线。

司马颖是武帝第十六子，镇邺，响应齐王冏讨伐篡位的司马伦，起兵攻入洛阳。事平后，只朝见复位的惠帝，推功于齐王，然后拜谒太庙，遂归邺。途中发信给齐王告别，齐王大惊，赶忙出城相送，到距洛阳建春门东七里的七里涧才追上。司马颖停车，只是流泪，完全不提时事，惟把关心太妃的疾苦表现在脸色上。

司马颖的这一番动作颇能迷惑舆论：事成拂衣而去，不取利而取义，惟以君主和太妃为念，把忠和孝放在第一位而不计较个人的得失。这忠直的形象是自武帝后朝廷一连串残忍、卑劣的政治斗争中所从未出现过的，所以朝廷上下及百姓没有不对他抱有期待的。但实际上，司马颖是个外表俊美而神智昏昧的人，这种以退为进、收拾人心、合时而动的高级政治策略，不是他设计得出来的，而是其谋主、曾与陆机龃龉的卢志所言。

退功不居、劳谦下士的司马颖自然而然地深孚众望，陆机何能例外！再加上司马颖还从齐王冏的刀下救过他一命，此恩陆机也不能忘。眼见朝廷不太平，屡生变故，陆机便断定司马颖才是能真正力挽狂澜的王者。既然看准了人，陆机不再犹豫，参司马颖大将军军事，又为平原内史。

惠帝太安二年，司马颖和河间王颙合讨控制洛阳的长沙王乂。司马颖对陆机表示了充分的信赖，任陆机为都督，统率王粹、牵秀等二十万之众，兵指洛阳。这个任命，是陆机所久欲而不得的机会，而机会一旦真正来临，又不免踌躇。一是考虑到从陆逊、陆抗起到他就是三代为将，道家忌讳这一点，担心没好下场；二是他本南人，缺乏根基，而司马颖一下子把他超拔于众人之上，宠任过度，不免令司马颖身边人忌恨，陆机也没足够的信心驾驭王粹、牵秀等已有怨意的悍将。

陆机先是向司马颖请辞，不许。乡人孙惠劝陆机把都督顺势让给王粹，陆机又怕人嘲讽他首鼠两端，反易招致祸害，于是决定出发。临行前，司马颖很大方地承诺以郡公、宰辅作为事成之后的酬庸。陆机还是不能放下他的不安，怕司马颖动摇对他的信心；而且出征的兆头也不好，连牙旗都折了。

不过军队的声势还是惊人的：列队从朝歌一直到河桥，数百里都是军鼓之声，汉魏以来，出师从未有过这般盛大。自古文人专兵，恐怕也没这么大的架势。作为主帅，面对如此军容，陆机的满足感想必十足。

在夹杂着兴奋的忧惧中，陆机上了征程。长沙王乂所能调度的洛阳军队不过万余人，却在七里涧把二十倍于己的陆机军队打得溃不成军。这倒不是司马乂一方善于用兵，而是陆机根本指挥不动大军，内部混乱不堪。司马颖嬖宠的宦官孟玖，本与陆氏兄弟有嫌隙；孟玖之弟孟超也在军中，公然蔑视陆机权威，不服从节制，司马孙拯劝陆机当机立断、斩立决，陆机又不能用。于是孟超反咬一口，向司马颖诬告陆机谋反，而军中将领多是孟玖一党，他们共同来指证陆机。司马颖由此暴怒，陆机被牵秀杀于军中，时年四十三，随同遇害的，还有两个儿子。

当年李斯在咸阳市中被腰斩，临刑前对其子大发感慨："想与你牵着黄犬，一道出家乡上蔡县城的东门外去追逐狡兔，已不可得了。"陆机与李斯时异感同，华亭鹤唳，已成余憾。正是：身后有余忘缩手，眼前无路想回头。

20　口若悬河

郭　象

许 多时代都有知识阶层普遍好读的书，以作为共同的知识背景。譬如清代中期流行《红楼梦》，当时有俗语：闲谈不说《红楼梦》，读尽诗书是枉然。而在魏晋，在士阶层中几乎是必读且毕读的，乃《老子》《庄子》，尤其是后者。

《老子》《庄子》之所以能取代儒家经典，成为士人们热衷阅读、思考和谈论的书，一则这些书阐发的是蹈虚的玄理，相对于务实的儒家伦理，散发着智慧的气息，需要更高、更多的智力来思辨和琢磨，这颇能满足士人们自居高贵的优越感。二则契合士人们的人生理想和趣味。西晋后期的名士庾敳，自称老庄之徒，他读《庄子》，说："了不异人意。"● 他觉得《庄子》所表达的正是他一贯的意思，不是《庄子》的思想给予他特别的鼓动，而是《庄子》与他本来的思想若合符契，他从《庄子》这里获得了精神上的共振。

所以《庄子》非常适合名士们借以展开他们的价值追求。当时为《庄子》做注释的有数十家，最著名的，当属河南郭象。郭

● 余嘉锡：《世说新语笺疏》，中华书局 2011 年版。

象，可说是使《庄子》作为一门学术在魏晋时复兴的关键人物。

　　郭象，字子玄，性好老庄，长于清谈。身为名士领袖的王衍非常欣赏郭象，常说："听象语，如悬河泻水，注而不竭。"❶ 郭象的谈论风格，像倾泻直下的水，滔滔不绝。

　　《世说新语·文学》中记有郭象和王衍女婿裴遐清谈的故事：

　　"裴散骑娶王太尉女。婚后三日，诸婿大会，当时名士，王、裴子弟悉集。郭子玄在坐，挑与裴谈。子玄才甚丰赡，始数交，

---

❶ （唐）房玄龄：《晋书·郭象传》，中华书局 2015 年版。

未快。郭陈张甚盛；裴徐理前语，理致甚微，四坐咨嗟称快。王亦以为奇，谓诸人曰：'君辈勿为尔，将受困寡人女婿。'"

裴遐出身于河东裴氏，他无心仕宦，以辩论为主业，很擅长讲叙哲理，辞气清畅，泠泠犹如琴瑟之音。听他谈论的人，无论知与不知，没有不叹服的。也就是说，他的玄理能入知者之心，他的声音能悦不知者之耳；听懂的人自有会心之妙，听不懂的人也有感耳之乐。他的清谈，能给人以理智和情感的双重满足。

他娶的是王衍的第四个女儿。婚后三天，王家的女婿们聚会，当代的名士以及王、裴两家的子弟们全都到齐。这是一等一的豪门盛宴，冠盖云集，名流荟萃。

聚会的保留节目是清谈。郭象在座，率先与裴遐对谈。这可是当世最负盛名的两大清谈高手的过招。郭象才华横溢，其特点是气势盛旺。裴遐思致周密，不为郭象口若悬河的铺陈张扬的辩风所压倒，在郭象凌厉的攻势下仍能从容地梳理所论的观点，把道理说得细致入微。这精彩的辩论引发在座者的一致赞赏，大呼痛快。王衍也为之称奇，提议勿再挑战裴遐，以免被难倒。裴遐好像在辩论中占据了上风，令王衍倍觉荣耀，从王衍的话看来，其意是连郭象都无法在裴遐面前讨得便宜，余子就不必尝试了。郭象之清谈水准，在王衍的评价系统中，其位置可想而知。

郭象本人倒没有多少可以称道的逸闻轶事，史书对他的生平的叙述也比较简略。后来郭象加入了东海王司马越的幕府，受重用，一时权势赫赫。司马越的幕府里云集了一大批眼高于顶的名士，既生瑜何生亮的事，应该来说是很正常的。最洒脱的庾敳，却公开表示对郭象的钦佩："郭子玄何必减庾子嵩。"❶郭象确有过人之处。

不知道郭象是否是因为品尝到了权力的滋味而暴露、膨胀其秉性，得势后他给舆论留下的印象不大好，最后病逝于怀帝永嘉末。

郭象的生平没有多少值得一书的地方，但给后世留下了一部够分量的书，就是《庄子注》，该注释是庄学史中绕不过去的经典之作。

郭象的《庄子注》有他的注释原则和方法，而且形成了一个绵密的理论系统，从这点来说，这部作品已脱离了注释的范畴，可视作郭象本人的哲学思想的表述。郭象借助于注释《庄子》，对魏晋学术界的几个重大思想理论问题，如有与无、动与静、性与命、言与意、名教与自然等，都有所回应。我们在这里主要关注的，是郭象的逍遥观，这深刻地影响到当时士人们的价值追求。

---

❶　余嘉锡:《世说新语笺疏》赏誉第二十六条，中华书局 2011 年版。

《世说新语·文学》中说：《庄子·逍遥游》，过去一直难解，众多贤士苦苦钻研、玩味，但他们的义理均不能超出向秀、郭象的范围。[1]一种思想的伟大之处就在于，它会划边界于无形，它容忍人们大胆地怀疑、激烈地异议、自由地驰骋，但就是始终突破不出这个被划定的边界。在东晋高僧支道林的逍遥新义出来之前，郭象笼罩着人们在逍遥观念上的所有出路。

　　所谓逍遥，是无拘无束、悠然自得的状态。如果简化来说，就是中国古典思想系统中的自由。

　　在庄子看来，逍遥是人生的理想和极境，是对有限的现实的超越。庄子讲逍遥，从大鹏和小鸟的寓言开始。一个宏大，一个卑微，但两者均不得逍遥，因为都是受限的。大鹏需要巨大的时空以及大风，才飞得起来；小鸟尽管飞到数尺高就落地，好像不费力，自由自在，但一则支持它们飞起的条件只不过相对较容易满足而已，不代表不需要；再者，它们自恃飞得轻松，飞得自在，而嘲笑大鹏，这就不是"自得"，而是"自满"，也不是真正的逍遥。就像《秋水》篇中的河伯，以为天下之美尽在自己，而不知天地之广大。然则，究竟如何才臻于逍遥之境？庄子说，必须"乘天地之正，御六气之辨，以游无穷"，简言之，是把自身消融于自然之道中。最后，庄子做了一个归纳：惟有至人、神人、圣人方可逍遥，其特征是无己、无功、无名。有意思的是，庄子并

---

[1]《庄子注》的著作者历来是个聚讼纷纭的话题，有史料记载是郭象窃取了向秀的旧注。但一般认为，郭象只是吸收了向秀的注释成果，而非简单的剽窃。

未从正面定义至人、神人、圣人有什么，而是从反面来立论，指出没有什么。世俗的功名又可归结到"己"上。如果仿效老子的说法，"吾所以有大患，惟吾有身，及吾无身，吾有何患"，庄子的观点应该可以表述为——吾所以有功名，惟吾有己；及吾无己，吾则逍遥。有了自我才有了对世俗的功名的追逐，才把自己淹没在世俗的评价系统中，才有了受世俗社会塑造出来、合于社会期待的自己。

如何"无己"呢？这有个精神上的不断提升的过程，庄子用"忘"来表示。先是忘仁义，然后忘礼乐，最后是坐忘。仁义和礼乐，分别代指世俗社会的价值体系和文化制度；坐忘是"堕肢体，黜聪明，离形去知，同于大通"。也就是说，把社会对人的规制一层层地悬置和涤除，而最后所余下的、所清理不掉的，则是同于大通、游于无穷的本真之自我，这就是逍遥了。很明显，庄子所指的逍遥，乃一种超越了现实的纯粹的精神境界，逍遥绝非一般人所能为、所易至！

郭象呢，把庄子超越的逍遥观阐释成绝对的逍遥观。或者说，郭象所关注的，不是逍遥的超越性，而是逍遥的绝对性。

何谓绝对逍遥？就是普遍可能，即无论任何人、无论在何种处境下、无论有什么遭遇，都可以逍遥。

还是以小大之辩为例。庄子以为大鹏和小鸟，从本质上均不得逍遥，尽管大鹏比小鸟更接近于逍遥。而郭象正好与之相反：两者均可逍遥。其根据则在于各自的本性。郭象很明确地从正面定义了逍遥，就是"足性"——事物只要满足和实现其本性，即逍遥。大鹏之所以要飞如此之高、如此之远，是其本性使然，不得不然，而非乐于如此；小鸟之所以飞如此之低、如此之近，也是出于其本性。所以，大鹏和小鸟的逍遥，论性质一样，两者没有价值的优劣之分。

可足性的逍遥，还只是一种可能性。

因为，大鹏和小鸟在实现其本性的过程中，还是需要条件的支持——这叫"待"。取决于条件，是"有待"；不取决于条件，叫"无待"。"有待"和"无待"，是郭象用以阐发自己的逍遥观的核心概念。哪怕是列子御风而行，对条件的依赖已经降低到最小程度，毕竟还有待于风，无风可御，列子之行也不那么逍遥。所以，足性的逍遥，从可能到现实的过程，关键之处是如何对"待"。

郭象以为，这要区分两种情况：

第一个，是凡人。

凡物如要足性，当然是要依赖于条件的。不过，这个"待"，不必主观上刻意营求，客观上它会自然出现。郭象说："直以大物必自生于大处，大处亦必自生于此大物，理固自然。"像大鹏这样庞大的体量，必然要生在冥海这样巨大的空间中；像冥海这样庞大的空间，势必要生出大鹏这样庞大体量的物种。这是很自然的道理。这就好比，沧海横流，必然英雄迭出；反过来，英雄迭出，也必然正是沧海横流之时。阮籍曾经感慨：时无英雄遂使竖子成名；如按郭象的解释，是阮籍身处的时代，已经变化到没有了适合英雄生长的条件，所以阮籍就只能凭空叹喟历史。

但，我们要发问，难道追究到"理固自然"就为止了吗，有这么简单么！哲学家的思想的深刻，不仅仅是说明其然，更要说明其所以然。郭象可没有满足于发现自然之理，他有进一步的剖析。

郭象把世界的本来图景描述成一种奇妙的和合状态，称之为"玄合"。大千世界，本来自足，也是具足。事物都依照各自的本性而活动，并不考虑其余，无形中形成了"相为于无相为"的态势——每个事物的自为客观上为他物的自为准备好了条件。譬如唇和齿，唇为唇之所为，齿为齿之所为，本来各为各，是"无相为"；但实际上，唇齿反而由此形成了相依、互济之势。有齿，则必有唇为其护寒，反之亦然。基于世界万物这种不期然而然的可能的相互联系，郭象很有把握地说："推理直前，而自然与吉会。"

总而言之，即使凡人，必须有待，方能逍遥，只要率性，自然可足，而不必操心所需要的支持条件不会不自然出现，这就叫消除了对"待"的依赖。郭象说："故彼我相因，形景俱生，虽复玄合，而非待也。"

第二个，是圣人。

圣人当然更胜一筹。圣人实现和满足其本性，不是有待，而是无待。这个无待，不是"不要"条件，而是"不拘"条件。好比后来禅宗所说的：成了佛，不是自此就"不落"因果了，而是"不昧"因果——觉悟之人仍然落在因果关系中，只是他不再被因果所迷昧。

以列子的御风而行为例，郭象说：没有风则不得行，非风不可，列子亦可谓有待了，也就未达圣境。惟"无所不乘"，才是无待。所以，郭象反问：所遇斯乘，又怎会有待！

这是什么意思呢？就是，真正的无待，不可能脱离条件的支持，尽管这支持同时也构成了限制；圣人之所以绝对逍遥，不是有能力摆脱对一切条件的依赖，而是有能力摆脱对特定条件的依赖。圣人不是一定要怎样才行，而是怎样都行；圣人不是"非此不可"，而是"无所不可"。因之，但凡所遇，于圣人而言，皆可而无不可。这是圣人无待的逍遥。

以往人们认为：世俗社会是对人本性的桎梏、扭曲和破坏，似乎只要摆脱社会的限制，拱默山林之中，就是逍遥的了。从郭象的视角看来，这是对圣人的误解，也是对圣人的降格。圣人，并非有待于山林，而所在皆适、无往不逍遥。郭象下了个很睿智的论断：圣人即使身居庙堂之上，其心也无异于山林之中；圣人即使跋涉山川、勤劳民事，其心也不会由此受拖累。这种类型的圣人，其实是魏晋名士们的最高的自我期许，是名士的理想人格的真实想象。

然则，凡人有待之逍遥与圣人无待之逍遥，有什么关系？前者的最终实现依赖于后者的无所作为。尽管世界会在不经意中来配合和提供凡人的足性所需的各种条件，但凡人或者由于不具备智慧的自觉而认识不到自己的本性，或者由于本性被欲望所遮蔽，或者由于现实中统治者妄为的挠动而步入歧途等，均不能走上自足其性的逍遥之路，世界于是乎越来越混乱。

这就需要圣人出，不是用强有力的手段来扭转下滑的颓势，积极施政，刷新气象；而是减损作为，避免骚扰物性，令凡人各返其本然的天性，并以此为起点，自然而然达成其性的圆满实现。这个过程是彼此均得逍遥的过程。

郭象总结：

"夫唯与物冥而循大变者，为能无待而常通。岂自通而已哉？又顺有待者，使不失其所待。所待不失，则同于大同矣。"

从这里面似可推论：如果圣人不能以无为的方式令凡物均至逍遥，他自己也得不到逍遥。所以，逍遥从可能成为现实，是必然的。

就这样，郭象把庄子超越的逍遥，很自洽地解释成以事物的本性为枢纽、以自足其性为目的、以圣人的无为为保障的理论体系，所以逍遥是绝对的——只须心无顾忌、率性而为。

郭象的《庄子注》在当时社会上影响是很大的。

略举一例：有个叫辛谧的隐士，其家陇西冠族，虽处乱世，视荣华如敝屣。冉闵曾经备礼征召，辛谧拒绝了，并寄书陈述心志：

"然贤人君子虽居庙堂之上，无异于山林之中，斯穷理尽性之妙，岂有识之者邪！是故不婴于祸难者，非为避之，但冥心至趣而与吉会耳。" ❶

这段话，几乎完全摘于郭象《庄子注》的原文，可见郭象的注解流传之广。

郭象对《庄子》的阐释，说到了士人的心坎里去了，几乎是他们的价值取向的更玄妙、更普遍的理论表述。郭象为"逍遥"这一理想的人生状态在泥泞的现实中开了一条可行的路径，就是"率性"。逍遥虽然高远，但不遥远。高远，是就精神境界而言；遥远，是就实现方式而言。"逍遥"，就在本性的自我实现之中，而不必在本性之外另寻他途。

既然如此，人又何必再约束自己呢？何况，本性究竟为何，也大可由个人自己来定义。把孝悌仁义视作本性，当然能够规避逾越必要的尺度；但是，声色名利等情欲，又何尝不是本性！而后者更为本来生活条件优越、认为享乐是其特权的士族所喜，等于是为纵情逐欲打开了方便之门——这些非但不可鄙的，反而是无上的自在逍遥之境。

---

❶ （唐）房玄龄：《晋书·隐逸传》，中华书局 2015 年版。

有的名士聚会，他们赤身裸体，在屋子里狂喝滥饮，醉得不省人事；父子勾肩搭背，直称名字；尊不尊、卑不卑，上不上、下不下，你可以说他们不像话，但他们完全可以根据郭象的理论来辩护：你们看不惯，是你们境界不够，看不开而已；其实，这是率性，是旷达，是泯然与万物为一体，是玄同彼我之逍遥，是独化于玄冥之境。

　　还要等几十年，一个叫支道林的和尚出来，才从理论上明白地告诉人们：这不是逍遥，率性不等于逍遥。

21 　**祖尚浮虛**

　　　　王　衍

西晋宗王同室操戈、自相残杀，闹出了一场"八王之乱"。东海王司马越是最后的胜利者，他控制了朝政，环顾宇内，再无人与他竞争，但他也笑不起来，因为他接收的是一座残破不堪、乱成一塌糊涂的江山。孔武有力、蛮狠彪悍的匈奴、鲜卑等少数民族已成气候，他们在中原大地上纵横驰骋、锐不可当。晋怀帝永嘉五年，司马越在讨伐羯人石勒的途中病逝，惶惑的军队推举以太尉转任太傅军司的王衍为元帅，石勒则趁机击溃了这支士气低落的军队，王衍被俘。

多年以来，王衍名满天下，乃当代首屈一指的大名士，其风采令世人敬仰和歆美。石勒可不是个头脑简单、目光短浅的流寇，他聪明、好学、懂政治、有野心，虽为胡族，但对王衍也是慕名已久，趁着这个机会，向历史的见证者王衍征询晋室沦落的根本。他原是奴隶，而如今成为建立霸业的枭雄，他也想弄明白这事究竟是如何发生的。

王衍也不作隐瞒，一五一十地论述了这场祸败的由来。石勒听得颇为动心，王衍很识机，当即为自己开脱、卸责，并劝石勒称帝。这一羞耻的行径，不仅使他丧失了作为晋室重臣的体统，也有辱其名士的身份，惹得石勒不快不说，更加鄙薄其人。石勒把王衍关进民房，夜间推倒墙壁，压死了王衍，给了他一具全尸。

据说王衍在临死前悔恨交加、心有不甘："呜呼！吾曹虽不及古人，向若不祖尚浮虚，勠力以匡天下，犹可不至今日！"❶骄傲的王衍，没料到他居然会落得这么一个结局，他后悔他们这批人当初祖尚"浮虚"，没有齐心协力把国家治理好。人之将死，其言也善，这话确实沉痛之极，足资借鉴。只不过这很有可能是虚构出来的，事情明摆着：王衍是夜忽被排墙压死，哪有工夫气定神闲地大发感慨，乱糟糟的时候又是谁在一旁专门记下他的这番肺腑之言！

中国传统的官修史书大多带有强烈的教训的目的。王衍临终前的这个忏悔，无疑可对后代的读史者产生极大的警示效应——浮虚误国。你们看，推崇老庄、雅好清谈的王衍不就是个活生生的教材吗！有国有家者，可不务实欤！史书把王衍拉出来现身说法，专门为他编排了台词，借其口要令后人引以为鉴、勿蹈玄虚。

必须承认，王衍本人也的确够格做这么个反面教材。

---

❶ 《晋书·王衍传》。另《世说新语·轻诋》第十一条刘孝标注引《晋阳秋》："夷甫将为石勒所杀，谓人曰：'吾等若不祖尚浮虚，不至于此。'"也有可能是王衍预知将死，所以对身边人做个交代。

王衍，字夷甫，是竹林七贤之一王戎的从弟，从小就受达官贵人们的瞩目。

　　还未成年的王衍曾经造访山涛，山涛一见称奇，嗟叹良久，目送王衍离去，感慨：不知是哪个老妇人，生下如此漂亮的儿子！但贻误天下苍生的，也未尝不是此人。[1] 该故事肯定了王衍的天才卓出，也表明了山涛过人的识鉴，但未免有夸张之嫌——一个未成年人要想成长为日后的乱天下者，中间该有多少变数，这岂是能轻易预测的！

　　十四岁时，在京师的王衍代其父平北将军王乂，向尚书仆射羊祜汇报工作，语言很是清爽明白，说得头头是道。这也是很难得的，在大人物面前，能用简明的语言把事情的要点讲清楚，亦

❶　《世说新语・识鉴》记此话乃羊祜所言，见余嘉锡：《世说新语笺疏》，中华书局 2011 年版。

非一般人所能为，不知有多少人词不达意、啰里啰嗦。语言的凌乱，反映的是思维的凌乱，而才十四岁的王衍就显示了天赋的清晰思维。更何况，小小年纪，在德高位重的羊祜面前丝毫不露卑屈的神色。所以，其谈吐和气度令众人刮目相看。

武帝杨皇后的父亲杨骏，想把女儿嫁给王衍。王衍大概不想和逐渐成为众矢之的的杨氏绑在一起，但也不愿开罪权势熏天的杨骏，他装狂以自免。这反映出王衍善于观察和把握形势，也善于自全。

王衍的声名也传到了武帝司马炎那里，武帝特意询问王戎，在当代的精英中王衍可与谁人相比。王戎由衷地夸耀了这个人见人爱的从弟一把："没见到这样的人，只能从古人中寻求。"

泰始八年，故尚书卢钦举荐王衍为辽东太守。因为王衍平时好论纵横之术，所以朝廷的衮衮诸公皆以为他有奇才，可以安定边疆。不知出于何种考虑，王衍退却了，自此不论世事，而转谈"玄虚"。

所谓"玄虚"，主要是指脱离实际事务、集中于形而上领域、多以《老》《庄》等经典为依托的纯粹抽象的哲学问题。谈论这些话题，一是比较安全，因为不牵涉到具体的人事；二是足以彰显谈者的智力优势和优雅风度；三是能充分满足个人精神的需要，驰骋于思辨中所获的乐趣相较于粗鄙的身体享受，另有一番滋味。

谈玄虚，更符合王衍的人生情趣。他不是个庸俗的人，至少不愿表现出庸俗的一面。

譬如，王衍不爱钱，尤不爱谈钱。其父王乂卒于北平，安葬花费很大，王衍还放弃了亲友故旧们的借贷，几年之间，便把家财用尽。王衍也不怎么在意，移往洛阳城西的田园中居住。其妻郭氏是惠帝皇后贾南风的亲戚，品性恶劣，聚敛无厌。王衍痛恨郭氏爱钱，所以口中从不说"钱"字。郭氏想试探他，命令婢女们把钱堆积起来，环绕着床，有意制造通行的困难，逼得王衍发话把"钱"挪开。这个主意够绝的了。王衍早上起床，满眼皆是钱，不便走路，呼叫婢女，"举阿堵物却"❶。他用"阿堵物"——"这个东西"——来代指钱，被老婆逼到这个地步，仍然不肯说出个"钱"字，好像是怕污了口，犹如上古时隐士许由，听说尧要把禅位于给他，就觉得耳朵被玷污了，非要到河里洗一洗。

不容否认，王衍这里有矫揉造作的成分，早就有人指出：王衍资财如山，哪用得着操心、过问钱的事！从不提钱，不过是假清高。此话不错，王衍的清高确实有些假，是刻意摆放、标榜的一种姿态。

王衍就是要在世人心目中树立起"雅尚玄远"的形象；而与这一形象相配的，就是"终日清谈"。

---

❶ 余嘉锡：《世说新语笺疏》规箴，中华书局 2011 年版。

王衍几乎就是为清谈而生的人物，清谈这种高级智力和语言游戏的魅力在王衍身上得到近乎完美的呈现。

他人长得漂亮，是当时有公认的美男子。就魏晋的人物审美偏好而言，人们很重视容颜的白皙，往往把这样的人称之为"玉人"，如裴楷、夏侯湛、潘岳等都有这样的称呼。玉人，并非简单强调肤色的白皙透亮，而是说其人神姿俊逸，因之光映照人。王衍就是个"玉人"。王敦称他："处在众人之中，犹如珠玉在瓦石间。"瓦石暗淡无光，而珠玉则光彩四溢。王戎说他：神采高彻，好像玉树瑶林，自然超过于世俗之外。

以这样俊美的容止，如果再配上麈尾、侃侃而谈，越发美不胜收。麈尾是名士们清谈常用的道具，上圆下平，类似于扇；手捉麈尾，妙语如珠，姿态闲雅，神采飘逸，从视、听、思等方面给人以丰富的精神享受。没有比清谈更能体现名士风采的超凡脱俗了。尤妙的是，王衍的麈尾以白玉为柄，与其白皙的玉手浑无分别，手与麈尾融为一体，这个细节特别适合象征王衍清谈领袖的身份。

清谈，首先是谈，顾名思义是口头表达。口头表达，不比书面表达可以从容思考和琢磨，它需要即时反应，对人的记忆力、组织思想的能力、知识的储备以及言与意的协调能力都有要求。有辩论经验的人都知道，在辩论过程中，出现言不及义、前言不搭后语、自相矛盾、逻辑跳跃等现象都是很正常的。当辩者的精神全集中于辩论的当下，对所出现的种种纰漏往往习焉不察，要事后才会有所醒悟。王衍高明之处则在于：一觉不妥，随口纠正。所以人称"口中雌黄"——雌黄是一种黄颜色的涂料，古人用它来涂改文字。

清谈是名士们热衷的思辨游戏，它所论辩的内容基本在形上之域，如声音中有没有哀乐之情、语言能不能穷尽意思之类的问题。王衍清谈，当然也多在此，不过他也有特别关心的重大问题。

陈留阮修能言玄理。王衍问他："老庄与圣教同异？"对曰："将无同。"❶王衍认可阮修的回答，当即辟他为掾，人称"三语掾"。

"将无"是魏晋时的俗语，大概、或许的意思。老庄是魏晋名士热衷的思想学说，而圣教——儒家学说——则是名义上主流的国家意识形态，一个主张以自然为主旨的率性，一个主张以名教来抑制人性。两家思想究竟有无调和的可能？这既是个尖端的理论问题，也有其现实意义。名士们有必要为他们自己放达恣肆的快意生活从儒家那里找到至少能够自圆其说的理论依据；他们需要在个人与社会、自在逍遥与家国责任中寻找到一种能解说得通的平衡。

---

❶ 见《世说新语·文学》第十八条，版本同上。《晋书·阮瞻传》记此事发生于王戎和阮瞻身上。

清谈对名士的日常语言风格也产生了很大的影响，多简约、凝练、雅致、干净，言简意丰，事明理透。

如西晋时从龟兹入华的高坐法师，不讲汉语，有人疑其用意，但这里面可能没什么特别的用意，名士们就是要把没有多少道理可讲的现象讲出道理来，而且讲得有简洁明了、悠然不尽的韵味。司马昱说："以简应对之烦。"❶ 为省掉应酬对答的麻烦，这话回答得极妙。与其说司马昱是解释高坐道人不讲汉语的原因，倒不如说是就此表达名士的人际交往观：语言不通，正好规避了世俗应酬的麻烦。

在这方面，王衍也是极擅长的。诸名士一起到洛水边游玩。事后乐广问王衍游兴，王衍说："裴仆射善谈名理，混混有雅致；张茂先论《史》《汉》，靡靡可听；我与王安丰说延陵、子房，亦超超玄著。"❷ 裴楷号称"言论之林薮"，他谈起来滔滔不绝，有高雅的情致。张华博览洽闻，知识和见闻广博，论起《史记》和《汉书》，娓娓动听。王衍和王戎说延陵季子和张良，也超脱玄妙。王衍对此次雅集中各名士的风格有准确的描述。

王衍热衷清谈，当然为其好尚所在；此外，另一个原因就是：清谈大兴于时，业已成为一个时代特有的文化符号，是名士的身份标签。门阀士族的势力壮大起来，站在了社会的顶端。富贵为他们这层次的人所固有，过于道德化的形象和生活又非常刻板，

❶❷　余嘉锡：《世说新语笺疏》言语第三十九条、第二十三条，中华书局 2011 年版。

以记诵为能事的学问又难以表露人的天才。总之，富贵、道德和学问，不足以在阶层内部把人做进一步的区分，所以特别需要天赋、智慧的清谈适时地充当了区分、衡量人之高下的尺度。如能在清谈活动中独占鳌头、无往不胜，无疑是身份的最好标榜。

王衍就靠他的无与伦比的清谈能力，跃居为西晋中后期天下名士的领袖人物。

但王衍不是个纯粹的清谈家，清谈只是他的爱好，只是他的高雅生活的点缀、修饰和象征；当然，同时也是他吸引青年才俊追随的一个极好的方式，受他赏识、提拔的人才不少，这显示了他在士族中的号召力和组织力。

王衍好谈，却不止于谈。田余庆先生就有过分析和论断："王衍主要是一个政治人物。"[1] 政治才是他的主业，并不如其女婿裴遐那样专以清谈为务。

---

❶　田余庆：《东晋门阀士族》，北京大学出版社 2012 年版，第 9 页。

西晋开国后一直没有解决好内部的朋党问题。朋党盘根错节，其形成既有历史的渊源，也有武帝登基后为巩固权力而刻意扶植宗室、外戚壮大的因素，于是问题积重难返，成为西晋政权内部的不稳定之根源。王衍游走于各派系中，尽管难免也有短暂失意、靠边站的时候，但总的说来，其地位和权力没有受到太大的影响。

晋惠帝前期，皇后贾南风和皇太子司马遹组成了政治斗争的双方。王衍的一个女儿嫁给了司马遹，一个嫁给了贾南风之侄贾谧。等司马遹大势已去，王衍立刻"自表离婚"❶，迅速与司马遹彻底划清界限。

由于王衍素来轻视司马伦，在司马伦除贾南风得势掌权后，王伦紧要关头又用了佯狂这一招来自我保全，故意斩杀奴婢以自勉。这是他仕途上小小的受挫。其实也不算受挫，只是令他正好避开了祸。司马伦被杀后，王衍赶上时候复出。之后政局继续变动，几个宗王轮流坐庄，但王衍一直稳如磐石。

他另一个女婿裴遐，是东海王司马越裴妃之从兄。司马越掌握朝政后，为谋求士族的支持，把目光投向了身为名士领袖的王衍。王衍则以他的影响力为无甚名望的司马越延揽不少名士入其幕府，史称"司马太傅府多名士，一时俊异"❷。王衍把他身处的形势看得一清二楚，知道国家乱局已定，为巩固其门户的势力，盯

❶ （唐）房玄龄：《晋书·王衍传》，中华书局 2015 年版。

❷ 余嘉锡：《世说新语笺疏》赏誉，中华书局 2011 年版。

上了荆州和青州这两大战略要地，游说司马越同意，分别把弟弟王澄及族弟王敦派过去接管，欲成内外相维的掎角之势，这是他在默观形势后所做的狡兔三窟的打算。

在错综复杂的局势中，王衍游刃有余地攀援上各处关系，政治斗争尽管激烈、残酷，王衍却始终屹立而不倒；他总是很恰当地站到了胜利的一方，而牢固地立足于权力的中枢。他的操作政治游戏的能力，并不亚于他的玩弄清谈游戏的能力。

我们完全可以想见：假如石勒一时脑热，炫于王衍的言辞，欣然接受王衍称帝的建议，王衍将必然是石勒政权中炙手可热的新贵。

清谈误国，到今天已成定论。追源论始，都归结到何晏，特别是王衍的提倡和带动。正好这两个人结局都不好，也就被后人拿来作为误国误己的铁证。

清谈误国，比较含糊，应该仔细清理一下，才可以看出来究竟误不误国，以及在什么情况下才误国——吊诡的是，这本身也可构成一个魏晋语境中清谈的好题目。

首先，如前所述，清谈是一项借助于语言来进行的思辨活动、一种精神游戏，其本身与国家的兴亡、盛衰不沾边。正如酒、女人等只是误国的借口一样，清谈也是如此。相反，清谈的盛行，正力证了人们思想的活跃、开放，还可以提升一个民族的整体思维能力。

至于清谈的内容因以老庄思想为主导，是不是客观上就导致了虚无主义的流行，从而使社会失序，所以才误国呢？这个说法似是而非。任何思想、观念的产生总建立在一定的历史条件下，而不是无端出现。某种思想观念能够吸引大众，不是它本身所致，而是它很好地反映并解释了现实。退一步，即使假定老庄被魏晋人阐释为颓废的虚无主义，那也是因为统治者持续性的争权夺利、残杀异己，持续性的动荡，造成了普遍不安的特殊氛围，才使"活在当下"成为许多人的选择方向，而老庄就是在这种渴求超脱的情况下才得以流行开来。把焦点放在谴责和批判某种思想蛊惑人上，就如同马克思曾经嘲笑的：只要把重力的观念从脑袋里抹掉，落水者就可以自己浮上来。

清谈本身以及所谈的内容与误国无关，那么，偏好与从事清谈的统治精英们，如王衍等人，是不是因之而误国呢？操持国家命运的统治精英们清谈，正如他们在日常声中读书、休闲、运动，都误不了国。如果说他们清谈误国，无异于说读书、休闲和运动也会误国，这很荒谬。但如果他们把绝大部分的精力都投向于清谈，而顾不上治国，是不是误国？即使出现这种情况，叫作不顾正业、玩物丧志，应该批判的是"玩"的态度，而不是"物"本身。统治精英们要是有这种心态，即使不从事清谈，也会有其余的项目被创造出来——需要创造出被需要者。而且，像王衍之流，其实把作为游戏的清谈活动和作为主业的政治活动区分得很清楚：在前一个领域中，他们飘逸、超然；而在后一个领域中，他们世故、老辣。他们既要充分享受清谈的乐趣，也要尽力维护他们的利益，他们不会让清谈贻误他们的根本利益。所以，清谈也不会令它的爱好者因此贻误了国家。

人们讲清谈误国，还有一个视角，即把"清谈"和"实干"对立起来说。实干兴邦，清谈误国。这种说法，已经偏离了清谈的本意，用大而无当、不切实际的空谈重新定义了清谈的内涵。诚然，国家的兴盛是做出来的，而不是谈出来的。如果把"谈"，限定为夸夸其谈、指手画脚、说三道四、不进入行动环节，那确实误事。但如果把事前的沟通商议、集思广益、出谋划策、政策辩论也归为"谈"，显然，这样的空谈是成事的一个核心环节，对治国理政也有必要。谈定而后动，总比权力的掌控者想一出是一出、拍脑袋就开干要有利于国家得多。

其实王衍在政事上也绝非一无是处。当石勒、王弥的军队围攻洛阳，情况岌岌可危时，有许多人主张迁都避难。局面已经糟糕到这个地步，迁都也不是长久之计，反而暴露出朝廷虚怯之实。

因此，主持洛阳大局的王衍反对迁都。他把他的车、牛都卖了，以此来安定人心。魏晋名流贵人普遍好以牛来拉车，牛也是这个阶层的人士日常炫耀、赌赛的筹码。王衍的牛当然名贵不凡，而他当众卖掉、以示不走，这也是名士的风度。

22　天下奇士
　　刘　琨

南　宋诗人陆游有诗，"刘琨死后无奇士，独听荒鸡泪满衣"，表达他对刘琨由衷的敬意。南宋主张北伐的志士念念不忘沦陷的国土，所以对历史上与其所处的时代境况类似的两晋有特别的注意。晋室南渡，偏安江南，留在北方坚持与胡人抗争、矢志平乱的刘琨，就成了令南宋志士仁人格外激动的典型，以寄托其悲凉慷慨的意气，由此陆游独许刘琨是"奇士"。

　　但刘琨并非自始就是个"奇士"，他有过一段痛苦的裂变过程。其生命历程大致可划分为两个阶段：早年浮华放浪，过着跋扈飞扬、放荡不羁的生活；"五胡乱华"后，亲历国破家亡、亲友凋残的惨状，心境于是乎大变。

刘琨字越石，中山人；祖父刘迈，父亲刘蕃，都曾居高位。

　　青年时代的刘琨被舆论品评为"俊朗"，同时又以"雄豪"闻名。所谓"雄豪"，是三国魏晋时英雄一流人物特有的品性和气质，略言之，就是有豪情和壮志，不拘小节，英气勃发，度量恢宏，逸然不群。

　　当时与刘琨并称"雄豪"的，是范阳祖逖。两人曾俱为司州主簿，交情极好，经常共被同寝。发生在他们身上的，有著名的闻鸡起舞故事。半夜鸡叫，在古人看来本是恶声，乃不祥之兆，但两人并无这样的讲究和忌讳；相反，把鸡叫视为自我警惕、砥砺的信号。《晋书·祖逖传》最后的史臣论赞毫不客气地推究祖逖的原始动机是"贪乱"。动乱，对于祖、刘之类的"英雄"而言，反倒是可资利用以施展怀抱的难得契机。平安，往往意味着普遍性的平庸和平凡；而动乱，却能把人压抑和沉埋的生命活力刺激、调度出来，以彰显其非凡。刘琨和祖逖，骨子里都藏着一股不甘凡庸的英锐之气，他们都在等待历史的开掘。

契机还未来临之际，刘琨身上的雄豪之风则以另一种方式散发出来，就是放荡不止、肆意而为。用晚年刘琨回复朋友卢谌的一封书信中的话来说，即"昔在少壮，未尝检括。远慕老庄之齐物，近嘉阮生之放旷。怪厚薄何从而生，哀乐何由而至"。

他自道其少壮时的生活状态，未曾检点过。其实也没必要去检点，这是因为他效法庄子的齐物，欣赏阮籍的放达，所以觉得人生本来无厚无薄、无哀无乐，既然如此，又何必拘束自己呢！

这种说法并没有夸张，年轻时代，他的确就是这么过来的。那时节，正值惠帝贾皇后擅权。贾氏亲党弹冠相庆、鸡犬升天。贾后的侄儿、继嗣外祖父贾充的贾谧为秘书监，权倾朝野，狂悖到连皇太子都不放在眼里。刘琨和石崇、欧阳建、陆机、潘岳等文人都凑趣，环绕在贾谧的身边，结成了所谓"二十四友"，过着诗酒风流、纸醉金迷的快意而奢靡的日子，这也养成了刘琨从未改变的尚豪奢、嗜声色的脾性。

就一个"齐物论"者来说，逢迎权贵、争拜路尘，并不会认为有什么不妥的。因为游朱门，大可视如蓬户；事奉贵人，完全无异于对待氓隶。这不是堕落，而是超脱；不是献媚，而是豁达。当然，预权贵的清客之流，也非易事，才艺是必不可少的。刘琨诗文不错，颇受称许。毕竟，没有像样的文才，断难与陆机、潘岳等第一流文人往来唱和。而且，刘琨在音乐上也有精深的造诣。他有足够的才气来与这些贵人、名士周旋。

年轻的刘琨，阅历还浅，尚不能很好地理解和把握放荡的真正含义及现实尺度，做不到他所嘉许的阮籍那样"至慎"，很多时候滑到了轻浮浪荡的境地；抱着这样的性格，很容易低估世道的凶险，不知轻重。这也是沾染上浮华气息的名士们的一般毛病。

刘琨和兄长刘舆，为武帝司马炎的舅父、一向骄横的王恺所嫉恨。王恺曾召刘氏兄弟留宿其家，准备杀掉，连坑都挖好了。石崇与两兄弟本就关系密切，听闻有变故，当夜赶到王恺处，迫使王恺把人放出。石崇善意地告诫："年轻人怎能轻易入住别人家里。"如果不是石崇及时出手相救，刘琨也许早就不明不白地丢了命。

晋惠帝永康元年，赵王司马伦起兵杀贾后、贾谧，抢到了政权。司马伦的世子司马荂是刘琨的姐夫，凭着这层姻亲关系，刘氏父子三人俱受司马伦的委任。

司马伦这个人，按史书的记载，是个才智平庸、不学无术的人。河内司马氏本是儒学世家，诧异的是，身为司马懿之子的司马伦居然没读过书。他宠信狡黠的孙秀，倚为谋主；两个人睚眦必报，举动荒唐，把朝政弄得一塌糊涂、乌烟瘴气、不成体统，还闹出了狗尾续貂的笑话。为收买人心，因之大肆封赏，普降甘霖，连奴卒厮役也荣获爵位。每逢朝会，貂蝉满座，时人讽刺"貂不足，狗尾续"。

无知无识者，胆子多出奇的大。司马伦利令智昏，冒冒失失地废掉惠帝，篡位当起了皇帝，以司马荂为皇太子。刘琨则任太子詹事，刘舆为散骑侍郎。兄弟们和司马伦纠缠得很深。

司马伦的篡位很快激起了皇族内部反对他的统一战线的形成，齐王冏、成都王颖、河间王颙联军讨伐，兵逼洛阳。司马伦遣军分头迎战，刘琨也在受命之列，与孙秀之子孙会率宿卫军三万人拒成都王颖，结果大败而还。

为战事不利的阴影所笼罩下的洛阳很快发生内讧，惠帝复位，司马伦父子及其党羽基本上都被处决。"首义"的齐王冏入朝辅政，进行了一番政治大清洗；考虑到刘琨父子的声望，特地宽宥了这三个人。以刘琨一家与司马伦的关系及刘琨为司马伦效命的力度，在这场事变中竟能幸免、不被追究，着实有点不可思议。四年之后，也就是惠帝永兴二年，河间王颙与东海王越争权，进讨归属东海王越阵营的范阳王虓于许昌，刘舆时任颍川太守，刘琨则为司马虓长史。司马颙矫诏指名道姓数落，"舆兄弟昔因赵王婚亲，擅弄权势，凶狡无道，久应诛夷"❶，就把刘舆兄弟党附司马伦的这段黑历史拿出来大加挞伐、明告天下，说明时人根本就没忘记他们曾经的所作所为。在严酷的政治派系斗争中，这本是极难抹消的道德污点，而刘琨、刘舆居然能从司马伦事件中全身而退，当有缘由，绝不仅是他们声望高。

史书说刘琨这个人，"善交胜己"❷，即社会活动能力强，善于结交各方面都比他高的人。其兄长刘舆，性格类似，"有豪侠才算，善交结"❸。这应是不错的，他俩与石崇的交往就是个显例。石崇的年纪、位望和功业均要远远高于这兄弟俩，石崇却不怕得罪王恺而力保他们。我们很可能就此推论，与刘琨兄弟交好的权势人物，绝不止石崇一人。大概是在清洗司马伦的党羽之际，刘琨兄弟多年来在洛阳权贵圈所积累的人脉和声誉在关键时刻起了重大作用——如当初石崇出面救援一样，齐王冏也就顺水推舟，放过了刘琨父子。有个旁证：齐王冏本来要追究大文人陆机参与司马伦篡位的责任，是成都王颖以及吴王晏出面保下了陆机。

其后齐王冏执政，刘氏兄弟居然没有靠边站，而是继续上升，刘舆为中书侍郎，刘琨为尚书左丞。兄弟俩迅速改换门庭，攀附上了齐王冏。洛阳城头大王旗的变动，不影响刘琨兄弟官运的

---

❶ （唐）房玄龄：《晋书·刘舆传》，中华书局 2015 年版。

❷ （唐）房玄龄：《晋书·刘琨传》，中华书局 2015 年版。

❸ 余嘉锡：《世说新语笺疏》雅量第十条刘孝标注引《晋阳秋》，中华书局 2011 年版。

亨通。

自赵王伦以来，晋室宗王间你死我活的权力之争便成为社会政治的主要矛盾。齐王冏、长沙王乂接连败亡。成都王颖、河间王颙及东海越展开了西晋王朝最后的残酷角逐；各方也不再有什么顾忌了，把骁勇而难制的胡族引入内战。成都王颖援匈奴以为己助，东海王越则联结鲜卑和乌桓。

形势越来越复杂，局面越来越动荡，刘琨所渴求的历史机遇就这样在不期然中到来。

惠帝永兴二年，范阳王虓被击败于许昌，刘琨营救不及，与司马虓一道奔至河北；落荒之际，刘琨发挥了他的"纵横之才" [1]。

他先是游说冀州刺史温羡，成功地使温羡自动让位于司马虓，为司马虓取得寄身之所；接下来，又衔命向幽州刺史王浚借兵。王浚出身于太原王氏，其父是建立西晋最重要的几个功臣中的王沉。他在幽燕经营有年，花了很多心血培植与境内诸胡族的关系，还把两个女儿分别嫁给了鲜卑段部首领务勿尘及乌桓首领苏恕延，想笼络住两族，收归己用。刘琨得到了王浚的支持，率乌桓突骑，与司马虓渡河，取得一连串的胜利。司马越从长安迎惠帝，刘琨立下了不少功劳，以军功封广武侯。

这段转战的经历，显示出刘琨所扮演的历史角色，始由"名士"逐渐转为"英雄"。

---

❶ （唐）房玄龄：《晋书·刘琨传》，中华书局 2015 年版。

东海王越在最大的两个竞争者河间王颙和成都王颖分别被杀后，独占了破碎的山河。惠帝光熙元年，刘舆入司马越府，立刻以其军政长才赢得了本对他心存防备的司马越的信任。这个时候司马越和王衍正在进行战略布局，分派亲信执掌各大要地，刘舆趁机说服司马越，为刘琨争取到了并州，接替司马越之弟司马腾出任并州刺史。

　　怀帝永嘉元年九月，刘琨从洛阳前往并州治所晋阳。赴任途中，刘琨写下了著名的《扶风歌》。他在诗中描写了行程的急切、奔赴国难的坚决、一路的荒寂、心情的困窘以及前途的叵测。他说："去家日已远，安知存与亡？"他知道这次很可能是有亡而无存。无疑，这很伤感、悲壮、沉痛，但也未尝不是他心之所愿。

　　自此，刘琨波澜壮阔、可歌可泣的人生下半场就正式拉开了序幕。

　　刘琨只是带着个刺史的空头衔上了路，靠他自己招募千余人转斗至晋阳。

西晋全盛时代的并州，下辖六个郡、国，四十五个县，拥有国家编籍的五万九千三百户。由于连年的战乱，人民大批流亡南逃，仅剩下不到两万户。在给朝廷所上的表中，刘琨描述了他一路上的见闻：人民困乏，四处流移，十不存二，扶老携幼，不绝于道。即使是活着的也很艰难，要卖妻子，白骨横野，到处是哀号之声。好几万胡人，周布四山，睁眼就能看到他们劫掠。

治所晋阳，情形更惨：土地荒芜，荆棘成林，豺狼满道，官署焚毁，僵尸蔽地，幸存的人也饿得不成人形。这样骇人听闻的惨象，无疑对刘琨的心灵产生强烈的震撼。

像刘琨这样慷慨的英雄，对满目的疮痍又岂会无动于衷！并州虽然荒残，胡马虽在纵横，这反而更激起了刘琨收拾旧山河、了却君王天下事的万丈雄心。后来他得知挚友祖逖被用，对亲旧说："吾枕戈待旦，志枭逆虏，常恐祖生先吾著鞭。"❶ 他都担心祖逖先于他而立下清理河洛的功勋，可见他气魄之宏大、志向之坚定、情怀之激烈。条件的简陋、环境的艰难、敌手的强大，把刘琨身上的英雄气彻底地催生出来。

作为并州最高负责人，刘琨组织恢复秩序，剪除荆棘，收葬骸骨，兴造府市。各路流寇盗贼轮番攻袭，经常把城门当成了战场。百姓耕田，都要随身携带兵器。在这样艰难的处境下，刘琨积极抚慰百姓，甚得民心。在任未满一年，已有流亡的百姓返回，

---

❶ （唐）房玄龄：《晋书·刘琨传》，中华书局 2015 年版。

又有接连不断的鸡犬之声了。

刘琨几乎是在废墟中重建晋阳，他以其强有力的存在，把各地渴望安全的流民都吸引了过来。据说，刘琨善于安抚民众，却不善于管控。经常一天内有上千人来投奔，同时离去的也前后相继。

《世说新语·尤悔》记载了此事，刘孝标注引了一个观点，认为不实。因为刘琨与刘聪、石勒对抗十年，经常败而能复振，不可能不擅长管控、驾驭民众，此其一；再者，当时人烟稀少，不可能一日内有千人来归附。我认为这个反驳也不能尽信。上千人来投奔随即又走，数字可能有夸大之处，但该事反映出刘琨确有坚韧不拔的意志、慷慨豪迈的意气以及声望、名位和人格魅力，他能感动人、感染人。同时，他身上也存在某些性格作风的缺陷。

有则传说：晋阳被胡骑重重围困，城中窘迫，众人惊惶失计。刘琨于是乘月登城楼清啸，城外的胡人听了，都凄然长叹。夜中又奏起了胡笳，引动了胡人的乡思，都唏嘘流涕，居然放弃围城、撤兵而走。音乐的力量把人感动到了这个地步——仗也不忍再打、城也不想再攻！这故事夸大其词的成分居多，不过这也应基于某个事实，就是刘琨激昂、慷慨的意气，与遭遇乱离之苦、亡命于烟尘烽火中的人特别容易发生心灵的碰撞和共鸣。

由此刘琨能在乱世中吸引大量无依无靠的人前来归附，应无问题。尽管刘琨经历如此多的艰难困苦，但他身上的浮华的名士气并没有完全洗汰干净。他的不拘小节、放纵不羁、倨傲轻佻，很可能减损了他的真诚的人格力量，在无意中冷了对他寄予热切期待的归附者的心。

《晋书》本传就此说：刘琨素来豪奢，嗜好声色犬马，虽然暂时也会自行约束，但不久便故态复萌，又恣意起来。这是很能说明问题的。

刘琨在并州的近敌，以刘聪、石勒为主。面对刘、石，刘琨实力不足，主要依靠鲜卑拓跋部的拓跋猗卢。他和猗卢结为兄弟，还把长子刘遵派过去为人质；又上表为猗卢请封代郡。当时代郡属幽州，割据幽州的王浚不答应，和猗卢发生了武装冲突，由此王、刘两人结怨。

中原板荡，给了刘琨大施拳脚的机会。为增加实力，他派宗人刘希赴家乡中山国筹措资源，属幽州的代郡、上谷、广宁等三郡亦归附，这与同样觊觎冀州的王浚有了直接的冲突。王浚为此甚至停攻石勒，转把斗争目标对准刘琨，晋室在北方残存的最大的两支军事力量就这样火并。刘琨不能抵抗，声望与实力都有所损伤。

当时有个叫徐润的人，精通音乐，很对刘琨的脾胃，获得宠信。贵公子的脾气就是这样的，一旦觉得某人如获其心，就会放任。徐润署晋阳令，恃宠而骄，颇干预政事。护军令狐盛为人亢直，屡屡劝刘琨除掉徐润，刘琨不听。徐润则谮毁令狐盛有劝刘琨称帝的事，刘琨却听信了，也不作调查，就杀掉令狐盛。大概徐润了解刘琨忠心为国，忌讳人说他有异志，所以故意用这个理由来触怒刘琨。刘琨的母亲对其处置大为不满："汝不能驾御豪杰以恢远略，而专除胜己，祸必及我。"❶

令狐盛之子令狐泥于是投奔刘聪，把晋阳的虚实全盘托出，并作向导，引刘聪的军队袭击晋阳。刘琨败得很惨，部下叛变，晋阳沦陷，父母均被令狐泥所杀。

在拓跋猗卢的支援下，刘琨才收复了晋阳。这次惨败，对刘琨刺激很大。他志在复仇，但受困于势单力薄，激愤之下，哀哭泣血，只得抚慰伤病，移居阳邑，召集散失的旧部。

刘琨甚至有过招降石勒的心思。

当初石勒为人掠卖，与其母王氏失去了联系。刘琨居然找到王氏及石勒的从子石虎，遣石虎送王氏于石勒，顺势劝石勒归晋：先恭维石勒用兵如神、百战百胜，又转而为他没有立足之处、没有尺寸之功而抱屈，接着指出沦落至此的原因是附逆为贼，不具备正统性和道义性。然后鼓吹成败有如呼吸，吹寒嘘温，转变很容易；最后则给石勒提供了一条正路：归义，接受晋室的敕封。这套说辞，

---

❶ （北宋）司马光：《资治通鉴·晋纪十》，中华书局 2011 年版。

完全是战国策士们的口吻。但石勒是何许人也，岂会因这个小小的人情而改易志向！况且，石勒还是晋室不共戴天之仇人，不知有多少王公、名流都死在他的手上，他是根本降不了的。所以石勒很简短地回应："晋夷殊途，不是'腐儒'所能知的。"刘琨讨了个没趣。英雄，通常皆有极大的胆气敢于把恩怨、甚至是非放在一边。

其后，石勒欲图王浚，以谦卑的姿态装作衷心归顺王浚的样子，居然把自比汉高、魏武的王浚给迷惑住了。石勒做好了准备，要放手一战，直取幽燕，但担心近旁的刘琨及鲜卑。其谋主张宾分析："刘琨、王浚，虽然同为晋室藩臣，实是仇敌。如果与刘琨修好，送人质求和，刘琨必然得意，很高兴看到王浚被消灭，终不会救王浚而偷袭。"出于斗争的需要，石勒从来不怕降低姿态——他是羯人，做过奴隶，在底层摸爬滚打惯了，在凌辱与杀戮中厮混久了，身上可没有一点儿名士的虚浮；于是派人带信给刘琨，陈说罪过深重，愿讨王浚以自效。

刘琨又一次听信了，大喜过望，还移檄州郡，把石勒的主动求和大大地宣扬了一番，并作了展望，要拿下刘汉政权的政治中心平阳，彻底平定动乱，而且很有信心地说，"斯乃囊年积诚灵佑之所致也" **❶**。

想当然的幻梦很容易被戳破。等石勒大获全胜，生擒了王浚，吞并幽州后，刘琨如梦方醒，知道石勒压根儿就没有归降的意思，

---

❶ （北宋）司马光：《资治通鉴·晋纪十一》，中华书局 2011 年版。

由最初的欣喜转变为忧惧，他在给朝廷的表中自述心态：

"自东北八州，勒灭其七，先朝所授，存者唯臣。……进退维谷，首尾狼狈。徒怀愤踊，力不从愿。惭怖征营，痛心疾首，形留所在，神驰寇庭。……臣与二虏，势不并立，聪、勒不枭，臣无归志。" ❶

王浚一死，晋室在北方残存的力量，基本上就只剩下刘琨一系了。他独撑危局，却力不能支。

而这个时候，支持刘琨的拓跋部发生内乱，猗卢被其长子六修杀死。猗卢的亲信将领卫雄、箕澹等率众约三万余家，投奔了刘琨。这下刘琨实力大增，不禁踌躇满志起来。

刘琨想趁着这股子锐气讨伐石勒。箕澹及卫雄力劝刘琨持重，暂时闭关自守，休养生息，积蓄力量，为久长之计。刘琨不听，执意要战，命箕澹率步骑两万为前锋。石勒用计，引箕澹军入埋伏，

---

❶ （唐）房玄龄：《晋书·刘琨传》，中华书局 2015 年版。

大败澹军。败仗引发了连锁反应，刘琨的长史李弘以并州降石勒。

自此刘琨在并州十年的惨淡经营废于一旦，他已没有了立足之地，进退失据，莫知所为。幽州刺史、鲜卑段匹磾多次向刘琨发出邀请，欲一同扶助王室。走投无路的刘琨从飞狐塞入蓟城，投奔段匹磾。

刘琨对此行其实是很犹豫的。

他考虑到整个北方基本上沦于胡族之手，而自己已无力量来一雪国仇，除了段匹磾，短时间也没有别的力量可以依靠；而又以多年来与胡族打交道的经验，他知道"夷狄难以义伏"[1]，深知彼此多半是乌合，而非义合，很难基于道义及共同的价值理想来联手抗敌。他一无所有，唯剩下一片至诚之心，冀望以此相交，能够有所感化，而侥幸于万一。他对异族抱着这样的用心，对部下更是如此。刘琨每见将佐，发言慷慨，自悲穷途，想要破釜沉舟，率领部下与敌人拼命，死在战场。可以想见，他这份壮烈的情怀和忠贞的品格，势必给部下以极大的鼓舞和感动。虽说他失去了并州，虽说他败得一塌涂地，虽说他行将日暮途穷，但仍然没有失去忠心耿耿的追随者，就在于他个人真挚的理想、品格和情怀作为强大的精神力量能强烈地感召部下，使之不作鸟兽散。

段匹磾是鲜卑段部的首领之一，但不具备号令整个段部的权力和地位。段部最有实力的是段匹磾的从弟段末柸，这个人曾与

---

❶ （唐）房玄龄：《晋书·刘琨传》，中华书局 2015 年版。

石勒交战时被俘，石勒很有远见，厚待末柸，以作为分化段部的一枚最重要的棋子。段匹磾见到刘琨后，非常敬重，与刘琨约为兄弟不说，两家还联了姻。

西晋末代皇帝愍帝被刘聪杀后，晋室残留的希望就在坐镇江东的琅琊王司马睿身上了。建武元年六月，刘琨以司空、并州刺史名义领衔，携在北方的一百八十名有晋名位者联名上表，并派长史温峤赴建康劝进。从此温峤就作为刘琨的政治代表留在了江东，逐渐成为东晋政权的重臣。

刘琨先是与段匹磾歃血为盟，共讨石勒，而为接受石勒厚赂的段末柸所沮，无功而返。紧接着，段末柸袭击奔兄丧的段匹磾未果，俘获了随段匹磾同行的刘琨世子刘群。段末柸厚礼刘群，承诺以推举刘琨为幽州刺史的条件结盟，共袭段匹磾，密遣使者携带书信约刘琨为内应，不巧被段匹磾的人一举擒获。当时刘琨还不知道这事，从驻地来见段匹磾时，段匹磾展示了刘群的书信，刘琨说："与公同盟，志奖王室，仰凭威力，庶雪国家之耻。若儿书密达，亦终不以一子之故负公而忘义也。" ❶

段匹磾向来敬重刘琨，起初还没有加害之意，准备放刘琨回其驻地。但，一则其弟把华夷的民族矛盾置于首位，对刘琨并不信任，怕刘琨趁段部的内讧而有所图，主张不留隐患；二则刘琨的部下密谋营救，准备发动袭击。几个因素叠加在一起，使段匹磾感到威胁不可控，最终缢杀了刘琨。

---

❶ （唐）房玄龄：《晋书·刘琨传》，中华书局 2015 年版。

还有个插曲：当刘琨被囚时，远在江东的王敦也派密使来促段匹磾杀刘琨。何以王敦要做落井下石之事！史料没有确切的记载，缘由不好说。极有可能是王敦忌惮刘琨这样的人物，怕刘琨侥幸逃脱此劫，东山再起，异日会成为他的劲敌。和刘琨气质、抱负相类的祖逖，就颇令王敦有所顾虑。刘琨听说王敦使者至，对其子说："处仲使者来，却不告诉我，这是要杀我了。死生有命，只是遗憾仇耻不雪，无颜在九泉之下见父母。"

刘琨被段匹磾幽禁时，与一个叫卢谌的僚属有过诗书的交流。在《答卢谌书》中，他追忆了生平，描述十年来在并州的心境：

"自顷辀张，困于逆乱，国破家亡，亲友凋残。负杖行吟，则百忧俱至，块然独坐，则哀愤两集，时复相与举觞对膝，破涕为笑，排终身之积惨，求数刻之暂欢。譬由疾疢弥年，则欲一丸销之，其可得乎？"

他经历了从承平到动乱的剧变，经历了从富贵繁华到备尝艰难的巨变，经历了从阖族雍熙到亲友凋残的剧变，经历了从跃马扬鞭到沦为阶下囚的剧变；国家、宗族再到个人，无一不面目全非。所以他无论行吟还是独坐，忧愁和义愤总无法排遣，即使想与谈得来的卢谌促膝而坐、举杯对饮，要破涕为笑，求片刻之欢，也不可得。国仇和家恨集于心中，这是任何高邈的玄理都无法使之释怀的。他终于从被老庄思想所笼罩的崇尚高蹈的时代氛围中走了出来，在支离破碎的现实中遭遇惨淡、沉痛的人生。他以其亲身经历，体会到了情之不能为理所消解的独立和真实，所以在诗中悲慨："何意百炼钢，化为绕指柔。"而正是这种无以名之的哀伤，这种有着巨大的历史悲剧感为基底的慨然，使得刘琨有了超迈时人的奇气！

尽管他壮志未酬、事败人亡，但他成功地完成了自我的救赎——把自己由一个"佻巧之徒"造就为有异操的奇士，他赢得了历史对他的敬重。

23 **难得糊涂**

王 导

西晋最后一个皇帝愍帝司马邺被前汉的大将刘曜攻破长安后俘获，送到了平阳。汉主刘聪在尽情羞辱这位十八岁的末代皇帝后，把他杀害，西晋宣告灭亡。在建康盯着局势变化的琅琊王司马睿松了一口气，接受群臣的拥戴，登基称帝，东晋的时间正式开始。

司马睿是个聪明人，他知道他只是晋室的疏远皇族，几乎没什么声望和根基，之所以轮到他当皇帝，虽是时势的凑泊和推动，但从根本上说，还是离不开琅琊王导的衷心辅翼；王导助他在乱糟糟的局面中几乎走对了每一步，用一副不大好的牌赢了牌局。所以在正月初一朝会这天，当着百官的面，皇帝拉着王导的手，要一起坐到御座上。

这可是有史以来从未有过的一幕，开国皇帝居然真心实意地要与其辅臣共升御座！对皇帝来说，这是对王导功勋的酬谢，是对现实力量格局的尊重；而王导自然坚决推辞。他惶恐地表示："如果太阳和万物散发同样的光辉，令臣下何以瞻仰！"不管怎么说，名分必须维持，尊卑不能抹平。

事情虽说作罢，可它的象征意义不小——再次确证了江东一直纷传的"王与马，共天下"。以司马氏为核心的皇室和以王导为代表的士族，在特定的历史条件下产生了必要的结合，建构了"共天下"的政治结构。如果用宋太祖的话，最高权力好比卧榻，论性质本来只允许独享——无论这榻如何窄，但在非常时候，皇室和士族，互相借重，终于觉得一起酣睡于其上，方为合适。

一手奠定这个奇特的政治结构之基础的人，就是王导。

王导，字茂弘，是西晋开国元勋王祥之弟、光禄大夫王览的孙子。年轻时的王导，与大多数贵族子弟一样，在清华的闲职上积累资历，所以并没有什么特别突出的表现。

东海王司马越取得宗王混战的最后胜利，独揽大权，而王导的从兄王衍与司马越都从对方那里发现能满足各自最关切的核心利益，因之有了政治的深度结合。王导也进入了这个网络，参东海王军事。这个时候王导名望未显，还轮不上他走到前台。

王导和追随司马越的宗室后辈、琅琊王司马睿，本来关系不错。因为王氏家族就在司马睿的封国之内，作为琅琊地方最高贵的门第，其子弟自然和琅琊王有密切的联系。而且，王导是有政治眼光的，见天下已乱，充分了解司马睿这个宗王身上潜在的政治价值，更加倾心推奉。司马睿也很器重王导，两个年轻人有历史的渊源，也有现实的需要，于是乎建立起了情谊。

永兴二年，司马越拟西迎在长安的惠帝，起用司马睿为他看守根据地，镇下邳。司马睿就请王导为其司马，委以军政。两人的历史机遇就到了。其后局势越来越糟糕，司马越和王衍早为之计，物色信得过的人选坐镇各大战略要地。永嘉元年，司马睿和王导被派往了江东。

在司马睿和王导之前，有个叫陈敏的庐江人，时任仓部令史，乘着中原大乱的契机，假借朝廷的名义，居然占据了江东，并取得江东首望顾荣、纪瞻等名士的暂时性的支持。陈敏有心再为孙权，但他的轻举妄动以及政治能力的不足令顾荣等失望，于是他们不对陈敏抱有期待，不觉得陈敏是他们家族利益的合适的代言人。顾荣等遂与司马越联合，起兵斩杀陈敏。陈敏的败亡，使江东出现了一个权力真空，这就为司马睿和王导的衔命填补创造了必要的条件。

王导执政江东，总的来说，起的是黏合剂的作用，尽力弥合南北的地域矛盾以及南渡北人的内部矛盾。

弥合矛盾的工作，简言之，是和稀泥，是睁一只眼闭一只眼，是故作宽大和松弛、网漏吞舟之鱼，是凡事不追究得太过分、过得去就行。非如此，不足以摆平这些复杂的矛盾，不足以维持个大致安定的局面。

《世说新语·政事》中有个故事，反映的就是王导的这种打算：

"丞相末年，略不复省事，正封篆诺之。自叹曰：'人言我愦愦，后人当思此愦愦。'"

王导到了晚年，几乎不再处理政事，只是在封好的公文上画个诺。自己感叹："人家都说我昏聩、糊涂，后人会思念我的这个糊涂呢。"王导不管事，好像是在走形式主义，不是年老体衰后的倦怠和无奈，也不是如魏晋许多名士一样菲薄实际事务，以纵心事外为高、为达。他是有意为之，装糊涂。"愦愦"，应当是王导对自己一生执政理事风格的精确的定位之词。

王导首先碰到的矛盾是南北的地域矛盾。司马睿渡江，曾对顾荣等人说，"寄人国土，心常怀惭"❶，把自己看作是流落异乡

---

❶　余嘉锡：《世说新语笺疏》言语第二十四条，中华书局 2011 年版。

的外人。顾荣很机警，连忙说王者以天下为家，劝司马睿勿以迁都为念等，抚慰了司马睿的心情。实际上，司马睿对他们的南渡表示惭愧之余，无疑也陈说了鸠占鹊巢的事实。因此，真应抚慰的，是江东大族们的心情。他们作为地头蛇，本能地反感北来的龙——甚至还算不上强龙，是流离失所的弱龙。

所以知晓其中利害的王导，花了很多工夫来笼络江东士族。暂且不说选拔吴氏进入东晋政权以及调整和制定政策来保障江东士族的利益这些根本性的举措，王导还很注意日常生活的细节，从文化的融合上着手。

要建立休戚与共的政治关系，通婚是最便捷的方式，合异姓为一家。王导向江东传统朱、张、顾、陆四大姓之一的吴郡陆氏请婚，尽管遭到了其代表人物陆玩委婉的拒绝，可也表示了王导的努力。

融入异地的另一个有效的方式，是语言认同。名士刘惔曾说："丞相何奇？止能作吴语及细唾也。"[1] 刘惔似有不屑之意，觉得王导平平无奇，只不过能说吴语。要知道，当时南渡的北人自恃高贵，相互之间还保留着说洛阳话的习惯。语言的隔阂如一堵墙，直接把南人和北人区分开。王导不能强行扭转北人的心理，也不好抨击其做法，只好以身作则，学说吴语。据说，王导大夏天的常说"淘"字。"淘"是吴语，即冷的意思。试想，地位尊崇、大

---

[1]　余嘉锡：《世说新语笺疏》排调第十三条刘孝标注引《语林》，中华书局 2011 年版。

名鼎鼎的王导，偶尔从嘴里蹦出来吴语，在吴人听来，必是惊喜莫名的，会对王导顿生好感。就好比今天外国朋友说几句汉语，以示对中国的亲近和友好。

东晋政权主要是由南渡的北方士族建立的，政权的稳定及维系，离不开其效忠和支持。王导对这些占据地方的衣冠名族很是宽大，甚至不惜放纵。

吴人顾和，其族叔就是顾荣。王导兼领扬州刺史，曾派遣八部从事到职，顾和也以属官身份下取视察。回来奏报工作，诸人各自陈奏地方官员的得失，唯独顾和无言，对王导说："您身为宰辅，宁可宽纵，何必听信传闻，用所谓明察来行苛细的政令。"这话说到王导心坎里去了，咨嗟称善。王导派遣从事巡查辖地，只是了解地方情况，而不是据此严明法纪、整肃官场。

一个鲜明的例子是发生在名士王述身上的事。

王述出身于太原王氏，其父王承曾任东海王司马越的记室参军，与卫玠并称中兴第一名士；无论门第还是与司马越的关系，王述都是东晋政权最为看重的人。王述起初任宛陵令，搜刮了不少地皮，地方上怨气很大。丞相王导也就是派人提示——还谈不上警告："你是名父之子，委屈你暂时掌管一个小县，很不适合做这样的事！"此话只是提醒王述注意身份，注意影响，稍微自律一点。王导并未拿此事来惩处王述。

在立足未稳的形势下，为全大局，王导选择了必要的放任。

所以史书说："王导辅政，以宽和得众。"❶同僚周顗还在晋明帝前戏称王导犹如卷角的老母牛，行动虽然迟缓，却有善于盘旋的好处，意指王导的不了事的风格。

王导毕竟是有政治智慧的人。难得糊涂，是他为应对局势的无奈之举，而不意味着他真的昏昧。他知道在既定条件下，东晋政权所做的只能是苟安江东；但他也知道不可有苟安之状，至少不能有苟安之念。

"过江诸人，每至美日，辄相邀新亭，籍卉饮宴。周侯中坐而叹曰：'风景不殊，正自有山河之异！'皆相视流泪。唯王丞相愀然变色，曰：'当共戮力王室，克复神州，何至作楚囚相对！'"❷

渡江的达官显宦们，每逢好日子就相邀至新亭，坐在草垫上饮酒。周顗对景生情，感叹："景色没变，只是山河已改。"他们自认为是流寓江东的外人，而他们的北方家乡却已沦陷于胡族之手，满目山河，没个属于他们的地方。这个感慨是沉重的，勾起了在座诸人无限伤心事，所以大家都对视流泪。王导是建立新政权的带头人，当然不能与这些人一道沉沦于哀婉无力的空叹中，不能任由这股情绪蔓延、扩散，此时此刻，他必须摆出带头人应有的姿态，所以当即变色："我们应当协力辅佐王室，恢复神州，

❶ （唐）房玄龄：《晋书·庾亮传》，中华书局 2015 年版。
❷ 余嘉锡：《世说新语笺疏》言语第三十一条，中华书局 2011 年版。

怎能像楚囚一样相对哭泣！"

"克服神州"，是一种信念，是一个精神支柱，是一面凝聚人心、恢宏志气的旗帜，是天命攸归、正朔所在的象征，对失去了家园的流亡者来说，还是把他们从颓唐和绝境中拔出来的希望。如果没有，那么这个政权就彻底沦为偏安、狭隘、苟且的小朝廷。王导看得很清楚，所以他必须站出来，必须作色郑重表这个态！虽然这也只是在作态。只有真正明白的人，才糊涂得了。他是着眼于长远，来考虑目前。

王导营修都城建康也有他的独特的政治考虑。苏峻乱后，建业残破、荒芜，王导反对迁都的提议，主张修缮。后来其孙王恂解释祖父的用意：虽然修复后的建康城迂回曲折，不如许多名城街直路畅，好像气派不足，但这是有原因的：一则江左地方狭促，比不上中原辽阔；二则因地制宜，把街道有意建造纡曲，反而有深不可测的气象。

王恂的解释不无为祖父贴金之嫌，持重的王导不到万不得已不会主张迁都，其营建规划也大半是因陋就简；不过王导顺势避短扬长，就此营造出一种深不可测的气象，既符合魏晋士族的审美偏好，也使孱弱的朝廷至少在表面上给外人以深远、幽邈之感。

所以王导大处考虑妥当、布置得宜，在他所判定的细节上自然可以马虎过去。这也就是他之所以自诩糊涂的原因。

要与各方周旋，把各色人等抟在一起，以形成坚凝的局面，对主持者的性格、素养也有要求。王导几乎就是天生适合做这事的人。

首先，清谈是必须在行的。

王导和他的族兄王衍同样热衷于清谈。《世说新语》中留下了很多王导清谈的雅事。据说，王导最好谈的三个题目分别是：声无哀乐、养生以及言尽意。这三个题目可以辗转延伸，无所不包。除开个人的兴趣使然，清谈也是王导笼络诸名流的方式。名士殷浩任庾亮司马，从荆州下建康，丞相王导为他举行集会，桓温、王濛、王述、谢尚等贵介公子均在座。王导起身亲自解下挂在帐上的麈尾，要与殷浩共谈析理；两人往复辩难，一直谈到三更，旁边的人几乎都插不进。

再者，应酬能力也须具备。

魏晋名士们有个普遍的特点，"类"的意识很强。所谓类的意识，就是把自类和异类区别开的意识，而且这区分是有贵贱、高下之分。一旦类意识形成，优越感也就建立起来，而优越感又通常表现为自觉与异类拉开距离、划开界限、杜绝交往。我们简单举几个例子：

"（荀）粲简贵，不与常人交接，所交者一时俊杰。❶

"（王）述体道清粹，简贵静正，怡然自足，不交非类。❷

"阮修字宣子，陈留尉氏人。好《老》《易》，能言理，不喜见俗人，时误相逢，即舍去。❸

"石秀，幼有令名，风韵秀彻，博涉群书，尤善《老》《庄》。常独处一室，简于应接。"❹

可见，这样的优越感实际上是自我设限，在维护自己高贵的同时也把自己封闭起来。如果说在日常生活里，把社会联系的范围限定于同类中，还不要紧；但如果是政治生活中，非理性地排斥异类，无异于自我孤立，这显然不适合扩大统治基础，不适合维护政治团结。而且，个人的身份意识、类意识如果太强烈，无形中也削弱了自己与形形色色的人周旋、应对的能力。

所以，我们看到东晋以后，随着门阀政治的固化，门阀中人的操作政治游戏的能力反而在弱化——大多数名士，玩潇洒、玩艺术、玩玄学的能力有加无已，而玩支撑起他们生活方式的政治的能力则每况愈下。他们意识上的自我封闭使他们自后、甚至自绝于时代的变化，失去了更新的可能，因而被历史无情地淘汰，当然这需要一个漫长的过程。

---

❶ 余嘉锡：《世说新语笺疏》惑溺第二条刘孝标注引《粲别传》，中华书局 2011 年版。

❷ 余嘉锡：《世说新语笺疏》赏誉第六十二条刘孝标注引《晋阳秋》，中华书局 2011 年版。

❸ 余嘉锡：《世说新语笺疏》文学第十八条刘孝标注引《名士传》，中华书局 2011 年版。

❹ （唐）房玄龄：《晋书·石秀传》，中华书局 2015 年版。

王导则是名士群体中，少见的有应酬能力且也愿意去应酬的人。

《世说新语·政事》云：

"王丞相拜扬州，宾客数百人并加沾接，人人有说色。唯有临海一客姓任及数胡人为未洽。公因便还到过任边，云：'君出，临海便无复人。'任大喜说。因过胡人前，弹指云：'兰阇，兰阇。'群胡同笑，四坐并欢。"

王导被任命为扬州刺史，有宾客数百人来，全受到他的热情款待，每个人都挺满意，面带悦色。这是相当不容易的，几百个人都能被关注到，没人在他视线之外，此为一难；关注不说，还能恰当地寒暄，照顾其当时的情绪，使每个来宾都觉得没被主人有意无意地忽略、慢待，自尊心得到充分的满足，此为二难。该故事中有细节来说明这一点：临海一任姓客人以及几个印度来的僧人作为外宾，似乎不欢。这不一定是王导的原因。但很有可能是他们自身的原因。但即使如此，还是没有逃过王导的观察。王导找机会回到任姓客人身边，说："自打您出来后，临海便不再有人了。"这是恭维任姓客人乃临海地区首屈一指的人物。该客人自然大为高兴。王导再来到胡僧前，以佛教的习俗弹指说："兰阇！兰阇！"兰阇，是古印度赞誉人的话。几个胡僧一听，倍感亲切，都笑起来。四座的气更加活跃、欢快。

《晋阳秋》说："王导接诱应会，少有忤者。虽疏交常宾，一见多输写款诚，自谓为导所遇，同之旧昵。"上面的可为注解。王导有人格魅力，能迅速与各种身份类型的人建立起好感，并打得火热，这在魏晋名士中是极少见的。

善于做统一战线工作的人，其性格大多平易、随和，还多有幽默感。王导善于开玩笑，《世说新语》中就记载了许多王导和人互相调侃、戏谑的轶事。

晋明帝即位，庾亮以外戚的身份崛起，居中枢制衡王导。苏峻乱后，庾亮引咎出镇芜湖，遥控朝政，庾门车马依旧暄暄，而王门则冷落不少。庾、王二氏呈现此消彼长之势，庾亮乃有废黜王导的意图。在这种形势下，王导内心不能平，以他的身份和修养，自然不便直接说什么。于是，当遇到西风扬起尘土，王导举扇自蔽，徐徐说道："元规尘污人。"元规，是庾亮的字。王导的反应方式，是名士们处理政治斗争的特有态度。托物达意，很含蓄地吐露情绪，点到为止，在不动声色、在气定神闲间来进行惊心动魄的权力角逐。

24 人何以堪

桓温

琅 琊王敦生活于两晋之交。在王敦之后，又出现了一位堪与其相比的人物，就是桓温。唐人修《晋书》，就把这两人放在一起，他们气质类似，志向和行为也有几分类似，都操纵和把持过朝政，且觊觎着大位，有问鼎之心，虽然都未曾如愿。

他北伐归来，从北方得一老妇，原来是刘琨的婢女。该婢女一见桓温，潸然泪下。桓温询问缘故，她说：公甚似刘司空。桓温大悦。到外面整理好衣冠，又把她叫过来。她说：面容很像，可惜太薄。眼很像，可惜太小。须很像，可惜太赤。形很像，可惜太短。声很像，可惜太雌。桓温一下子泄气，把衣冠脱掉，昏然而睡，好几天都不高兴。这个故事很有趣，桓温为他终不似刘琨而懊恼。

时人曾形容过桓温："两鬓的胡须好像竖起来的刺猬毛，眉骨突出犹如紫石棱，是孙策、司马懿一流人物的面相。"

桓温经过王敦的墓，连说"可儿，可儿"，意为可爱的人。王敦曾经两次起兵犯阙，如果立足于正统的君臣伦理，王敦是大逆不道，可谓乱臣。桓温却看到的是王敦的可爱，哪点可爱呢？大概是王敦无所顾忌地伸张个人怀抱的英气、雄姿吧。这是英雄惜英雄——如果不作道德判断的话。

　　总之，桓温是个英雄类的人物，他自己也是如此私心自许的。

　　桓温，字元子，宣城太守桓彝之子。

　　据田余庆先生《东晋门阀政治》中的考证：桓温的先祖应是属于曹爽一党而在高平陵政变后被司马懿杀害的桓范，桓氏家族也由此受到牵连而衰落，其后桓氏子弟均力图掩盖与桓范的关系，所以桓氏从此后算不上高门。

　　永嘉之乱后，桓彝渡江，加入了谢鲲等名士的生活圈子，因此扬名于江东，并在晋明帝时参与平定王敦之乱，因功逐渐步入政治上层，后来死于苏峻之乱中。桓温出生未满周岁，太原温峤见他有奇骨英声，叹为英才，所以桓彝就为他取名为温。

少年桓温有血性、有侠气，绝不类当时高门子弟文弱的作风。

一个叫江播的人参与杀害桓彝，桓温枕戈泣学，立志复仇。桓温十八岁时，正遇上江播逝，其子江彪等兄弟三人居丧，严加防备桓温。桓温诡称吊丧的宾客，得以进入，在守墓的庐舍里手刃江彪，然后又追杀他的两个弟弟，大仇得报。当时人很赞赏桓温的复仇行动。桓温还好赌博。他曾经输了很多钱，求助于倜傥不羁、精于赌术的袁耽。袁耽正在服丧中，也无顾忌，换身衣服就与桓温下场，一下子帮桓温赢了数百万。

其后桓温尚明帝女南康公主，袭父爵，正式踏上了仕途。

桓温的崛起，首先得助于庾亮之弟庾翼。庾翼为人慷慨，志在立功名，不尚浮华，尤其看不惯当时殷浩、杜乂等能谈会论、虚有其表的名士，他常说："这类人应该束之高阁，等天下太平后，然后再考虑他们干什么合适！"庾翼唯与桓温友善，两人相期平定海内。庾翼曾经郑重地向晋明帝推荐："桓温有英雄之才，希望陛下不要以普通人、普通的女婿来对待，应该委以重任，必然会建立弘济艰难的功勋。"桓温由是出居方面，由琅琊内史累迁至徐州刺史，为一方大员了。

庾翼死后，王导之妻的姨甥何充取代庾氏家族执政，同样看好桓温，提拔力度很大。何充认为桓温英略过人、有文武识度，是镇守荆楚最合适的人选，于是调桓温为掌控建康上游的荆州刺史。何充对其人事布局欣然得意，每每说："以桓温、褚裒为方伯，殷浩居门下，就没有忧虑了。"自此荆州成为桓氏家族的势力范围，成为桓温英雄事业的发迹之地。

在荆州刺史任上的桓温，跃跃欲试，先拿割据蜀地的成汉政权开刀。晋穆帝永和二年，桓温率兵七千人伐蜀。朝臣们最初都不看好桓温的征伐，唯独名士刘惔认定桓温此行必能成功。刘惔观察过桓温，发现他逢赌必胜，由此看出其人的一大特点——从不做无把握之事。桓温既然下定了决心，必然胜券在握；刘惔只是担心大功告成之后，桓温终将专制朝廷。桓温后来的一系列表现，果然没有令刘惔看错人。

桓温对于征蜀志在必得。他挥师逆江而上，进入奇险的三峡，见上是悬在空中的峭壁，下是奔腾迅急的江水，不禁感叹："既然做了忠臣，就不能再当孝子了，这是没办法的事！"这话也反映了桓温的果决的英雄性格：像忠孝一样世上难以两全的事，不知有多少，既然选择了立功立名之路，就只能按照这个路子的逻辑义无反顾地走到底，这可不由人的意志为转移，是无可奈何的！

抱着这样的决心，桓温一举把蜀给拿了下来。从征伐的成功中，他确证了辉煌的事业是由人自身的力量所造就的。

"桓宣武平蜀，集参僚置酒于李势殿，巴、蜀缙绅莫不来萃。桓既素有雄情爽气，加尔日音调英发，叙古今成败由人，存亡系才，其状磊落，一坐叹赏。既散，诸人追味余馀言，于时寻阳周

馥曰：'恨卿辈不见王大将军！'" ❶

　　桓温在蜀主李势的宫殿中召集亲信僚属及巴蜀的地方精英，大摆筵席。此刻正是他人生得意之秋，所以讲起话来精神格外振奋，腔调格外遒劲。他侃侃而谈，发表对历史的看法，说成败、存亡均取决于才华，言外之意与时运无关。在巨大的成功的刺激下，桓温志得意满，更相信事在人为而不信天命所定，原本不足为奇，这也正是英雄之所以为英雄的地方——曹操也说过他本人不信天命之事。

　　桓温飞扬的意气、磊落的神情，令在座者叹赏不已，以至于散会之后，诸人还未从激动的状态中回复过来，仍寻味着桓温的讲话。

　　《晋书·习凿齿传》云："时温有大志，追蜀人知天文者，夜执手问国家祚运修短。"桓温找知天文的蜀人询问国祚的长短，此事不一定发生在桓温方得蜀之时，他的野心不会暴露得这么急不可耐；但也可说明：伐蜀一役，唤起并助长了桓温内心中潜伏着的非常之欲望。

　　伐蜀除了建立起威名、确证自己的力量，使桓温的个人生活也有所得。桓温把蜀主李势的妹妹作为战利品带回了荆州，这也是历来许多英雄们共同的嗜好。英雄享受他们创业的成果，往往表现在把所击败的敌手家族中的女性纳入其后宫。曹操就特别爱

---

❶　余嘉锡：《世说新语笺疏》豪爽第八条，中华书局 2011 年版。

干这事儿。这是对敌手的双重羞辱，反过来，也是英雄自己的双重快慰，由此所带来的满足感和成就感分外强烈。

　　自后桓温一步步坐大，差点就成了晋室的掘墓人。

　　北方在后赵石虎暴死后，陷入大乱。这大大减轻了东晋政权的压力，也让东晋内部的各个派系看到了北伐这面旗帜的政治意义。桓温则稳打稳扎，在巩固自己既有的势力的同时，不断制造压力逼朝廷北伐以消耗其实力。执政的会稽王引用名士殷浩来制衡桓温，但殷浩北伐失败，被桓温黜免。

　　于是到桓温出场的时间了。

　　他分别于穆帝永和十年、十二年及废帝太和四年共三次举兵北伐，曾经一度攻下过具有象征意义的故都洛阳，且倡议迁都。由于条件所限，桓温无法在北方扎下根来，无法巩固北伐的战果。更重要的，桓温也志不在此。桓温之忧，不在胡族，而在萧墙之内。他的目的是借助于指挥作战的名义以及战场上的胜利来剪除异己力量，逐步扩大个人的势力和威望——借伐外以制内。

他也有的是耐心，等得起。经过二十多年间的三次北伐，基本上把军政大权集于一身，还废黜了一个皇帝，另立了一个皇帝。连废立之事都有了，可以说，他把一个权臣所有能做的都做了，除了当皇帝。

他也确有改朝换代的心思，并徐图实现之，这可是英雄们的终极目标，但桓温遭到了以谢安和王坦之为代表的门阀士族的联合抵制，这抵制是非军事性的，而是政治性的；非有形的，而是无形的。桓温始终顾忌这种若隐若现的抵抗，明明已经"政由己出"，明明已经具备了换代的"硬实力"，终于还是自行放弃。

所以然者，极可能是桓温对文化这种"软实力"异常重视和敬畏，渴望拥有却又力有所不能逮，以致对文化上强势的士族一直怀有相形见绌之感，尽管他很瞧不起名士们的"浮华"，但他又确实向往名士的"浮华"。

这是一种纠结，一种矛盾。

士族在文化上的优越感的最重要的表现之一就是清谈。风气所及，清谈已成为东晋名门贵族中人的身份标识，而不仅仅是个人兴趣及智力游戏这么简单。桓温的发小殷浩，是名士，曾找刘惔清谈，因为水平不高，被刘惔讥讽为"田舍儿"，即乡巴佬。

桓温的出身不那么高贵，相比于王、谢诸氏，当然是低几等的寒门了，甚至还被那些高门嘲笑为"兵"——魏晋时代，军人的社会地位甚低，所以"兵"是个歧视性的称号。桓温得势后，想与太原王氏联姻，为其子向正为其长史的王坦之的女儿求婚。向来以门第自傲的王坦之的父亲王述，得知此事后勃然大怒，斥责王坦之："畏桓温面，兵，那可嫁女与之。" ❶ 在王述看来，把女儿嫁给桓温，无异于表示他们王氏畏惧桓温的权势而不敢不把女儿嫁出去。而王述敢于拒绝桓温，是维护其门第之举，所以《世说新语》的编者就此事许王述为"方正"。

文化一旦形成，是富贵、权势所不能改变、转移得了的，它自有其相对独立的尊严，哪怕它很"虚浮"。桓温是英雄，有雄略英才，傲视同侪，这不消说；但他以"兵家"的出身企图雄踞于社会之巅，除了必不可少的权力的支撑，也必须在文化上能有令人信服之处。

穆帝永和十二年，桓温第二次北伐，登船楼眺望中原，慨叹："使中原沦丧，百年来沦为丘墟，王衍等人，不能不承担责任。"他这是从英雄的角度，斥责王衍的无能、误国。桓温的看法一如

---

❶　余嘉锡：《世说新语笺疏》方正第五十八条，中华书局 2011 年版。

庾翼劝高卧不起的殷浩为国效力时所言："王夷甫，先朝风流士也，然吾薄其立名非真，而始终莫取。"[1] 但，如果从风流的角度而言，那么妙于玄谈的王衍则是桓温们所向往之高标。

桓温并不排斥清谈，相反他对此还挺热衷。

桓温自年轻时便附骥尾于清谈之士。丞相王导曾为出任庾亮司马的殷浩组织过一场集会，王导亲自解下麈尾与殷浩共谈析理。桓温和王濛、王述及谢尚等都在坐。王导谈得尽兴，不禁说正始之音亦正当如此。第二天，桓温对人聊起他的感受："昨夜听殷、王二人清谈，非常美妙。谢尚不感寂寞，我也心有所悟。"桓温是否真对殷、王所谈的玄理有领悟，不好断言，但桓温对高层士族的清谈所怀的热心不言而喻。

靠事功获取重权高位后的桓温，日常生活里也不废清谈，他自己还组织过清谈。桓温曾经召集诸名流谈《周易》，每天解说一卦。简文帝司马昱本有兴趣来旁听，听说每天限讲一卦就作罢，觉得桓温所定的讲法正表明其是外行。在闲暇时，组清谈之局，解说玄虚的《周易》，岂非桓温有意展示的偃武修文的形象？

桓温也挺关注清谈界的动态。他进建康，向刘惔求证会稽王司马昱的清谈水准是否大有提高。刘惔证实：进步很大，不过仍属于第二流。那么谁是第一流呢？刘惔傲然而应："正是我辈。"司马昱当时的身份是宰相，刘惔为其座上宾、谈友，但在清谈场

---

[1] （唐）房玄龄：《晋书·殷浩传》，中华书局 2015 年版。

则是由他这类人来执牛耳。刘惔在清谈上的傲慢和自信的态度，想必给心极为向往之的桓温留下了深刻的印象。

桓温爱清谈，却不擅长谈，在玄学义理上境界不高。刘惔与桓温曾经共听讲《礼记》。桓温发表看法："时时有入心的地方，便觉得离众妙之门不远了。"刘惔听桓温露了底，说："这还不是最高境界，不过是儒生的常谈而已。"看来桓温对儒、道两家思想的分际还不甚明了，但不影响他积极表达见解。

由此，我们看到了一个事功家想为自己贴上清谈家的身份标签的不懈努力，尽管他又委实看不上清谈家。

与桓温情形类似的先有郗鉴。郗鉴是东晋初的重臣，以事功见长，到晚年好谈，可这又非他所长，而他自己还以谈家自居。他曾和王导面别，他想规劝王导执政不要过于宽纵，话不投机，惹得彼此不快。王导要他"勿复谈"❶，这话简直是揭了郗鉴的伤疤，郗鉴脸色阴沉，态度傲慢，再也不肯多说一句。显然王导无意中的失言，伤害了他的自尊。郗鉴也不是高门出身，虽然他事功赫赫且位望已极，到晚年却还要学人来"谈"，只能说明以清谈为标识的贵族文化对郗鉴具有强烈的吸引力，惟其如此，才算是脱胎换骨、真正融入了高贵者之流。

刘裕也不是出于高门，靠军功起家。在东晋末为宰相，其身份转变了，尽管没多少文化修养，不是此路上人，却也开始尝试

---

❶　余嘉锡：《世说新语笺疏》规箴第十四条，中华书局 2011 年版。

"风流"，时或作清谈。一般人也只好随着他，不敢与他认真辩难。唯独一个叫郑献之的人，每次清谈都与刘裕较真，把刘裕逼到理屈词穷、原形毕露的境地才罢休，令刘裕很尴尬。刘裕学清谈，倒也不见得就是附庸风雅。他的地位已经到了这个高度上，而文化又有惯性依旧在社会上强势地运转，他需要涉猎此道来彰显出他的身份。

桓温对清谈的态度，实际上表示的是，他想驾驭和操控士阶层却不得，而不得不有一定程度的尊重和依从。士族所拥有的文化力量及其相应的社会影响力，在特定时刻对桓温这样处心积虑谋求权力、甚至不怕遗臭万年的英雄，居然会产生微妙的影响，使之有所收敛。

《世说新语·雅量》云：

"桓公伏甲设馔，广延朝士，因此欲诛谢安、王坦之。王甚遽，问谢曰：'当作何计？'谢神意不变，谓文度曰：'晋阼存亡，在此一行。'相与俱前，王之恐状，转见于色；谢之宽容，愈表于貌。望阶趋席，方作洛生咏，讽'浩浩洪流．'桓惮其旷远，乃趣解兵。王、谢旧齐名，于此始判优劣。"

太和四年，桓温在第三次北伐中遭遇了枋头之败。为了挽回衰落的威望，他废除了皇帝，立简文帝。失之战场，得之废立。在东晋内部桓温的权力进一步扩张，其野心也昭然若揭。在朝的谢安和王坦之，是士族的代表人物，他们联手尽可能抵制桓温的篡位。上面的故事就是在这个背景下展开。

桓温预备好了鸿门宴，拟借此拔掉谢安和王坦之这两个眼中钉。王坦之惊惧，询问谢安有无预案。谢安神色不变，他知道此行关系甚大，甚至决定着晋室的存亡。究竟谢安有没有脱险纾难的把握？不一定有，只能走一步看一步，见机行事。这是谢安的打算，事已至此，没必要慌张。两人就这样上了路，王坦之越发恐惧，谢安越发镇定。从台阶快到座席时，谢安还模仿洛阳读书人吟诗的声调，咏嵇康"浩浩洪流"的诗句。见谢安如此超旷，桓温临时变计，把伏兵撤下。

这个故事文人应该很喜欢。明代叛逆思想很重的李贽就说过："达者皆言旷远解兵，痴人尽道清谈废事。"谢安成功地以其旷远解除了危险，也延续了晋室的国祚，不就是"旷远解兵"之一例么！

如果故事属实，桓温之所以不杀谢安和王坦之，即使不仅仅是因为"惮其旷远"，不否认也有这个因素在内。

桓温这个人很有意思，他很喜欢在出其不意间观察人的下意识的反应。例如，他曾和司马昱等同车，暗地里命人在车前后击鼓大叫，制造惊恐的气氛。当看到司马昱举止自如、神色不变，桓温大为欣赏，后对人说："朝廷上原来还有如此贤人。"王导之孙王珣任桓温主簿，曾因失礼受众人贬笑，桓温不以为然，拟自试其深浅。在一次僚属参见府主的例会上，众人拜伏在地，桓温则故意从官衙内骑马直出，左右大惊失色、跌宕不得住，唯独王珣纹丝不动，这镇定令众口交誉。陶渊明的外祖父孟嘉任桓温僚属时，在某年九月九日龙山宴会上，没发觉帽子被山风吹落，桓温按捺左右的提醒，以便观其举止。紧急事态下的镇定从容，就是魏晋士阶层中最欣赏的德行——器量。桓温尤爱测试人的器量之大小，说明他内心中对士之精神文化的高度认同。

本来，桓温一生持重，凡事求稳、求周全，从不妄来。换代是他的理想，他想把这事做得更周全、妥善，最好是水到渠成、顺理成章。可惜事与愿违，谢安等人暗地里与他捣乱。除掉谢安不难，关键是谢安所代表的士族并不支持桓温的换代。桓温对士族的抵制不能不顾忌——他本就对士族的文化力量有些许的不自信。所以在是否真的除掉谢安和王坦之的关键时刻，谢安的雅量在令桓温欣赏之余，也唤起了他对士族文化力量一直从未消除过的不自信感。

我们可以用与桓温有类似出身、功略的陶侃来对照。晋成帝咸和二年，执政的庾亮激起了苏峻、祖约的反叛，仓皇逃出建康，求救于地方实力派陶侃。陶侃一直对庾亮心存芥蒂，准备杀他以谢天下。庾亮忐忑地去见陶侃，谁知其风姿神貌，居然令陶侃一见便大为改观，两人叙谈良久，陶侃对庾亮推崇备至，搁下了加害之心。桓温不杀谢安，与陶侃不杀庾亮，是从谢、庾士族所特有的名士风度中照见了他们面对贵族的自惭形秽。

英雄桓温，终于没有做成孙策和司马懿。

桓温北伐时，途经金城，见到他二十多年前任琅琊内史时手种的垂柳，都已长成十围粗的大树了。他慨然有感："树木尚且如此，人何以堪！"他攀着树枝，手执柳条，不禁泫然泪下。宗白华先生在《论〈世说新语〉与晋人之美》一文中就此评道："桓温武人，情致如此！"桓温一介武夫，居然有如此凄婉的深情，这是够令人惊诧的。桓温从柳树的变化中想到了他自己、想到了人自身。时间才是真正伟大的力量，谁能自外于时间！在时间面前，人才发现了自己的短暂和有限，即使他是英雄。他的泫然流涕，是对自己有限的无奈承认。

桓温之所以在换代的门槛前停下了即将跨过去的脚步，可能是他始终存有挥之不去的作为人的有限感：他是一个英雄，不过是一个在门阀政治还相对强大、稳定下的英雄，他不能不受制于他的时代。所以他总是心怀疑虑和敬畏，持重小心，他毕竟不敢为所欲为。

25　风流宰相

谢　安

陈 郡谢氏在西晋时不是第一流的高门，它崛起于东晋，直至整个南朝，都是社会上首屈一指的门第。谢氏的崛起，与谢安所立的功业有关。

谢安四岁时，桓彝称道，"此儿风神秀彻，当继踪王东海"❶，把谢安和号称中兴第一名士的王承相提并论。十多岁时，谢安神识沉静，风宇调畅，善于行书。这已显标准的名士风度了。弱冠时，他造访有名的清谈家王濛，与其清言良久，获得王濛的高度认可。连丞相王导也很器重谢安。有这些大人物的垂爱，谢安的发达是迟早的事。可是，在相当长一段时间内，谢安只想做个悠游林泉的隐士。

---

❶ 余嘉锡：《世说新语笺疏》德行第三十四条刘孝标注引《文章志》，中华书局 2011 年版。

四十岁前的谢安，过的是优哉游哉的隐遁的日子。

他寓居在会稽，与王羲之、许询、支道林等名士、名僧闲游；出则渔弋山水之间，入则言诗、论文、清谈，并无入仕的想法。朝廷及地方大员，纷纷征召、罗致，谢安一概谢绝。

谢安倒也不是以此来沽名钓誉、坐抬身价，他的确对闲散的风雅生活更感兴趣。尽管他在一般名士皆热衷的诗文、清谈等艺文领域水准并非顶尖，也有一般名士所少有的政治才华，但他还是把隐遁作为他的人生选择。谢安的一再坚拒，甚至激怒了朝廷，他被处以禁锢终身的惩罚。这反而为他创造了更大、更高的俗世声名。

谢安曾经与孙绰、王羲之等人泛舟出海，海上风起浪涌，众人皆惊恐，唯独谢安吟啸自若。这个气定神闲的姿态，不一定是刻意装出来的，他大概是有过形势的评估，觉得还不到必须立即回返的程度，而在风浪中的航行更有平时所未曾经历的刺激，所以暂不表态。舟人见谢安如此镇定从容，也就继续前进了。眼看风险加剧，谢安以商榷的语气倡议返回，立刻得到大家的响应。这种情形，是魏晋人最喜欢的观察和评价人之雅量大小的良机。经此事件，大家一致认为谢安的器量足为公辅——因为谢安有高风险下冷静应对的素养。

谢安平素纵情于丘壑，又好挟妓出游，可见他是个不介意享受的人。虽然屡屡不入仕，但有些人其实还是注意到了这一点，比如后来做了皇帝的会稽王司马昱，其时还是宰相，有睹于此，对人说："安石既与人同乐，必不得不与人同忧，召之必至。"司马昱看得很清楚：谢安好风雅、精致的生活，而这又是建筑在陈郡谢氏累积的势力之上；既然乐于享受门户所带来的利益，作为一个明白人，自然会在必要的时候为门户效力。

这一点谢安自己也是清楚的。他的妻子是名士刘惔之妹，见家门富贵，唯独谢安退处、不问世事，有意激励："大丈夫不应当这个样子。"谢安则掩鼻说："恐怕是不免的。"——据说谢安有鼻疾，所以说话习惯性掩鼻。

在谢安之前，在政界代表谢氏家族利益的主要人物分别是其从兄谢尚以及兄弟谢弈、谢万。谢尚、谢弈在位时，谢氏发展势头尚顺，而到谢万，则境况堪忧。谢万是个典型的浮华之士，名士派头大，又好炫耀，却无处理实际军政事务的能力，其实不堪重任。谢安对这弟弟委实放心不下，随万身边，予以提点。谢万后来出任谢氏家族的根基之地豫州的刺史，谢安则与他共同赴任，为的是好弥缝补漏。

晋穆帝升平二年，谢万率军北伐前燕。他虽为主帅，仍不改名士的傲慢的积习，在军中时常以啸咏来标榜他自己的高远。啸，是当时名士们特有的习好。以主帅的身份在戎马倥偬之际傲然长啸，确实潇洒。本来魏晋时代，名士领军作战不少见：诸葛亮羽扇纶巾、指挥若定，司马懿赞为真名士；江东士族领袖顾荣起兵攻陈敏，"麾以羽扇，其众溃散"❶，这姿态也足够漂亮的了。咏啸也没什么，关键是能否驾驭得住军队。驾驭得住、能打仗，自然主帅更显风流——即使不啸咏！驾驭不住、打不了仗，越是啸咏，越露浮华！谢万就属于后者。他从未考虑抚慰将士用命，成天表演他的名士风度。

谢安担心这个弟弟会坏事，同其一起出征。果然谢万出语不慎，极大地伤害了众将的自尊，军中深为不满。谢安赶紧弥补，一个个亲自造访，态度谦逊，表示谢意。其后谢万兵败，军中情绪爆发，众将准备趁机除掉谢万来泄愤，但考虑谢安先前所铺垫

---

❶ （唐）房玄龄：《晋书·顾荣传》，中华书局 2015 年版。

的情谊，这才罢休。

　　谢万既败。谢氏遭受重挫，谢安不得已出山了。当初，他在东山优游养望时，文采风流，世人敬仰，大家不无遗憾地说："安石不出，其如苍生何！"好像谢安不出来主持大局，苍生就失去了依靠似的。我们的传统政治文化，喜欢把苍生的命运寄托在某个卓绝的人物的身上，用苍生的无法走路、无法自立、无法选择、无法把握自己的方向，来反衬和强调主宰他们命运的人的伟大德性和才华。谢安成功地通过舆论把他塑造成这样的人。可惜，他不成器的弟弟损害了他辛苦经营的这个形象。

　　在很不恰当的时候，谢安为了门户，无奈、怅惘地离开了东山，踏上仕途。谢安先是加入了权臣桓温的幕府，任其司马；后任吴兴太守。在桓温死后，谢安与王坦之共同辅政，在此期间成就了他辉煌的相业。

　　李白有诗："但用东山谢安石，为君谈笑静胡沙。"能令李白敬佩的历史人物不多，谢安是其中之一个。谢安不但有辉煌的相业，更重要的是，其人其行尤其符合李白的理想人格范畴。仅仅"静胡沙"是不够的，唯在"谈笑"间做到，这才值得钦慕。前者只是意味着功成，而后者则是举重若轻的风度。即使把大事做成了还不够痛快，唯有成得不费吹嘘之力，也就是成得漂亮，才美得很！

谢安应该是中国历史上最具有宰相风度的政治家了，他构成了后世怀有极强功名心的文人企慕遐想的典范。

关于谢安的功勋和政绩，已是众所周知，不待多言。我们仅说一下谢安的宰相气度。谢安被后人称为"江左第一风流宰相"，他应该是中国历史上最具有宰相风度的了。然则，其风度何在？

首先，他极沉得住气。

《世说新语·雅量》中有故事：

"谢太傅与王文度共诣郗超，日旰未得前。王便欲去，谢曰：'不能为性命忍俄顷？'"

郗超是桓温的谋主，权倾一时。谢安和王坦之前去造访，郗超有意避而不见。王坦之乃贵胄公子，何曾受过这样的气！他等得不耐烦，便要告去。谢安则沉稳得多，发言阻止："难道不能为性命安危再多等一会儿吗？"谢安能忍，且不带有怨气。

还有脍炙人口的淝水之战时谢安的反应。

"谢公与人围棋，俄而谢玄淮上信至，看书竟，默然无言，徐向局。客问淮上利害，答曰：'小儿辈大破贼。'意色举止，不异于常。"

当他接到淝水之战的捷报，并未喜形于色。反倒是客人沉不住气，主动询问战况，谢安只是徐徐道来："小儿辈已破贼。"淝水一战事关整个东晋王朝以及谢氏家族的安危、存亡，其间的利害谢安不可能不在意。但是面对巨大的胜利，谢安淡然处之，似乎此事不值得张扬。降低对胜利的情感反应强度，实际上增大的是消化人生悲喜的气度。我们或许可以说谢安过于矫情了，此刻谁人不将喜悦、兴奋之状溢于言表？但对像谢安这类以高贵自期的人来说，当众的激动，无论是否合理，终究是有失风度、不够漂亮。关于此事，《晋书》本传还有后续的情节：棋局结束后，谢安"还内，过户限，心喜甚，不觉屐齿之折"。他沉浸在胜利的巨大喜悦中，以至于走神了，连屐齿被门槛折断都不自知。

这个故事可见谢安其实一直都在有意地塑造他的深沉、静穆的形象，他的"矫情"不是个人的好尚使然，背后是士族的文化心态的驱动。但人会在情非得已间偏离他的身份，而暴露出内心的真实。《世说新语·尤悔》里有个故事，说的就是谢安情急之下的失态。

"谢太傅于东船行，小人引船，或迟或速，或停或待；又放船从横，撞人触岸，公初不呵谴。人谓公常无嗔喜。曾送兄征西葬还，日莫雨驶，小人皆醉，不可处分。公乃于车中手取车柱撞驭人，声色甚厉。夫以水性沉柔，入隘奔激，方之人情，固知迫隘之地，无得保其夷粹。"

谢安在会稽乘船出行，船夫或迟或速、或等或待，又或者船在水里横冲直撞，甚至撞到人触到岸，谢安从不呵斥、责怪。他不想与船夫计较，放任不管。而他曾为兄长谢奕送葬归来，日暮天雨，车夫都喝醉了，驾不了车。谢安在车里当即操起车柱就撞击车夫，声色俱厉。水在常态下是沉静柔和的，而一旦流入险隘的地方，水势便激荡、腾跃；人的性情如水，在紧迫的时候，也无法保持其平和纯粹之态。谢安这次之所以迁怒于车夫，不合他一贯保持的风度，是因为沉浸在其兄逝世的悲痛中，把车夫的疏漏、耽误当成了情绪宣泄的出口。人未免有情，可能有时候喜怒不形于色，看似淡定，其实是情感不深而已，不深才易控。

再者，处在宰辅地位上的谢安，富于包容。所谓量，除了沉静之外，本来就有"容"的意思。量大的人，包容性极强。

我们看《世说新语·政事》上的记载：

"谢公时，兵厮逋亡，多近窜南塘下诸舫中。或欲求一时搜索，谢公不许。云：'若不容置此辈，何以为京都！'"

《续晋阳秋》交代了此事的历史背景：

"自中原丧乱，民离本域，江左造创，豪族并兼。或客寓流离，名籍不立。太元中，外御强氏，搜简民实。三吴颇加澄检，正其里伍。其中时有山湖遁逸，往来都邑者。"

政府花大力气搜检隐蔽的人口，所以造成士兵、仆役等逃亡，大多藏在秦淮河南塘下的船只中。有人提议搜查这些逃亡者，谢安拒绝了，理由是：如果不能容纳这些人，京师何以为京师！

这是何等的宏伟、博大的气象！先不从功利的角度讲，政府派人大肆搜检逃亡者，是否就能一定如愿！为了一点点人口，就把堂堂京师弄得鸡飞狗跳、人心惶惶，也太不成体统了。这也姑且不说，京师作为一国观瞻之所在、作为中心地带，不在于宫阙之壮与仓廪、府库、城池、苑囿之富且大，而在于其能包容，特别是能藏污纳垢！谢安有这个底气和心胸，容得下逃亡者。像谢安之类真正有名士风度的政治家，能够超越循吏的道德立场，更远远超过酷吏的功利立场。

　　胸次悠然、目光长远的谢安很注重子弟的教育。他的宰相风度使他的教育方式也别具一格、富于魅力。

　　《世说新语·假谲》云：

　　"谢遏年少时，好着紫罗香囊，垂覆手。太傅患之，而不欲伤其意。乃谲与赌，得即烧之。"

　　这则故事讲的是谢安教育侄子谢玄。年少时的谢玄喜欢佩戴精美的香囊，这一生活习性令谢安有些担心。本来，佩香囊、带手帕也不是什么大不了的问题，不过毕竟有些女性化，如果发展下去，有可能使性格定型于阴柔而不是刚毅，而刚毅才是谢安认为男性所应有的。但他不想使用长辈的权威强行命谢玄改换掉，这可能会伤害到谢玄敏感的自尊，也不符合谢安的一贯优雅的处事风格。所以谢安假装与谢玄打赌，以香囊与手帕为赌注，等赢到手，随即烧掉。令谢玄自个儿去体会他的用意。谢安的见识与阅历均远高于年少的谢玄，他既然主动求赌，自然极有把握赢。谢安引诱谢玄入局，利用自己智力和经验上的优势，成其所欲，可谓"诡谲"。

作为谢氏的大家长，谢安有责任培养能够承袭门户的佳子弟。而人才的培养和造就是个艺术活儿，勉强不得，需有智慧。这个故事就体现出谢安的教育方法。谢玄后来能够成大器，创立北府兵，在淝水之战中以弱胜强、击败苻坚，与谢安的悉心培养和教导大有关系。

《世说新语》的《德行》《纰漏》两篇中也有关于谢安教育的故事：

"谢公夫人教儿，问太傅：'那得初不见君教儿？'答曰：'我常自教儿。'

"谢虎子尝上屋熏鼠。胡儿既无由知父为此事，闻人道痴人有作此者，戏笑之，时道此，非复一过。太傅既了己之不知，因其言次，语胡儿曰：'世人以此谤中郎，亦言我共作此。'胡儿懊热，一月日闭斋不出。太傅虚托引己之过，以相开悟，可谓德教。"

谢安夫人不解谢安平时为何不教育子弟，谢安的回答是时常在教。

一般认为谢安是说他以身教代替言教，通过自身垂范，在潜移默化中完成教育。实际上，像谢安这样富于玄学修养的人，所欣赏的教法，是自然而然、不显痕迹的不教之教。而板着面孔的说教，看起来好像在用心教育，基本上没什么效果，更说不上漂亮。

谢安的二哥谢据有爬上屋顶熏老鼠这样的荒唐行径，谢据之子谢朗不知道父亲曾经做过，又听人说只有傻子才干这类事，所以多次嘲笑。虽说谢朗对父亲的嘲笑是无心之过，但毕竟不大好看，说严重点也是不孝。谢安有必要出面来批评教育谢朗，他还是不摆出长辈的架子，趁着谈话的空隙，聊起这事，说此乃世人的诽谤，并说他本人也是参与者。这下子谢朗十分懊悔，知道自己在无意中讪笑其父，一个月都闭门不出，既是羞愧，也是自惩。谢安怕有伤谢朗的自尊心，有意把过错揽上身，其目的是令谢朗"开悟"，由此体会到他自己行事的错谬。这就是谢安的德教：用非教育的方式达成教育的最终目的。

《世说新语·赏誉》有个类似的故事可参照：

"太傅东海王镇许昌，以王安期为记室参军，雅相知重。敕世子毗曰：'夫学之所益者浅，体之所安者深。闲习礼度，不如式瞻仪形；讽味遗言，不如亲承音旨，王参军人伦之表，汝其师之。'"

东海王司马越训诫世子司马毗"夫学之所益者浅，体之所安者深"——这是深谙学习之道的经验之谈，经过体会得到的才是深刻的领悟。体会，则要靠先知先觉者的完美示范。所以司马越要司马毗好好师法为其记室参军的名士王承。谢安的教育方法，就是以自己的表率令谢家子弟去体味和自省。

谢安还有个角色不为人所熟知，他还是魏晋名士文化的传播者。

  其侄谢朗为著作郎，为西晋末任过尚书左丞的王堪做传记。他不熟悉这个人，就去问谢安。谢安说：王堪是王烈之子，与阮瞻为姨表兄弟，是潘岳的中表兄弟，是许允的女婿。王堪并非特别知名的人物，而谢安对围绕着王堪的如此复杂的亲属关系如指诸掌，足见谢安腹笥丰赡，谙熟魏晋以来名士们的生平情况。

  他的身份、地位和影响力，使他对三国西晋的历史的叙述有了权威性。东晋文人袁宏，写了《名士传》，把夏侯玄、何晏、王弼归为正始名士，阮籍、嵇康、山涛、向秀等列入竹林名士，裴楷、乐广、王衍等命名中朝名士。谢安看过书后解释：他曾与人谈论这些事，"特作狡狯耳"❶，也就是开开玩笑，没料到袁宏竟然据此写成了书。谈论西晋时名士的逸闻轶事、妙语佳句，是谢安隐居会稽时、与王羲之等人的风雅生活的一个部分。谢安虽没整理成书，而仅仅是谈论，无形中也赓续了名士文化的精神脉络。袁宏正是依据谢安的谈资，建构起了魏晋时代的名士谱系。

---

❶ 余嘉锡：《世说新语笺疏》言语第九十四条，中华书局 2011 年版。

谢安曾与时人共同谈论人物，侄子谢玄、谢朗在座。他问江夏李充，其伯父李重与名士乐广相比如何。这种提问，是魏晋名士最乐于为之的活动，他们通过品藻具体人物，来传递和塑造他们所期许的价值观。李充回答，赵王司马伦废除惠帝篡位，乐广亲授玺绶；而其伯父李重，羞为司马伦之党，服药自尽，两人没法相比。谢安告诉谢朗："有识者果不异人意。"❶——有见识的人果真说中了我的心思。谢安借助于李充的答辞，教育了自家子弟，进而也促成了士之立身原则的代际塑造和传承。

　　谢安本好音乐，自弟谢万逝后，有十年不听；及为宰辅，期丧中也不废乐，王坦之写信劝喻，也不听从。他身为宰相，却不顾虑"政治影响"，还是很任性的。这大概不是谢安变得骄狂，而是体验到生命的某种无奈，故而寄情于音乐。谢安曾对王羲之说："人到中年，经常伤怀于哀愁，每与亲友离别，总有几天不快。"

王羲之回答："这个年龄段的人，自然有如此感受，所以正需要音乐来排遣。只是怕晚辈们知道，减损了欢趣。"谢安更加坦荡，不但不怕晚辈知道，即使整个社会知道他为听乐而废礼也不在意。不容否认，谢安确有矫情的一面，但只要他觉得有必要，就会放下身份而纵情于所好。

谢安一直未能忘情东山。像他这样地位的人，当然不可能轻易地回归东山。他就在土山上修建别墅，有楼馆，有林竹，每携中外的子侄们来游集赏玩，备有奢华的肴馔，享受精致和恬静的生活。他的做法引起了啧啧人言，但他全然不屑，他不想取悦舆论而汩没了性情。

进入东晋后，名流们一边在朝，一边又向往隐逸，这趋势越发明显。谢安自个儿筑了个假山、别业，聊以慰情。王导这个人，自己不得隐，却把一个叫郭文的隐士，接到自家的林园中供养起来，达七年之久。园内果木成林，又有鸟兽麋鹿，环境布置得如深山密林一样。王导就带着朝士们现场近距离观看郭文的隐居生活。王羲之的妻侄郗超是个很慷慨、会挥霍的人，性好听人说栖逸隐居，有真愿拂衣遁世的，郗超为之建造房屋，备好器物、奴仆，靡费巨资也不吝惜。

谢安、王导、郗超等人，高居庙堂之上，却向往山林之间。尽管郭象说，不能把庙堂和山林对立起来，只要有玄冥的精神境界，庙堂等于山林，但是高妙的理论不足以抹平现实的鸿沟。谢安他们以替代性的方式满足对隐逸的渴求，正反映了这一点。栖

定义漂亮 魏晋名士志

息山林是个人志趣之所在，而高居庙堂则是维护门户利益的责任使然。前者为后者建构了高远飘逸的形象，后者为前者提供了足够的物质条件。两者在玄理上的统一，乃名士风度的现实内涵所决定；两者在现实上的分离，又为名士风度的玄理面纱所遮掩。

在庙堂上越高，离山林的物理距离就越远，而心理距离则越近。但东山，谢安是不可能再回得去的，就如同当年羊祜渴求角巾东路却不得。淝水之战后的谢安声望更隆，谢氏门第更盛，引起了专权的会稽王司马道子的猜忌，此外还有各种奸谄煽风点火、推波助澜，谢安的日子不大好过。他求出朝，外镇广陵，以规避之。他做好了充足的准备，要从水道还东，此志未就，溘然病逝。

26 欣慨交心
王羲之

成年后的王羲之，生活在东晋相对安宁、平静的一段时期，没有经历过太大的忧患、动荡和艰苦。唐杜牧有诗：大抵南朝皆旷达，可怜东晋最风流。王羲之应该是最风流的东晋中最风流时期的最风流人物之一了。

王羲之少时，语言木讷，不是很会说话，这在重视言辞的贵族圈层内，自然引起不了别人足够的关注，所以大家没觉得王羲之有何奇特之处。十三岁时，他曾经造访周颙，周颙经过观察，觉得此儿不凡。当时的饮食风俗偏好牛心，以牛心为至味，坐客们还未开吃，周颙割下牛心，先给王羲之。从此，大家对王羲之的印象改观。

成长起来的王羲之，崭然见头角。言语宏富博赡不说，为人亦有风骨，并擅长书法，为古今之冠。琅琊王氏的代表人物王敦、王导都极器重这个从侄。王敦称誉："你是我们王家的佳子弟。"王导为则为王羲之抱屈："何以不如灼然玉举的刘绥！"这刘绥，据庾琮的品藻：在千人中能自拔于众，在百人中同样能如此。王导以为王羲之亦特立、杰出！

王羲之的成婚也是脍炙人口的风流雅事。《世说新语·雅量》中有详细的叙述：

"郗太傅在京口，遣门生与王丞相书，求女婿。丞相语郗信：'君往东厢，任意选之。'门生归白郗曰：'王家诸郎亦皆可嘉，闻来觅婿，咸自矜持，唯有一郎在东床上坦腹卧，如不闻。'郗公云：'正此好！'访之，乃是逸少，因嫁女与焉。"

郗鉴是东晋开国之初的重臣，本人为流民帅，掌握着一股雄厚的军事力量，镇守京口，拱卫京师。他找女婿，人选就定于王家子弟中。王导知晓用意，所以令郗鉴来传信的门生往东厢任意挑选。很明显，这首先是桩政治婚姻，借以巩固两家的关系；但也并不意味着郗鉴仅考虑出身，而对女婿就完全没有带有他自己欣赏的眼光。门生回去后，向郗鉴汇报了他的观察："王家诸儿郎人材确实都不错。听说郗家来选女婿，均有点儿不自在。唯有一郎，在东床上坦腹而卧，似乎没当回事儿。"郗鉴一听，顿时中意：这个正好！再一打听，原来是王羲之，就把女儿嫁给他。

当时琅琊王氏正处在家族的鼎盛期，可谓东晋最高门第，王家子弟们未必把做郗鉴的女婿看成是多有荣耀的事。被选上未必荣耀，而若是没被看中，面子上可能有点挂不住。抱着这种心态，举止不免做作、不自然，这就说明内心有"矜持"。相比之下，在床上随随便便地袒胸露腹、完全不在意的王羲之，显得格外突出，太洒脱了。精于识人的郗鉴一下子就相中了他。

宋代理学发达，理学家们普遍注重精神的修养，修养的一个用力方向就是"去矜持"。《宋元学案·上蔡语录》记谢良佐：与伊川别，一年复见，问其所进，曰："但去得一'矜'字耳。"伊川曰："何故？"曰："点检病痛，尽在此处。"

谢良佐从程颐学，作别一年后，向尹川先生汇报他修养进益中的心得体会：只去掉了一个"矜"字。说得很简单，可花的工夫不浅。人身上最大的毛病，就在于矜持。一旦有矜于心，做作便出现了。做作，是作伪的开始。这与儒家的"诚"从根本上背道而驰。宋代理学家修身，以化解矜持为工夫。而像王逸少之类的魏晋名士，无甚矜持乃发于天性。王羲之是贵族文化所熏陶出的佼佼者，优越的成长环境自然而然地铸造了他不矜持的天性，而无待于须极大努力的人为修养。

当然，人也不只是总活在这种什么也不在意、介怀的状态中，总会落到现实里，接受现实中被名士们所轻视却又强大的利害关系的规制。就以王羲之的婚姻来说，他的婚姻是一桩政治婚姻；既然是政治婚姻，难免在某些方面要按照政治的逻辑来运转。

《世说新语·贤媛》云：

"王右军郗夫人谓二弟司空、中郎曰：'王家见二谢，倾筐倒庋；见汝辈来，平平尔。汝可无烦复往。'"

琅琊王氏自王敦、王导后，因无人在中枢当轴，气象不比以往。本来，郗夫人的侄儿郗超曾是桓温的谋主，在桓温强势当国时，王献之兄弟时常到郗府请安问候，"甚修甥舅之礼"❶——礼节上是周到的。后人哪曾想到以简傲放纵、随心所欲闻名的王献之兄弟，也有执礼甚周、躬行名教的时候。

花落花开，风水轮流转，陈郡谢氏继龙亢桓氏而兴。这一形势反映在人际交往的网络中，就是态度的冷热会随着人事的沉浮而发生不知不觉地发生转变。王羲之的夫人郗氏告诫两个弟弟郗愔、郗昙不必再上王家的门，因为王家人见到谢安、谢万两兄弟来，翻箱倒柜、倾其所有——在王夫人看来，这热情简直与奉承和巴结没有多少区别；而二郗来，则平平淡淡得很。一热一冷的背后，是谢、郗两家地位的一升一降。当然，更主要的，是琅琊王氏自身的渐衰，所以才造就王家子弟会特别敏感、在意姻亲权势的变化，因而在自觉不自觉中有了相应的人情冷暖。

---

❶ （唐）房玄龄：《晋书·郗愔传》，中华书局 2015 年版。

王羲之主要不是个政治人物，他在政治上也没有太大的作为、建树。不可否认，他自有他明确的政治观念，如反对大族间的权力争夺，反对盲目北伐，主张与民休息、各安其业等。❶

王羲之以其出身、才器和美誉，很受朝廷公卿的看好，诸公卿频召他入朝担任要职，却都被拒绝。扬州刺史殷浩素重王羲之，专门写信劝他应朝廷之征，把他抬得很高，甚至说，"悠悠者以足下出处足观政之隆替"❷，把王羲之个人的进退当成是观察朝政兴废的晴雨表。王羲之回书自叙心志："素自无廊庙志。"❸ 他志不在庙堂之上，即使为官，也是屡在外任。

再后来，他与太原王述有了解不开的仇恨，更是绝念仕途。

王羲之和王述两人自少时齐名，两人家世也相当，但王羲之不知出于什么缘故，非常轻视王述。晚年王述后劲很足，地位和声望更隆。于是王羲之心理出现落差，他固然不介意世俗的名位，可是素来瞧不起的王述居然凌驾于他之上，这口气还真轻易咽不下，一直耿耿于怀。王述在会稽内史任上遭遇母丧，他要处理丧

❶　曹文柱：《论政治生活中的王羲之》，《汉中师院学报》1993 年第 1 期。

❷❸　（唐）房玄龄：《晋书·王羲之传》，中华书局 2015 年版。

事，由王羲之代理其职。王羲之说过好几次要去吊唁，但一直没去；最后总算登门，主人按礼制哭过之后，王羲之竟然不上灵堂，掉头就走。显然，王羲之是意气用事，想用这种方式来羞辱王述。这个情绪当然发泄得痛快，不过两人的仇恨从此彻底结下。

之后王述任扬州刺史，还在会稽内史任上的王羲之就这样鬼使神差地成了王述的下属。王羲之请求朝廷把会稽从扬州中分离出来，另立为越州，但未能如愿，还令朝廷失笑。王述也没闲着，派人暗中收集了王羲之的诸多不合法纪之事，王羲之不堪其辱，称病去职，为表决心，他在父母墓前发下狠誓："从今以后，如果贪冒苟进，就是无尊先人之心，不像个儿子；身为儿子却不像个儿子，是天地所不覆载的、是名教所不容的。"看来王羲之的心被伤透了，把再入仕途等同于背叛名教。话说得如此之重，誓发得如此之狠，即便潇洒如王羲之，碰上难堪的事，也还是很赌气的。

朝廷因为王羲之的重誓，也就不再勉强。这样，王羲之开始了最适合他本性的闲适生活。

去职后的王羲之，游山玩水，弋钓为娱。王羲之家世信五斗米道，与道教徒有来往，又与道士许迈一道服食修炼，不远千里采集药石，穷名山，泛沧海。他闲下来还种植果树，在硕果累累之际，率子抱孙，游于其间，有甘甜可口的，割开分给儿孙一道吃，享受淳朴、真纯的天伦之乐。衣食之余，还和亲故好友们时不时欢聚一二，饮酒赋诗，并把行走于田间的见闻作为谈资。种种得意之状，不可胜言。总之，从官场抽身出来的王羲之，日子过得逍遥自在不说，还有浓郁的人情味，虽然世俗，却不庸俗；虽然平凡，却不平淡。

他确实体会到了遁世隐居的快乐，这与传统隐逸之士的被发佯狂、污身秽迹式的苦艰，不可同日而语。历史上，先于王羲之的许多人之所以选择隐遁，很大一部分是出于严酷的政治压迫，污身是为避祸，佯狂是为避世。自保其身，是最主要的考虑之一，不否认也有全性葆真的，但日子往往过得比较枯槁。王羲之告别官场，虽有王述的因素在内，不过他的隐遁不全然是被逼无奈，毋宁说与王述的矛盾反而给了他决然回归内心真性的契机。

还有，琅琊王氏巨大的经济实力为王羲之的风雅、优游的生活方式提供了充足的物质保障；王羲之不慕荣华，是因为他本就荣华，不必慕荣华，所以他的隐遁生活并不清贫、孤寂、萧索，这又是从前的隐士所不及的。譬如三国时有个著名的土木形骸的隐士——河东人焦先，西晋学者皇甫谧描述他的作风：放弃了荣味，脱掉了衣服，离开了室宅，断绝了亲戚，闭口不言，旷然到把天地当成栋宇，暗合大道之前。除开皇甫谧有意夸饰和塑造的精神境界，从文字中可见焦先的隐遁非常窘迫，尽管他本人无甚介意。原因无他，焦先比不上王羲之有雄厚的家族力量作为生活的基础。

作别官场的闲适日子的确是快意而自在，所以王羲之由衷地感慨："我卒当以乐死。"

晋穆帝永和九年三月三日，王羲之组织了一场风雅的集会，包括谢安、谢万、孙绰在内年龄参差不齐的四十二人聚于会稽山阴之兰亭，王羲之时年五十一岁。

群贤毕至，少长咸集，在崇山峻岭、茂林修竹以及映带左右的清流激湍之间，曲水流觞，饮酒赋诗，这盛况足留青史。王羲之把聚会中众人所作的诗编为一个集子，并写下了脍炙人口的序言，即《兰亭集序》。时人把此文比作西晋石崇的《金谷诗序》，王羲之颇为得意。

该序言很好地叙述了这批东晋精英人士的人生态度。序中说："当其欣于所遇，暂得于己，快然自足，曾不知老之将至；及其所之既倦，情随事迁，感慨系之矣。"

一语道尽了名士们欣慨交心的人生体验。所谓"欣于所遇"，

---

❶ （唐）房玄龄：《晋书·王羲之传》，中华书局 2015 年版。

并非恰巧遇上了有会于心的情景、事物，因之欣然。苏轼《超然台记》说："凡物皆有可观。苟有可观，皆有可乐。"事物都有可观之处，不一定非要是怪奇瑰丽。如果这个信念是成立的，那么人生就不再有令人不快的境遇。苏轼的意思是：快乐不是源于所遇之物，而是源于自我之心境。抱着可乐之心，则无所不乐；抱着非乐之心，虽可乐亦不乐。苏轼本人既如此观之，也如此行之。他人生有诸多不顺，经常有啼笑皆非的荒唐遭遇，如"家在西南，长作东南别"；但即使被贬到岭南边荒之地，他还宽慰道："日啖荔枝三百颗，不辞长作岭南人。"可见岭南也不是找不到令他欣然的东西；即使被贬到更荒僻的海南，他也有说法："九死南荒吾不恨，兹游奇绝冠平生。"

当然，苏轼的这一态度，是经过认识而来的历练和修养才得以形成的。而王羲之的"欣于所遇"，与苏轼的看法有相当吻合之处，不过更多得之于时代所予的禀赋。

名士们襟怀洒脱，向往天际真人，常作出尘之想。以此之故，名士内心的基底是恬淡、虚静的，当置身于世，特别是秀美、清丽的山水中，顾盼之际，在漫无目的的情况下，有所交接，自然而然地有赏心悦目之感，顿觉快然自足。在这种观感下，一觞一咏，便是整个人生；一草一木，即为整个宇宙。非但如此，在这个特定时刻，甚至忘了将老，忘了时间的流逝，刹那本身自成永恒。

是的，王羲之的"欣于所遇"，所表达的是他瞬间即永恒的体会。瞬间永恒的体会，是无限具足的，同时也是超越生死的。所以王羲之会说："我卒当以乐死。"

不过，这种形式的永恒感，毕竟只是一种内心体验，只是主观心境的产物，因而只有暂时性，王羲之也清楚地知道这一点，才说"暂得于己"；待时过境迁，落入现实变化的滚滚洪流中，所遇早已面目全非，而且是不可避免的，感慨于是乎生，内心不能不起波澜，不能不激动、兴怀！

正如"欣于所遇"，不是物使人欣，而是心境使然；"感慨系之"，也不仅仅是感慨所欣之物在俯仰之间变为陈迹，而是感慨所得的快然自足的永恒最终抵御不了变化的侵蚀。没有什么是比变化更真实的了，所以王羲之说"一死生为虚诞，齐彭殇为妄作"——想用庄子的齐物思想把死与生、长寿与夭折看作不分彼此的一回事儿，以图从人生的生死痛苦中超越出来，终究是徒劳、虚妄的，在真实面前终究暴露出这其实不过是自欺而已。

既欣于所遇而又感慨系之，王羲之的这种欣慨交心的生命体验，反映了洒脱本身同时也是挥之不去、化之无方的哀感。这两者，或许作为两极构筑了魏晋名士所特有的完整的心灵结构。

就以王羲之的儿子王徽之为例，如论魏晋名士，王徽之这个人是绕不过去的，其"雪夜访戴"的故事，深显魏晋风流的神韵。他夜醒、出户、观雪、彷徨、吟诗、忆友、兴起、备舟、即行，这一系列行为无一点经过事先的筹划与安排，完全是欣于所遇、即时起意，是兴之所至后的不得不然，其整个行程无疑是快然自足的。但抵达戴逵家门口，废然而返。因为所谓兴致这个东西，不过是临时的、飘忽的情绪。当它上来的整个过程，是具足的，甚至是生命的一切、全部；但它本身不具备持续性，很快就随事而迁，散逸无痕。如果对此事进行反思，而不是沉浸于其所谓兴中、随其往返，自然感慨系之矣！

王羲之留下了不少风流轶事。他爱鹅，听说会稽有个老妇养的鹅善于鸣叫，兴冲冲地率领亲友驾车就观。老妇听说大名鼎鼎的王逸少要来，把鹅宰杀，款待王羲之。这事，典型地反映世俗人情和名士风流的区别。

王羲之对王述、支道林等与其对等的名士、名僧均有一定的倨傲，而对平民却有少见的亲近。他曾在戢山看到有个老妇拿着六角竹扇卖，遂在扇面上各题五字。老妇有点生气，嫌他脏了扇子，王羲之笑道："只管说是王右军的字，一把扇子可卖百钱。"老妇将信将疑，照他说的做，果然人抢着买。过后，老妇再拿扇来求题写，王羲之笑而不答。

27 即色游玄
支道林

佛教自东汉传进中国，这种异域的宗教以及思想给了中国人丰富的启示和刺激，吸引了一代代的信众。佛法，在中国有个逐渐普及的过程，而中国人对佛法的领会，也有个逐渐深入的过程。两者的相互适应、改变，即所谓佛教的中国化。佛教的中国化是全方位的，这里无法详论，但至少有法及传法者的中国化。

东晋时的名僧支遁，就是这么一个典型人物。

支遁，字道林，本姓关，籍贯不确定，据说是陈留人，也有一种说法是河东林虑人。他生于西晋愍帝建兴元年，卒于东晋废帝太和元年，从小就流露出非凡的领悟哲理的能力，二十五岁时出家。

西晋时，僧侣们就已进入名士圈。到东晋，这股风气更盛。僧侣们之所以能吸引名士，一方面是其熟悉的所有佛教义理是清谈的好题目。另一方面，还在于僧侣们也名士化了，他们的沙门或者异域的身份，反而更容易凸显名士们素所中意的方外风度。如一个叫帛尸梨密多罗的西域僧人，被尊称为高坐道人。传说他是个王子，把国家让给了弟弟，他自己则落发出家。这让王的高义，本就受传统价值观的嘉许，且人又天姿高朗、风神超迈——完全是一副名士的样子，所以丞相王导一见就生好感，"以为吾之徒也" ❶。王导说和尚是他们这类人、他们这个圈子里的人，显是把他归为名士。所以，僧侣们是以名士的身份挤入东晋的达官、名流阶层。

而相比于高坐，支道林的名士气度更纯。《世说新语》中支道林是轶事最多的几个人物之一，大约有五十多条，足见他在当时名流圈子中的活跃程度。

名士们引支道林为同道。

孙绰把支道林与向秀并列："支遁、向秀，雅尚庄老，二子异时，风好玄同矣。"

王濛则比其为王弼："寻微之功，不减辅嗣。" ❷

---

❶ 汤用彤校注：《高僧传·卷一》，中华书局 1992 年版。

❷ 余嘉锡：《世说新语笺疏》赏誉第九十八条，中华书局 2011 年版。

谢安说："嵇康须努一把力，才赶得上支道林的清谈水平。"

殷融为清谈家卫玠绝倒，以为自卫玠逝世后，再没有人能与其精神风韵比肩，而见过支道林后，感叹："如重见卫氏。"

郗超更是对支道林推崇备至："林法师神理所通，玄拔独悟，实数百年来绍明大法，令真理不绝，一人而已。"

孙绰、王濛、谢安、殷融、郗超等皆为第一流的名士，他们把支道林和魏晋以来的玄学名家相提并论，都对支道林的清谈和义理能力推崇备至。

有趣的是，支道林长相丑陋，在一个重视容止的年代里，他却能赢得时人的倾倒，看来，时人对他也是"略其貌而取其神"——这句话也是有来历的，支道林讲佛法，解释章句，或有所漏，拘泥于文本者，难免有疑。谢安倒是欣赏支道林的讲法，他说："这好比九方皋相马，略其玄黄，而取其俊逸。"谢安所说的，正是名士的读书谈理的标准作风，以领略精神为高超，而反对沉溺于文字、章句。

支道林的立身行事也是名士的做派。

关于他的轶闻有不少。有人送给他马，支道林很爱惜，蓄养起来。和尚养马，这形象有些别扭，很稀奇，所以就有人讽刺支道林其行为不雅。支道林说："主要是爱马的神俊。"还有人送支道林鹤，支道林对鹤说："你是冲天之物，怎能为人豢养，作人的玩赏之物！"于是放鹤而飞。

魏晋的名士是有生活情趣和格调的，多有癖好，如嵇康好锻、王济爱马、阮孚好收集木屐、王羲之好鹅、王徽之好竹等。嗜好一方面是生活的寄托，另一方面还能显示人之精神境界，在享受嗜好的同时还能避免沉陷于其中，才有超脱的情致。支道林爱马，欣赏的是马的神俊；爱鹤，却不愿拘其天性，使它沦为玩物，而放它高飞。这都是标准的名士做派。

支道林也有名士通常皆有的倨傲。他应晋哀帝之请，从会稽入建康。谈友王坦之精心准备了精深的玄理以及奇丽的辞藻，要在支道林面前显露一手。他谈了数百句，自鸣得意，而支道林徐徐说道："与君相别多年，你的义言水平全无长进。"王坦之大惭而退。❶

支道林的《庄子》"逍遥新义"，传诵一时。

在支道林之前，阐发庄子逍遥之意的权威是郭象。所以支道林讲逍遥，议论的指向无疑是对准郭象。其新，也表现在与郭象

❶ 《世说新语·文学》第四十二条记为王濛，据学者王晓毅考证，应为王坦之，见其文《支道林生平事迹考》，载于《中华佛学学报》第八期，1995 年 7 月。

的不同。

我们论述郭象时，曾经分析过，郭象把庄子超越的逍遥观阐释成绝对的逍遥观。即，无论任何人，在任何情境下，均有逍遥的可能，只要率性直往，这里有其必然性。郭象把逍遥区分为圣人式的和凡人式的，后者依赖于前者。前者，才是真正的、至高的逍遥。但在流传过程中，郭象的逍遥义又被简化成适性即逍遥。总之，郭象讲逍遥，是力图证明逍遥不必脱离现实，在现实中即可充分实现。

支道林说不然，这可不叫逍遥！

譬如桀纣这样的残暴的统治者，以残害生灵为其天性，他们从其暴虐的统治中获得快乐，这于桀纣而言，也是适性，难道这也是逍遥么！很明显，尽管逍遥不同于道德，但也不能把低于道德、甚至反于道德的行为，也称之为逍遥。换言之，作为逍遥的适性，在道理上不能为行恶提供任何可能的辩护。支道林对郭象的批判，当然不符合郭象完整的逍遥义，但也未尝不是郭象理论上的一个漏洞、一个马脚，就这样被支道林给逮到了。

所以支道林的立足点，是重新回到并强调逍遥的超越性，现实不足以支持逍遥的实现。

支道林说：

"夫逍遥者，明至人之心也。庄生建言大道，而寄指鹏鷃。鹏以营生之路旷，故失适于体外；鷃以在近而笑远，有矜伐于心内。至人乘天正而高兴，游无穷于放浪。物物而不物于物，则遥然不我得；玄感不为，则逍然靡不适。此所以为逍遥也。若夫有欲，当其所足，足于所足，快然有似天真，犹饥者一饱，渴者一盈，岂忘烝尝于糗粮，绝觞爵于醪醴哉！苟非至足，岂所以逍遥乎！"❶

郭象以为鹏和鷃，均可逍遥，只要满足了各自的本性。支道林的解释恰好相反：两物均不得逍遥。鹏的问题出在客观上，其生存所需的条件太大；鷃的问题出在主观上，以己笑他，有矜夸之心。至人——理想的人格，可不是这样的，他们在乘天正、游无穷中获得最高的快乐。他们的特点是：主宰外物而不被外物所主宰，虽然不为，却能有感而因应环境，所以无往而不逍遥。

支道林和郭象的区别具体表现在对于"足"的理解：郭象简单强调"足性"；支道林以为似是而非，即使欲望满足了，确实快然，但如饿的人吃了个饱、渴的人喝了个够，难道就此而忘怀糗粮和美酒！所以，逍遥不是一般的自我的满足、自足，而是最高的满足、至足。至足，显然不能从现实中获得，而只能从对现实的超越中获得。

支道林的逍遥新义出来，顿时风靡士林。

王羲之起初自负隽气，轻视支道林；在会稽内史之任时，孙绰曾与支道林登门造访，王羲之还露出拒人千里的意思，不与支道林交谈。见情形不对，支道林也不愿过于热情结交，这不符合

---

❶　余嘉锡：《世说新语笺疏》文学第三十二条刘孝标注引支道林《逍遥论》，中华书局 2011 年版。

其高傲的性格，须臾自退。后来有次正值王羲之要外出，车都已备好在门口了，支道林开口请王羲之止步，开始论起《逍遥游》。支道林讲了洋洋数千言之多，才思和辞藻均新异奇绝，有如繁花烂漫，交相辉映。王羲之听得痛快，遂敞开衣襟，解开衣带，流连不忍去。此后，王羲之成了支道林的吹鼓手，曾赞他"器朗神俊"❶。王羲之对支道林态度有个变化的过程，由轻视转为折服，这全是因为支道林在"逍遥"上的新义。

支道林能拔理于郭象之外，在对逍遥的阐释上另辟蹊径、别开生面，基于他深厚的佛学修养，是他领悟佛教般若学的一个结果。

佛教般若学东汉末传入中国，一开始没产生太大的影响。一是翻译的水平不高，与原典相比，有很多舛误、乖违的地方，总之，对"空"义缺乏准确、全面的介绍。二是中国人的思辨能力

---

❶ 余嘉锡：《世说新语笺疏》赏誉第八十八条，中华书局 2011 年版。

还没有达到完全能理解"空"的程度，这还要等待玄学的兴起和发展。

质朴的儒家经学随着天下大乱失去了它的意识形态的统治地位，它的重要性尽管未被否认——治国齐家还离不开经学，离不开经学所支持的礼教，但是对它的怀疑业已产生。在传统思想内部，惟有道家的思想资源可以重拾，在形而上的空间中，反思人的生存问题。所以，依托于道家的思想，魏晋时流行起了玄学。玄学利用有无、本末等范畴，来解析、定义人与社会的关系以及理想人格等这些根本性的问题。玄学极大地促进、刺激和提升了中国人、特别是名士们的抽象思维能力。这为后人进一步接受般若学提供了主观思维上的条件。

一个叫朱士行的中国人，曹魏时到西域求法，西晋中后期，他遣弟子送回了原本的般若经典，推动了般若学的流行。不过，般若学毕竟是种异质的思想观念，与中国人的传统思维方式大相径庭。尽管经过了玄风的熏陶，名士们也不容易准确理解，僧侣们也不容易说清。所以就发展出了一种变通的方法，即所谓"格义"——用玄学的术语来比附般若空义。这也是异质的文化在融合过程中常见的情形。玄学为佛学的落地搭建好了平台，而佛学为了适应玄学的平台，也不得不改变自己的本来面目。

名僧支愍度为在江东打开局面，创立了"心无义"，以此来说"空"。

何谓"心无"？用号称秦人解空第一的僧肇的说法，是"无心于万物，而万物未尝无"❶。也就是说，把万物的虚实与否悬置在一边，而只取心之无。这种观点的长处是肯定了"神静"的玄虚的精神境界。"心无"义，很契合郭象的说法，当然很容易被玄学修养深厚的东晋名士们所接受。这是支愍度为立足江东不得已而为之的方便之法，用他自己的话来说，不如此"恐不办得食"——连饭也没得吃。后来其同道托人带话，提醒他"权救饥耳，无为遂负如来也"❷，叫他不要把权宜之计当成目的，摸到了石头就不肯过河，背弃了佛教的根本宗旨。

支愍度的"心无义"只是东晋时玄佛合流的过程中所诞生的般若学的一个流派，此外，还有本无、本无异、识含、幻化、缘会以及即色等其余派别，合称六家七宗。

其中最有理论深度的，当属支道林创建的即色宗。《世说新语·文学》篇中刘孝标的注释保留了支道林的即色义的相关资料。

"夫色之性也，不自有色，色不自有，虽色而空。故曰：色即为空，空复异色。"

所谓"色"，是指现象。"空"，指的是现象的本性虚幻不真。般若学的宗旨是承认诸法皆空。如何解释"空"？这却是个大问题。鸠摩罗什来华后，带来了印度龙树、提婆的中观学说，才使中国思想界得以完整、准确地了解"空"之含义。所以，六家七宗的观点，都不免失之于偏颇。不过，支道林的即色义，相比于

❶ 张春波校释：《肇论·不真空论》，中华书局 2010 年版。

❷ 余嘉锡：《世说新语笺疏》假谲第十一条，中华书局 2011 年版。

其余几家，更接近于"空"的理境。

据上面的资料，支道林说色不自有。色（一切现象）都是因缘和合而成，所以不是自己造就自己，因而没有独立的自性；既然没有独立的自性，即为空。

在玄学内部，王弼说"有"以"无"为本，裴頠崇"有"，郭象力主有之自生、自有等，都是要为"有"寻找更高的存在根据，而不是要否定"有"。

而般若学的致思方向，却是从根本上否定"有"、否定现实，惟其如此，才能从"有"中彻底超越出来，通往更玄远的精神境界。支道林的即色义，就是坚持这一方向。所以从"空"的立场，很容易看到现实中的有限事物，无论大鹏还是小鸟，皆不足以臻于逍遥之境；只有超越大小——非大非小，才可能有真正的逍遥。支道林还有论文《即色游玄论》，"玄"是"空"的玄学化的说法，顾名思义，是说掌握了即色为空的般若之知，方能游于玄境。

在《大小品对比要钞序》这篇文章中，支道林描绘了他的学说系统中的理想人格：

"夫至人也，览通群妙，凝神玄冥，灵虚响应，感通无方。……故千变万化，莫非理外，神何动哉！以之不动，故应变无穷。"❶

所谓"至人"，是切实领悟"色即为空"这一真谛的人。所以

---

❶ 苏晋仁、萧炼子点校：《出三藏记集卷八》，中华书局 1995 年版。

世间万物的千变万化，不会扰动至人之神，至人之神永在虚无静寂的境界，他能把世间的奥妙看清楚，并总有恰当而圆满的应对。

支道林的逝世是个哀婉的故事。

法虔是与支道林一起研习佛学的同道中人，自他逝世后，支道林便日渐失去神采。支道林用《庄子》中"匠石运斤"的典故以及伯牙、子期"高山流水"的故事来解释他生命活力的凋丧："匠石因没了郢人而不再运斧，伯牙因没了子期而不再弹琴。心灵的契合者既已去世，我的发言不再有人能够欣赏，内心郁积，恐怕我也要死了。"过了一年，支道林也溘然而逝。

对于一个创立了即色宗、相信诸法皆空的佛教徒来说，情感是虚幻不实的。但支道林完全没有自拔于法虔辞世的哀感里，这不是他的理论有漏洞，抑或者他的信念不坚定。他不是以宗教徒的身份来对待法虔的逝世，而是以名士的身份。名士不会忘情，而只会钟情。生命的意义，已经随着能做对等的精神交流的对象的逝世而消失，这种哀恸是无法排遣的，也不必强为排遣。就像当初向秀和嵇康辩论养生，如没有向秀的辩驳，嵇康精微、高远的情致也不会被彻底激发出来；而失去了嵇康的玄思的砥砺，向秀也只能空作感慨："托运遇于领会兮，寄余命于寸阴。"

支道林沉浸、执着于这伤感里，直至逝世。

28　纵浪大化

陶渊明

陶渊明，是中国历史上最大的隐士，也是最大的诗人。他最有名的故事，是不为五斗米折腰而毅然归隐；他最有名的诗句是"采菊东篱下，悠然见南山"；他最有名的文章是《归去来兮辞》，极喜欢它的北宋文豪欧阳修甚至不无夸张地说："晋无文章，惟陶渊明《归去来辞》而已。"他把田园生活提纯、美化了，带上了浓厚的精神的属性。他还虚构了一个桃花源的故事，给后人制造了世外桃源的幻梦。的确，很多厌倦了世路奔波的人，是从陶渊明及其诗歌中，读出了自己的精神归宿。

但，陶渊明其实没后人想象的那么简单。

陶渊明，名潜。他的曾祖父是东晋初期赫赫有名的大人物陶侃，陶渊明对自己的曾祖父充满着无限的景仰。陶侃也值得陶氏子弟为他景仰，他出身寒微，其崛起和发迹付出了诸多艰苦辛酸的努力，这就不必详说了。陶侃最后跻身于东晋权力结构中的最顶层，只是在他身后，陶氏的地位和权势没有延续下去，到陶渊明父亲这一代，家族已然衰落，再也没有出现过像样的人物，基本上只是在其乡还拥有一定的社会影响力，算起来属于比较低层的士族。陶氏的中衰，只是相对于那些高门而言，其家底还是有的。

年轻时代的陶渊明对仕途也怀有想法。一是要恢复陶氏家族往日的荣耀，舍仕途并无他路。二是他也曾有过壮志雄心，正如他隐居后在回忆生平的一首诗里所说的："昔我少壮时，无乐自欣豫。猛志逸四海，骞翮思远翥。"这个抱负是不小的。而且，"身名""好爵"等，他也不是没有过萦怀。陶渊明所处的时代，社会相对简单，为人提供的出路不多，仕途基本上垄断了人生价值的实现的出口，陶渊明几乎没得选。所以，无论是从家族、还是从个人的抱负的角度，陶渊明必须要走这条路。

他平生有过三次入仕。

第一次，是二十八、二十九岁时，陶渊明在本州政府中谋了个幕僚性质的职位，没干多久就辞职了。第二、第三次，他分别加入了桓玄、刘裕以及北府名将刘牢之之子刘敬宣的幕府，并任过彭泽县令。

前面这两人可不是一般人物：桓玄乃桓温之子，桓温一生都想做却没有做成的事，桓玄干脆利落地做成。他篡位，建立了他的政权，只是没维持多久。刘裕则是一代枭雄，东晋王朝在他手里彻底终结。从正统道德标准来看，这两人皆非忠臣、贞臣，而陶渊明居然加入这两人的幕府，这个选择似乎可以透露出他的某种微妙的心态。或许，他其实在渴求、希冀风云际会，而这两个人才是能搅动风云、改变局面的人物。

陶渊明算起来和桓玄也有一定的渊源 ❶。他敬仰的曾祖父陶侃统领荆州十多年，荆州是陶氏的发祥之地。在陶侃之后雄踞荆州、以此处为基地来奠定事业基础的，正是桓玄之父桓温。而陶侃和桓温这两个人，在出身、气质、抱负等方面均有相似之处。陶渊明的外祖父、名士孟嘉，曾为桓温的僚属。所以，陶渊明和桓玄可能有契合之处，而陶渊明则抱有某种期待。陶渊明在桓玄身边有好几年，之所以离开，是因为母亲去世，他要回乡守制。

其间，桓玄篡位，刘裕崛起，刘、桓两人斗得不可开交。陶渊明又进入了刘裕的幕府，他大概与刘裕不甚相投，没多久又转

---

❶ 见陈引驰：《走向田园，从枭雄身边》，载于《东方早报·上海书评》，2016 年 5 月 1 日。

为刘敬宣的参军。

最后陶渊明获得了一个彭泽县令的职位。在这个位置上，陶渊明只呆了八十多天，因不屑于逢迎负责监察的督邮，同时也不满足于县令禄位的微薄，飘然而去。这个故事很受后人的喜欢，它强有力地表现了陶渊明的高洁品格。

照我们看，陶渊明之所以辞官，一是不愿为——嫌官小做得没意思。

在这个位置上要躬亲庶务，呆板和机械的官场日子，不适合陶渊明天性就向往的松散、悠闲的生活风格；此外，还要忍着自尊、放下派头来逢迎上司。

在这点上，陶渊明不似其曾祖父陶侃坚忍、耐磨。西晋末陶侃曾在庐江太守张夔手底下任职，有次张夔妻有疾，要去数百里外请医生，当时又正下雪，没人愿去，陶侃挺身而出，还义正词严地表态："对太守如父，对太守妻如母，父母有病，哪有不尽心的。"众人都钦佩陶侃仗义。这也是没有办法的事，陶侃别无凭借，如果不能做别人都不愿的事，就没有机会出头了。陶渊明不一样，他可不是一点光辉的家族历史都没有的寒士，他祖上也阔过，他是宰辅的后裔，境况和心态以及派头，与陶侃大不相同，他是拉不下这张脸来做个小官僚的。所以，陶渊明对彭泽令的不满自有他的道理。

他既然志向很大，而嫌彭泽令太小而又不愿为，至少还可以等待愿为的、更合适的职位，也用不着一隐到底。所以陶渊明的隐退，当有更深层的原因。

其二，是不必为。

陶渊明几次入仕，分别经历了桓玄和刘裕这样当时最有作为的人，用世之心逐渐熄灭，他体会到了一个根本性的问题：心灵不可能摆脱俗世的桎梏。

他在《庚子岁五月中从都还阻风于规林》中感慨："自古叹形役，我今始知之。"这是他供职于桓玄手下时，为桓玄出使京师返回后所作，他从行程不顺中突然感到世路无穷、劳生有限的悲哀，而倦怠于尘世的奔波。

难道就不能为"猛志"而暂时忍耐吗？难道就不能与时俱化吗？很多年后，陶渊明彻底明白了他自己的内心："纡辔诚可学，违己讵非迷！"不是不能改变自己来适应大环境，但违背自己的心意才是人生最大的迷失。尚在为桓玄奔走之时的陶渊明，虽然没有下定决心，但打算已经浮现在他眼前，该诗最后表达了明确的避世的想法："静念园林好，人间良可辞。当年讵有几，纵心复何疑！"他辞去了彭泽县令后，写下著名的《归去来兮辞》，说："既自以心为形役，奚惆怅而独悲。"既然已经明白，在俗世的日子是心灵为形体所役使而丧失了自在与活泼，也就不必再惆怅了。

用世与避世，这两种倾向在陶渊明身上是并存的。非但存在于陶渊明个人，更是普遍存在于魏晋的名士们身上。陶渊明敏锐地发现他和"庙堂"格格不入，且"庙堂"是不同于"园林"的，郭象的"圣人虽在庙堂之上，其心无异于山林之中"的高论，在道理上足以自洽，而在实践中则扦格难通。一个既下要临民、上要应对督察的县令，岂能有享受身处园林的逍遥！一个为府主跋涉于山川的僚属，哪能不憔悴伤神！

用世和避世，可以并存于心，而不能并行于世。如要兼顾，也只能分清先后。我们看许多名士其实是按照这个路数来行之的，先用世，后则隐退。但这仅仅是个理想，往往人涉世一深，难以自退。譬如西晋的羊祜，他确有"角巾东路"的志向，事实上也就只能是个志向，他最终抱憾而没；还有谢安，也只能怅望东山。

即使要用世，前提是须为世所用，而陶渊明又不愿意以扭曲、矫正、改变自己的天性为代价去迎合。既不愿为，同时又不必为，于是他做出了自己的选择，这就是在《归去来兮辞》序中所说的："质性自然，非矫厉所得。"他把天性的保全放在了第一位。

陶渊明的卓绝之处在于：发现了不合适，就真正能够放下；想要避世，就避得彻底。

陶渊明把王羲之所体会到的闲适生活进一步日常化。王羲之有优厚的经济条件来为他提供精雅的生活。陶渊明经济条件逊色于王羲之，也因为这个缘故，所以把这种生活情调引向了更平凡的日常中。陶渊明从日常中发掘和体验到了由心灵的自在、自主而散发出来的无所不在的、不依赖于外在条件的乐。

有学者说中国文化的基本特点是乐感文化。《论语》开篇就说："学而时习之，不亦说乎？有朋自远方来，不亦乐乎？人不知而不愠，不亦君子乎？"三句话，用反诘的语气，肯定了三种不同情况下的快乐：经由践行而确证学习的成效，与朋友的促膝交往，虽不为人所知却能谨守自我。这三种情况，有独处，有社交；有积极，有消极。以扼要简明的论述几乎涵盖了人生快乐之由，故而我们可以把《论语》所标举之人生，称之为快乐人生。

陶渊明则把这快乐推向了更广大的领域。首先要说的是，快乐不拒绝忧虑，但快乐能超越忧虑。陶渊明不是没有忧虑：

"有志不获骋"是一种忧虑，所以他有时也"终晓不能静"；身体多病是一种忧虑；生活陷入困顿、无以为继而必须求人援助又是一种忧虑。总之，常人有的，陶渊明都有。

但他能自拔于忧虑，从生活中的每个环节找到属于他的真实快乐。

子女似乎不肖、不成器，但与子女共处未尝不是一种快乐，"稚子戏我侧，学语未成音。此事真复乐，聊用忘华簪"。

即使求人施援，口拙难言，但也能以旷达成其欢然，"主人解余意，遗赠岂虚来。谈谐终日夕，觞至辄倾杯"。

游玩行经墓地，"感彼柏下人，安得不为欢。清歌散新声，绿酒开芳颜"。

闲暇之时突然想起乡邻，也有快乐，"农务各自归，闲暇辄相思。相思则披衣，言笑无厌时"。

甚至五六月暑间，卧在窗下，暂遇凉风，在这个平平无奇的瞬间，他也欢然有喜，居然就有了太古时代的人无忧无虑、自由自在的感觉。

弹琴吟咏，幽居无闷，"载弹载咏，爰得我娱。岂无他好，乐是幽居"。

陶渊明还好读书。"好读书，不求甚解，每有会意，便欣然忘食"，应是自况之词。"不求甚解"，就是不作过度的解释，不穿凿附会。一般来说，学者好求甚解，卫道士也好求甚解——要从先圣后王的"微言"中挖掘"大义"出来，以明圣王之非虚。还有政治鹰犬也好甚解：带着高度的警觉，巡视各种言论，吹毛求疵，上纲上线，非要找出问题，以拔掉毒草，清洁思想污染的源头。陶渊明不是以上诸种。他之所以好读书，大抵基于兴趣，而非研究、巡查，所以不刻意琢磨深刻。譬如他读《山海经》，说"泛览周王传，流观山海图"，一个"泛览"，一个"流观"，即表明了他的读书态度和方式。抱着兴趣读书，是求心有所悟和所得，最好是不经意间的片刻的暂欢。而且，读书有得，与人分享，亦是一乐，"奇文共欣赏，疑义相与析"。

在《归去来兮辞》里，总结性地铺叙了田园之乐：

"悦亲戚之情话"，是享受群居闲聊之乐；"乐琴书以消忧"，是享受独处拨弄技艺之乐。无论群居，还是独处，都可以有快乐在。

"农人告余以春及，将有事于西畴。"这说的是农忙的快乐。陶渊明有诗云，"晨兴理荒秽，带月荷锄归"，把繁重的体力劳动赋予了诗意。务农不仅仅是生存的必需，更是精神的享受。

"或命巾车，或棹孤舟。既窈窕以寻壑，亦崎岖而经丘。"有时叫上一辆小车，有时划着一叶小舟，探寻了曲折幽深的沟壑，经历了高低起伏的山丘。这两句说的是闲游的快乐。

总之，群居、独处、农忙、闲游……人生无一处、无一时不是可以乐的。陶渊明真正体验到了绝对之乐。

以上可以说都是积极的快乐，此外还有消极意义上的，就是在常人都感到孤寂、落寞、伤怀的时候也不陷入其中。比如在不被人理解时，陶渊明也能做到孔子说的："人不知而不愠，不亦君子乎！"

《咏贫士》诗云："量力守故辙，岂不寒与饥。知音苟不存，已矣何所悲。"在自己能力的范围内走自己要走的路，其后果确实可能是饥寒交迫。陶渊明说：没有知音，没人理解也就算了，何必悲怨！即使可能被整个世界所误解、嘲弄，他也不上下求索，怨无察其"中情"者！他的选择是他个人的事，与世界无关。他不把个人置于和世界对立的位置上，他可以容得下整个世界。所以他没有什么可悲的。

这种快乐，是精神上的高度满足。所以陶渊明多次在他的诗中提到了"足"。

"敝庐何必广，取足蔽床席。"

"营己良有极，过足非所钦。"

"倾身营一饱，少许便有余。"

如果说从人世中退出来，意味着保全了真实的天性，解决了自由和限制的冲突；那么，隐遁还有一个必须面对的问题，就是死亡的阴影。王羲之《兰亭集序》说："死生亦大矣，岂不痛哉！"死亡作为一个异常沉痛的问题，是任何人都回避不了的。

陶渊明自然不会有例外。他在五十岁、即入暮年的时候，由于身弊体衰，对死亡非常敏感。在《与子俨等疏》中，他对诸子交代了他的感受："疾患以来，渐就衰损，亲旧不遗，每以药石见救，自恐大分将有限也。"他是个有思考能力的人，不能不清理和反思生死。

反思的结果之一，便是著名的《形影神》组诗。该诗从形、影、神的角度分别陈说、立论，大抵而言，三个角色代表了陶渊明生命结构的不同方面，亦可谓简要地涵盖了人生的历程。

第一首《形赠影》。形，象征肉体的生命。形对影说：天地永存，山川不改。草木看似柔脆，其生命却近于永恒：它受霜的侵蚀而枯萎，受露的滋养而再荣。人虽然灵智，在这点上不如草木，人生一去不复返。而且，人们也就此把他遗忘，连亲戚相识也不再怀念他。可能偶然中看到所留下的遗物，这才有些感怀。服食求仙、长生不老是不可能的。所以，希望能听我的，有酒喝就不要随便推辞了。

形最后的结论是"得酒莫苟辞"，"酒"在这里象征着身体欲望的满足。不苟辞酒，就是不要盲目、简单地少私寡欲。站在肉体生命的角度，纵欲是合理的，因为人生有限，求仙不能，短短百年，足欲方有生命的真实。

第二首《影答形》。对形发出的价值观，影作了回应：腾化以长生，的确希望微茫，保养生命的方法每每苦于拙劣。我影子与你形体自从相遇，未尝有过不同的悲喜之感。我憩于树荫下，我们暂时分别；我止于太阳下，我们又合而为一。不过这种同一也难以常存，当我离世，你也陨灭。一念到这，不免五内俱热，为什么不竭尽全力来行善、立名呢？酒，尽管可以消忧，但比起立善来，难道不是等而下之的吗？

影最后的结论是行善，从而扬名于后世。肉体的生命终究殒灭，而声名足以传扬后世。名，是身的延续。《庄子·逍遥游》有云："名者，实之宾。"而自影观之：名者，身之实也。

第三首《神释》。神，统一对形和影作了解释：造化没有偏私，事理森然昭著。人之所以能与天、地并列为三才，是因为人有"神"。虽然我"神"与你们形和影有本质的差异，但我们毕竟结为一体。无论是三皇这样的圣人，还是彭祖这样的寿星，最终都是要死的。酣饮或许能够暂时忘却死亡，难道它不会伤身、加速衰亡？立善当然很好了，可是谁来为你称誉呢！不要过度担忧这些问题，最好还是委身于时运中，随着造化无穷的洪流而与之起伏，既无所谓喜，也无所谓惧的。如果真的到了生命的尽头，就让它尽了吧，不必再有更多的疑虑。

神，指出了形与影的价值观的缺陷，提出了"纵浪大化中，不喜亦不惧"的结论。简言之，即顺其自然。陶渊明对死亡的最高的、也是最后的态度，乃取自然。《形影神》是三首诗，而不是专题的哲学论文，不以缜密的说理为要求，所以形影神所提出的三理，难免有不够圆通之处。

但，陶渊明的主旨还是很清晰的：把生命意识提升到"神"的高度，超越纵欲与立善——这两者都不是对死亡的克服，而是对死亡的回避，最终回到"自然"。陶渊明的"自然"与魏晋间流行的自然观念有什么不同之处吗？是否构成一种新义，一如支道林的逍遥之于郭象的逍遥？这个问题太大，不好细说。不过有一点是可以肯定的，陶渊明着眼于"神"的层次来论"自然"，不比纵欲、率性式的自然。

既然想得如此透彻、明白，处理死亡问题，陶渊明当然就豁达自如了。东晋名士张湛好于屋舍前种植松、柏，袁山松好于道中听唱挽歌，他们有意反世人之所为，以率任的举动来显示他们无忌讳于死亡。陶渊明也为自己作了三首挽歌辞。在第三首中，陶渊明描述自己死后被送殡安葬，他从此长眠于幽室。然后把笔调一转，"向来相送人，各自还其家。亲戚或余悲，他人亦已歌。死去何所道，托体同山阿"。这确实是看开了，把自然的生死观贯穿到底。人们把死者安葬完毕，尽了大事，亲戚或许还余留点难过之情，而关系不大的一般人已经放歌了。这不是谴责薄情，而是陈述人情。惟有真正的达人，才能直面这个事实，并且平静地接受这个事实。最后，陶渊明总结：人死了，还需要说什么呢？不过是把身体交托给天地。

宋文帝元嘉四年陶渊明辞世，时年六十有三。❶ 最初陶渊明只是被视作一个单纯的隐士，在唐宋以后，其声名越来越大——无论是在文学意义上，还是在人格意义上。后人把陶渊明从历史的沉埋中打捞出来，对他重新阐释，他也就成为文化史上巍然耸立的丰碑。

---

❶ 关于陶渊明的年龄有多种说法，本文取常见的《宋书·隐逸传》的记载。

图书在版编目(CIP)数据

魏晋名士志/肖能著. —上海:学林出版社，
2022
ISBN 978-7-5486-1821-8

Ⅰ.①魏… Ⅱ.①肖… Ⅲ.①名人-生平事迹-中国
-魏晋南北朝时代 Ⅳ.①K820.35

中国版本图书馆 CIP 数据核字(2021)第 244096 号

策　　　划	夏德元
责任编辑	石佳彦
封面设计	今亮后声

魏晋名士志

肖　能 著

出　　　版	学林出版社
	(201101　上海市闵行区号景路 159 弄 C 座)
发　　　行	上海人民出版社发行中心
	(201101　上海市闵行区号景路 159 弄 C 座)
印　　　刷	上海盛通时代印刷有限公司
开　　　本	890×1240　1/32
印　　　张	12.5
字　　　数	25 万
版　　　次	2022 年 6 月第 1 版
印　　　次	2022 年 6 月第 1 次印刷
	ISBN 978-7-5486-1821-8/G·676
定　　　价	58.00 元

(如发生印刷、装订质量问题,读者可向工厂调换)